▶ 文化娱乐法制研究系列丛书 ◀

文娱综艺行业
知识产权法实务研究

陶　乾　赵天娟 / 著

知识产权出版社
全国百佳图书出版单位
—北京—

图书在版编目（CIP）数据

文娱综艺行业知识产权法实务研究/陶乾，赵天娟著. —北京：知识产权出版社，2021.11
ISBN 978－7－5130－7782－8

Ⅰ.①文… Ⅱ.①陶… ②赵… Ⅲ.①文娱活动—知识产权法—研究—中国
Ⅳ.①D923.404

中国版本图书馆 CIP 数据核字（2021）第 208001 号

内容提要

本书通过理论与实务相结合，对与文娱行业相关的知识产权法律问题进行系统的梳理
和研究，辅之以该领域相关案件的裁判要旨总结，为文娱综艺行业从业人员和相关学术人
员提供参考和借鉴。

责任编辑：王玉茂　　　　　　　　　**责任校对**：谷　洋

封面设计：杨杨工作室·张冀　　　　**责任印制**：刘译文

文娱综艺行业知识产权法实务研究

陶　乾　赵天娟　著

出版发行：知识产权出版社 有限责任公司	网　　址：http：//www. ipph. cn
社　　址：北京市海淀区气象路 50 号院	邮　　编：100081
责编电话：010－82000860 转 8541	责编邮箱：wangyumao@ cnipr. com
发行电话：010－82000860 转 8101/8102	发行传真：010－82000893/82005070/82000270
印　　刷：三河市国英印务有限公司	经　　销：各大网上书店、新华书店及相关专业书店
开　　本：720mm×1000mm　1/16	印　　张：15. 25
版　　次：2021 年 11 月第 1 版	印　　次：2021 年 11 月第 1 次印刷
字　　数：253 千字	定　　价：80. 00 元

ISBN 978－7－5130－7782－8

前　言

　　近年来，随着大众鉴赏品味的不断提升，大众对文娱行业的要求也越来越高。文娱行业呈现创新化、多样化的发展态势，才艺竞秀类、文艺会演类、真人秀等综合性视听节目不断丰富着大众的娱乐生活。一方面，这类以娱乐节目为主的视听作品有较高的文化艺术价值；另一方面，文娱行业的有序发展更有利于丰富人们的精神文化生活，促进社会主义精神文明建设，实现文化自信的目标。然而，行业发展的同时不可避免地带来一系列知识产权纠纷。因此，这些纠纷中涉及的法律问题非常值得讨论和研究。

　　本书结合理论和实践中的热点问题，通过对文娱行业知识产权案件的解读，汇总和分析传统文娱行业及互联网新兴文娱行业中存在的侵权风险和法律保护等问题，可为法律工作者及文娱行业从业者提供参考和借鉴。全书对120个案例进行梳理和分析，这些案例涵盖综艺节目、电视剧、联欢晚会、文艺演出及体育赛事等多个领域。同时，针对各领域存在的著作权纠纷、商标纠纷、不正当竞争纠纷，分别选取与相关行业有紧密联系的典型案例，共分5章汇集理论和实务方面的重点问题，不仅包含对案情的基本介绍、争议焦点的归纳和裁判推理过程的介绍，而且与每一章的理论分析和法条解读相呼应。为避免篇幅冗长，本书对相关案例进行缩写和提炼，突出重点，力求精简。全书内容详实且通俗易懂，旨在回应读者的实践需要，提供更准确和精要的知识产权基础法律知识。

　　第一章为文娱节目传统著作权法律问题，分别对文娱节目如何防止侵犯他人著作权、节目模式和节目策划案如何保护等问题进行分析。文娱节目的构思、制作及宣传环节通常伴随很大的侵权风险，通过这一章的学习，相关从业者可以从司法实践中寻求经验，在提升自己维权意识的同时，也应提高专业水平和能力，避免侵犯他人的著作权。

　　第二章为互联网时代带来的新兴法律问题，细分为四节，主要涉及互联网平台存储、点播、链接服务等侵权纠纷。本章通过对娱乐节目性质的界定，分析节目著作权人所享有的权利，并对网络平台提供服务的行为进行评价。不仅可以为文娱行业从业人员提供指引，促进文娱行业的发展；同时，也可以为法律工作者处理文娱行业著作权侵权纠纷问题提供思路。

第三章为文娱综艺行业的不正当竞争法律问题，主要介绍由虚假宣传行为、商业诋毁行为、"搭便车"行为、破坏网站经营模式行为等引发的不正当竞争纠纷。本章精选的案例对于市场主体的不良竞争行为具有警示作用，只有遵守商业伦理和诚实信用原则，尊重他人合法权益和市场公平竞争秩序，才是经营者长远发展之道。

第四章为文娱行业的商标法律问题，主要对娱乐节目的商标纠纷问题进行分析。娱乐节目涉及的商标侵权行为，首先应判断其是否构成商标性使用。若构成商标性使用，则需进一步判断是否构成同种商品或类似商品，相同或近似商标以及是否容易导致相关公众的混淆。

第五章为文娱行业的知识产权合同法律问题，许可合同是知识产权权利人控制其在智力成果上享有财产权的一种重要方式，不论在著作权领域还是在商标权领域，许可合同的订立、履行、终止等仍应以法律规定为依据。在订立知识产权合同时，相关从业者应当仔细审查合同内容，避免产生合同条款模糊或双方当事人对条款有不同理解的情形。

目 录

第一章　文娱综艺行业的
传统著作权法律问题

引　言

在大众传媒时代，文娱节目在我们的生活中扮演着越来越重要的角色，对丰富大众的文化生活、提升大众的文化素养具有重要意义。文娱产业不断升级，多元化的文娱节目纷纷映入观众的眼帘。但是，伴随着文娱节目制作方之间越发激烈的竞争，侵犯文娱节目相关著作权的现象频频发生，这不仅会对被侵权作品造成严重损害，还会遏制文娱节目制作方的创新意识和创新能力。文娱节目中的传统著作权法律问题也是其他新兴著作权法律问题的基础。了解文娱节目中的各类著作权法律问题，通过法律手段保护文娱节目著作权，是文娱节目行业理论研究和实务工作的重要任务。

文娱节目是以娱乐性为核心的综合性视听节目，主要包括婚姻交友类、才艺竞秀类、情感故事类、游戏竞技类、综艺娱乐类、访谈脱口秀和真人秀等类型。按照节目的表现形式，文娱节目可以分为现场直播的文娱节目和录制成视频后播出的文娱节目两种形式。现场的文娱节目通过直播的方式，在节目制作现场一次性完成创作。录制后播出的文娱节目通过连续拍摄、镜头切换和后期剪辑等方式，将文娱节目的文字脚本表达出来，形成视频影像。讨论文娱节目中的著作权法律问题，不仅需要明确文娱节目的内涵和类型，还需要了解文娱节目可能包含哪些节目元素。文娱节目中的元素主要包括前期的文娱节目脚本、制作流程和拍摄方案等，中期的主持人台词、演员的表演、舞美编排、观众互动、评委点评等，后期的视频编辑、视频剪辑等，所有元素合在一起便可以形成文娱节目的节目模式。

研究任何作品著作权法律问题，首要解决的问题就是判断其是否属于著作权法的调整范围，文娱节目也不例外。只有文娱节目及其组成部分属于著作权客体，才有必要进一步讨论其具体行为性质、潜在风险、侵权认定以及著作权保护方式等内容。文娱节目是否属于著作权客体的争议主要集中在文娱节目的节目模式和策划案是否属于著作权法意义上的作品，文娱节目中的哪些节目元素属于著作权法意义上的作品，文娱节目中单独截取的某一部分片段是否属于著作权法意义上的作品，等等。回答这些争议，应当根据思想与表达二分法，从作品的独创性特征出发，文娱节目中具有独创性的表达应当被认定为作品，受《著作权法》保护。其次，在对著作权侵权的认定上，应当根据"接触＋实质性相似"两步法和"抽象、过滤＋对比"三段论的要求，结合文娱节目的基本结构、核心内容、角色设置、逻辑编排以及特殊的细节设计等节目组成元素来具体认定相关作品是否构成侵权，侵犯的是何种著作权。另外，在文娱节目的传播和使用环节，若没有合理使用和法定许可的特殊情形，对节目视频进行复制、发行、出租、表演、放映、广播、改编以及在互联网平台传播等，应当经过原作品著作权人许可，并依照约定或法律规定支付报酬，否则会侵犯权利人的相应著作权。除了著作权纠纷，文娱节目还会涉及邻接权侵权纠纷，主要表现为表演者权、录音录像制作者权和广播组织权的侵权纠纷。文娱节目中表演他人作品时，表演者或者演出组织者应当取得原作品著作权人许可，并支付报酬；如果文娱节目中的表演被制作成录音录像制品，以及广播电台、电视台播放文娱节目中的表演，也应当取得原作品著作权人许可，并支付报酬。

北京市高级人民法院发布的《关于审理综艺节目著作权案件的调查研究》中显示，综艺节目著作权案件数量呈现上升趋势。虽然综艺节目著作权案件在全部著作权案件中的比例不大，但是其数量在2012年之后大幅攀升，并且主要争议问题均涉及综艺节目性质的认定。目前，综艺节目著作权案件的审理难点主要包括以下三个方面：综艺节目性质的认定观点不一；综艺节目模式的法律保护尚待深入研究；综艺节目著作权侵权案件的酌定赔偿额高低不一。

针对文娱节目可能出现的传统法律问题，本章选取相关案例进行梳理，对案例的裁判推理、裁判要旨进行归纳，旨在通过对司法实践中的争议问题、裁判路径以及审理经验的分析，梳理文娱节目相关的传统著作权法律问题，帮助文娱行业从业者有效预防文娱节目中的著作权法律风险，妥善解决著作权法律纠纷，引导文娱节目市场朝规范化、法治化的方向发展。具体而言，第一节为节目模式与节目策划案如何保护；第二节为节目使用的元素应注意的侵权风险；第三节为节目中表演他人作品应注意的侵权风险；第四节为综艺节目的可版权性与权利归属；第五节为体育赛事节目的著作权保护；第六节为综艺节目邻接权人的权利保护；第七节为侵权责任类型与损害赔偿数额的确定。

第一节 节目模式与节目策划案如何保护

当前，综艺节目已经成为我国文化产业中不可或缺的一部分，在人们的生活中扮演着重要的角色。由于互联网的发展和大众需求日益多样化，综艺节目模式及策划案对一个节目的收视率、经济收益以及社会评价起着决定性作用。因此，综艺节目模式及策划案展现出巨大的商业价值。这一方面促进了综艺节目模式的创新，另一方面也使得综艺节目模式"抄袭"事件频发。而我国《著作权法》未对综艺节目模式的著作权作出明确规定，理论界对综艺节目模式是否属于《著作权法》保护的对象也存在争议，因此对其性质及保护方式展开研究十分必要。

判断综艺节目模式是否受《著作权法》保护，首要解决的问题是综艺节目模式是否属于《著作权法》规定的作品。根据我国 2020 年《著作权法》第 3 条的规定，作品是指文学、艺术和科学领域内具有独创性并能以一定形式表现的智力成果。可见，《著作权法》规定保护的是表达，而非思想，即"思想与表达二分法"。《与贸易有关的知识产权协定》（Agreement on Trade – Related Aspects of Intellectual Property Rights，TRIPS）第 9 条第 2 款也规定了著作权的保护延及表述方式，但不延及思想、程序、操作方法或数学概念本身。如果综艺节目模式属于思想，便不属于《著作权法》保护的客体；如果综艺节目模式属于表达，便受《著作权法》保护。

通说认为，综艺节目模式不能成为《著作权法》的保护对象。从世界范围来看，对于节目模式的可版权性，存在分歧。在美国、德国，节目模式通常不能得到版权法的保护；但荷兰最高法院的判决承认节目模式可以享有版权法的保护，巴西、澳大利亚也在案例中明确赋予电视节目模式以著作权。中国也有观点认为，综艺节目模式是对综艺节目制作的操作方法或者对节目制作流程的描述说明，属于综艺节目的"创意""思想"，不属于《著作权法》规定的作品。需要注意的是，思想和表达的界限划分如今并不是绝对清晰的，对于综艺节目模式是否受到《著作权法》保护，不能一概而论。

2015 年 4 月发布的《北京市高级人民法院关于审理涉及综艺节目著作权纠纷案件若干问题的解答》明确指出，综艺节目模式是综艺节目创意、流程、规则、技术规定、主持风格等多种元素的综合体。综艺节目中属于思想的部分，不受《著作权法》的保护；而综艺节目中的节目文字脚本、舞美设计、音乐等构成作品的，可以受《著作权法》的保护。综艺节目模式引进合同涉及著作权许可、技术服务等多项内容，其性质应依据合同内容确定。

因此，对于综艺节目模式的著作权保护方式，应当综合判断。单纯的节目模式一般是对综艺节目的构思和创意，不属于作品。而综艺节目中包含的具有创造性的音乐、字幕、舞台布局，可以单独纳入著作权法保护领域，详细叙述综艺节目模式的策划案或者脚本也可以作为文字作品受到《著作权法》的保护，真人秀等综艺节目模式中具有独创性的元素组合也可以作为汇编作品受到《著作权法》的保护。

既然综艺节目模式及策划案中存在受《著作权法》保护的部分，对其著作权侵权的认定应当遵循著作权领域公认的方法，即"接触＋实质性相似"的判断标准。其中，接触属于事实问题，需要证明侵权方曾经接触过该作品的任何一种载体；实质性相似属于法律判断，需要将两部作品中的核心表达进行实质相似对比。本节选取 4 个典型案例，探究司法实践中的合理裁判路径，以启发我们更好地解决综艺节目模式"抄袭"问题。

一、节目模式是否受《著作权法》保护

【基本案情】

"30 人 31 足"是一种综艺节目模式，主要通过 30 人绑腿的形式，让参与人员进入场地后开始竞速比赛。2015 年，乾清公司从日本引进该电视节目模

式，并称其已获得日本权利人的合法授权。随后，乾清公司与中央电视台合作拍摄《极速少年》节目，第三人中视公司系该节目的精编和制作单位。

2016 年，中央电视台继续使用该节目模式拍摄《极速少年》第二季，未与乾清公司合作。乾清公司认为，中央电视台的行为已构成侵权，故以中央电视台为被告提起诉讼，要求其停止《极速少年》第二季节目的播出并赔偿经济损失。

【争议焦点】

原告乾清公司是否享有涉案的"30 人 31 足"的节目模式著作权。

【裁判推理】

"30 人 31 足"节目模式体现的是一种思想和方法，不属于《著作权法》保护的客体。"30 人 31 足"节目模式主要是通过 30 人绑腿的形式，让参与人员进入场地后开始竞速比赛，以先到达终点者为胜，这种模式体现的是一种思想和方法，并不属于《著作权法》所要保护的独创性表达方式。

另外，"30 人 31 足"与"2 人 3 足"等类似的绑腿比赛区别仅在参与人员数量上，并无本质不同。并且涉案节目表达方式非常有限，如果将涉案节目模式视为一种作品，势必会损害其他类似的比赛，对社会公共利益形成不良影响，故乾清公司自日本引进的"30 人 31 足"节目模式并非《著作权法》应保护的客体。

【裁判要旨】

节目模式体现的是一种思想和方法，并不属于《著作权法》所要保护的独创性表达方式。

【案号】

（2017）京 0108 民初 5708 号

二、节目构思创意的著作权争议

【基本案情】

2004 年 7 月，世熙公司与中国人口宣传教育中心磋商共同制作一档名为《面罩》的电视节目，节目模式为戴着面罩的嘉宾讲述自己的情感问题。该节目经媒体宣传引发热议。但出于种种原因，该节目暂缓播出。

2005 年 4 月起，搜狐公司在其所有的搜狐网站上推出一档标题为《面罩》的大型故事性情感类谈话节目，形式为嘉宾戴着面罩与主持人互动。世熙公司认为搜狐公司的节目模式已经侵犯其著作权，于是诉至法院，要求搜狐公司停止播放《面罩》节目并赔偿经济损失。

【争议焦点】

搜狐公司制作的《面罩》节目是否侵犯世熙公司的著作权。

【裁判推理】

根据著作权法基本原理，《著作权法》不保护作品中的思想、观念，只保护思想、观念的独创性表达。从世熙公司主张的节目模式和节目内容来看，世熙公司对《面罩》节目的构思、创意只有通过语言文字、符号、线条、色彩、声音、造型等客观形式表达出来，才能被人们感知，才能以有形形式进行复制。同时，当这种表达符合法律规定的要件时，才构成《著作权法》保护的作品。故世熙公司关于《面罩》节目的构思、创意本身并不属于我国《著作权法》规定的作品范围。由于《面罩》节目模式并不属于著作权法意义上的作品，故对世熙公司要求认定搜狐公司制作的《面罩》节目侵犯其著作权的主张，法院不予支持。

【裁判要旨】

作品是能以一定形式表现的智力成果。节目构思、创意属于思想范畴，根据思想表达二分法，其不属于作品。

【案号】

（2005）海民初字第 15050 号

三、近似主题综艺节目的侵权比对

【基本案情】

KOEN 公司是中秋特辑《心肺复苏颂》节目的制作者。KOEN 公司认为，江苏电视台的综艺节目《端午金曲捞》与《心肺复苏颂》节目高度雷同，严重侵犯了其著作权；搜狐公司在其网站上向公众提供侵权节目，亦侵犯其合法权益。KOEN 公司遂以侵害著作权为由向法院起诉，要求江苏电视台和搜狐公司赔偿其经济损失。

【争议焦点】

江苏电视台制作的《端午金曲捞》是否使用《心肺复苏颂》的独创性表达。

【裁判推理】

涉案综艺节目影像《心肺复苏颂》显示，该影像系通过镜头切换、画面选择拍摄、后期剪辑等过程制作完成，其连续的画面反映出制作者的构思、思想内容，应认定为以类似摄制电影的方式创作的作品。

判断江苏电视台制作的《端午金曲捞》电视节目是否侵犯《心肺复苏颂》作品的著作权，应按照"接触 + 实质性相似"规则，先判断江苏电视台是否有接触到原告作品的可能性，再判断两部作品是否构成实质性相似。

第一，涉案作品《心肺复苏颂》已在韩国制作完成并在电视台播出，在我国包括搜狐网在内的相关视频网站均可以查到相关信息，江苏电视台在制作类似节目中应有接触上述内容的可能。

第二，判断作品是否构成实质性相似，应比较作者在作品表达中的取舍、选择、安排、设计等是否相似，一般考虑如下因素：台词、旁白等是否相似；人物设置、人物关系是否相似；具体情节的逻辑编排是否相似；是否存在相同的语法表达、逻辑关系等；特殊的细节设计是否相同；两部作品相似的表达是否属于 KOEN 公司主张权利作品的核心内容；等等。

涉案的两档节目均属于音乐类综艺节目，且均选择"老歌"作为节目的切入点，故应首先排除属于思想范畴的主题、创意、情感等元素。由于双方均采取近似的主题制作涉案节目，不可避免地采用此类节目惯常使用的节目基本结构与流程、角色设置、相关场景布置等，拍摄的作品呈现的视觉效果亦会存在一定的类似，这种表现特定主题不可或缺的表达不受著作权法保护。对比涉案作品，在排除上述因素后，两者之间存在明显的差异。

综上，KOEN 公司主张江苏电视台使用《心肺复苏颂》作品的独创性表达，没有事实与法律依据。在江苏电视台的行为不构成侵权的情况下，搜狐公司的行为亦不构成侵权。

【裁判要旨】

判断作品是否构成实质性相似，应比较作者在作品表达中的取舍、选择、安排、设计等是否相似。首先，要排除属于思想范畴的主题、创意、情感等元素；其次，需要排除为表达特定主题所需要的唯一或有限的表达；最后，对比涉案作品，在排除上述因素后，若两者之间仍存在明显的差异，则不构成实质性相似。

【案号】

（2016）京 0108 民初 38614 号

四、节目策划方案的著作权保护

【基本案情】

2016 年 8 月，王某蓉策划一档打造网红明星的直播节目方案，其中《选角真人秀》（又名《快乐瘦身》）是第一版策划方案，《电影你来演》是第二版策划方案，《造星大舞台》（又名《我是大明星》）是第三版策划方案。

2016 年 9 月，南京广播电视集团有限责任公司（简称"南京广电"）征集项目方案。王某蓉将策划方案通过指定邮箱提交给南京广电。

2017 年 3 月，南京广电推出《梦想星计划》节目。王某蓉认为，该节目虽然在文字表述上与王某蓉制作的节目策划方案不同，但实质上全盘采用其策划方案，抄袭其作品中的所有实质性内容，故以侵犯著作权为由将南京广电诉至法院。

【争议焦点】

《梦想星计划》节目是否侵权。

【裁判推理】

2010 年《著作权法》所称的作品是指文学、艺术和科学领域内具有独创性并能以某种有形形式复制的智力成果。该案中，原告就《电影你来演》《选角真人秀》《造星大舞台》三个节目策划方案申请办理了作品登记证书，原告根据节目类型设置、描述相应栏目架构、宣传推广、播出周期和形态、晋级流程、市场分析和发展空间，提出营销策略和运营计划，原告的策划方案属于我国《著作权法》规定的文字作品，应受《著作权法》保护。

判断著作权侵权的基本原则是"接触＋实质性相似"，即被告接触原告的作品，且其作品与原告的作品实质性相似，则构成侵权。

首先，该案中原告举证的电子邮件可以证明：原告向被告发送了《电影你来演》策划方案，并且被告通知原告进行现场陈述和答辩，所以，被告实际收到了原告的作品，这符合"接触"这一构成要件。

其次，在被告接触原告的《电影你来演》策划方案的情况下，若此后被告制作的《梦想星计划》与原告的《电影你来演》策划方案内容相同或实质性相似，则被告的行为构成侵权。

法院以原告的策划方案内容作为判断依据，将原告的《电影你来演》策划方案与被告的《梦想星计划》策划方案进行比对，判断两者是否构成相同或实质性相似。

第一，两者结构不相同。原告的策划方案主要包括节目类型、播出平台、播出周期及播出形态、演员晋级流程、宣传推广等；而被告的策划方案主要包括项目亮点、合作价值、梦想"星"计划、执行方案、推广渠道、三屏融合呈现方式等。第二，两者内容并不相同，纵观原告、被告的策划方案具体内容，未发现完全相同的文字表述。第三，宣传推广方面，两者不仅文字表述不同，涵盖的内容也不相同。第四，播出形式方面，前者重点在于拍摄电影并全网播出，而后者强调三屏融合，两者也不相同。结合上述分析，原告、被告的策划方案无论在结构上还是在内容上，均不构成相同或实质性相似。虽然原告和南京广电的作品确有部分相似元素，但这些元素在众多晋级类综艺作品中均有体现，并非原告的独创，不能获得《著作权法》保护。

最后，2010 年《著作权法》规定的复制权是以印刷、复印、拓印、录音、录像、翻录、翻拍等方式将作品制作一份或者多份的权利；发行权是以出售或者赠与方式向公众提供作品的原件或者复制件的权利；信息网络传播权是以有线或者无线方式向公众提供作品，使公众可以在其个人选定的时间和地点获得作品的权利。原告主张上述三项权利所指向的对象是《电影你来演》策划方案，但该案被告并没有将原告的《电影你来演》策划方案进行复制、发行或网络传播，且被告的《梦想星计划》策划方案与原告的策划方案既不相同也不构成实质性相似，故原告主张被告侵犯其复制权、发行权、信息网络传播权缺乏事实依据，法院不予支持。

【裁判要旨】

判断作品抄袭的基本原则是"接触 + 实质性相似"，即被告接触原告的作品，且其作品与原告的作品实质性相似，则构成侵权。

【案号】

（2018）苏 01 民申 573 号

五、法理分析

通过剖析本小节的 4 个案例，我们发现，虽然国内外理论界对综艺节目模式是否属于《著作权法》的保护客体存在争议，但是司法实践中已基本形成对综艺节目模式的著作权保护路径。

案例 1 和案例 2 中的主要争议问题是综艺节目模式是否受《著作权法》保护，司法实践认为，应当根据"思想与表达二分法"来判断。单纯的综艺节目模式仅仅是思想、方法，不属于独创性表达方式，不属于《著作权法》保护的客体。只有通过语言、文字、符号、线条、色彩、声音、造型等客观形式将构思、创意表达出来，才能被人们感知，才能以有形形式进行复制。当这种表达是独创且符合法律规定时，才构成《著作权法》保护的作品。

案例 3 和案例 4 中的主要争议问题是综艺节目模式著作权侵权如何认定。司法实践认为，应当根据"接触＋实质性相似"的方法来判断。主张著作权的一方需要证明侵权方曾经接触过其作品，这一要件对于已经公开播放的综艺节目的制作方而言，是比较容易的。实质性相似的判断更为关键和复杂，应当按照"抽象＋过滤＋对比"的三段论进行认定。首先，先剔除综艺节目模式中对该主题节目均不可或缺的共有元素；其次，过滤综艺节目模式中属于思想、创意的元素；最后，对涉案作品进行对比，应当比较作者在作品表达中的取舍、选择、安排、设计等是否相似，包括综艺节目的基本结构和核心内容、角色设置、逻辑编排以及特殊的细节设计等。若满足"接触＋实质性相似"的要件，就应当认定该综艺节目模式侵犯著作权。

此外，在节目元素的选择编排上具有独创性的综艺节目，有可能构成汇编作品。在一起韩国的案例（韩国大法院 2014——49180 判决）中，SBS 电视台的《双伴》《짝（zaack 双)》节目是一档将适婚年龄的普通男女聚集在"爱情村"这一空间，寻找伴侣的真人秀节目。该节目模式为：对参加者的生活费、着装、饮食方式、个人信息等加以限制，在节目组制作的"12 纲领"规则下，参加者必须在一周的时间内专注于寻找自己的异性搭档，而观众则会从

观察者的角度来观察。作为被告的 CJ E&M 公司旗下的 tvN 电视台，在其《Saturday Night Live Korea》节目的特辑中，播放了与节目《双伴》类似模式且添加搞笑要素形式的《半儿》节目。韩国大法院认为，真人秀节目由舞台、背景、道具、音乐、主持方法、规则等多种要素构成，这些要素可以根据一定的制作意图或方针进行选择和排列，从而与其他节目有明显的区别。因此，在判断真人秀节目的创造性时，除了构成节目的个别要素的创造性，这些个别要素还根据一定的制作意图或策略进行选择和排列，具体地融合在一起，使节目本身与其他节目有所不同。因此，《双伴》节目具有独创性的表现形式，CJ E&M 公司借用节目模式的行为侵犯了 SBS 电视台的著作权。韩国大法院审理的这起案件给我们的启发是，真人秀节目作为多种元素的组合，在韩国可以构成具有独创性的汇编作品，从而受到著作权法的保护。

当前，综艺节目抄袭现象日益严重，综艺节目模式的法律保护路径是理论界和实务界的关注重点。一种观点认为，由于我国《著作权法》规定的作品类型中不包括节目模式，"将综艺节目模式纳入著作权保护客体在制度设计上困难重重。对节目模式的著作权保护无法避免对思想表达二分法这一著作权基本原则的突破和动摇"[1]；另一种观点认为，"我国著作权法并未排斥电视节目模式成为作品的可能性。电视节目模式无论在表达形式方面、独创性方面还是可复制性方面都符合著作权法作品的内涵"[2]。总体而言，保护原创节目模式有利于保护创新，有助于孵化更多的原创节目，但同时，也要避免对"构思""题材"等不受保护的内容予以保护而限制了综艺产业的发展。因此，在此类纠纷中，可以将要求保护的综艺节目模式作拆分化处理。第一，节目策划案构成作品，其中详述了节目的流程安排、情境安排、角色设计等，是一部综艺节目的核心。第二，节目中的舞美设计、配乐，构成作品，可以独立于节目受到保护。第三，节目的风格、创意、规则、题材本身，不构成作品。第四，节目制作完成之后所形成的视频，整体上构成视听作品。节目制作方可以综合运用《著作权法》《商标法》《反不正当竞争法》等多种路径来保护其原创节目。在实务中，节目名称可以通过申请注册商标获得商标法意义上的专用权。具有一

---

[1] 张今. 综艺节目模式法律保护路径探析 [J]. 中国版权, 2016 (4): 12.
[2] 刘承韪, 吕冰心. 论电视节目模式的著作权法保护 [J]. 法学论坛, 2018 (2): 26.

定影响的节目模式，可以寻求《反不正当竞争法》的保护。权利人采取了保密措施的节目策划案，还存在被纳入商业秘密保护范畴的可能性。如此，不仅符合当前司法实践的裁判路径，可以有效防范综艺节目模式的剽窃、克隆现象，更有利于平衡保护综艺节目模式著作权与鼓励综艺节目模式自主创新的关系，促进我国娱乐文化产业的发展。2016年国家新闻出版广电总局出台了《关于大力推动广播电视节目自主创新工作的通知》，该通知要求"大力推动广播电视节目自主创新，不断研发生产拥有自主知识产权、体现中华文化特色的优质节目，为繁荣发展社会主义文艺、提高国家文化软实力做出积极贡献"。在社会主义文化大繁荣大发展的时代背景下，文娱综艺行业需要更多原创性的节目模式出现。文娱节目的制作方既要尊重他人的知识产权，也要加强对自身知识产权的保护力度。

第二节　节目使用的元素应注意的侵权风险

近年来，文娱行业快速发展，观众对文娱作品的要求越来越高。娱乐节目的制作方为了提高收视率和点击量，不断推陈出新，节目的形式呈现多样化的发展态势，以娱乐性为主的综合性视听节目包括但不限于婚恋交友类、才艺竞秀类、文艺会演类等。在这些综艺节目中，通过设定极具趣味性的人物背景、场内外的互动任务以及舞台设计等来吸引观众，成为普遍做法。而很多节目制作方在人物形象的设定、服装道具等素材的选择上，往往会选择观众熟知的动漫、游戏及影视剧中的角色、场景等，但这背后却隐藏着著作权侵权的法律风险，进而可能引发著作权纠纷。

一档完整的综艺节目主要包括节目的主题风格、人物设置、操作技巧、市场预测与定位、规则流程、各环节之间的衔接与整体效果、游戏规则与布置、节目称谓、灯光舞蹈、背景音乐、台词设计、摄影拍摄、后期剪辑、气氛引导、互动方式等节目元素。《著作权法》规定的作品是指文学、艺术和科学领域内具有独创性并能以一定形式表现的智力成果。结合"思想与表达二分法"，如果上述节目元素足够具体、详细，能够体现出独创性，便属于著作权法意义上的作品，受《著作权法》保护。

具体而言，节目元素若使用不当，根据个案中的具体使用场景，可能侵犯2020年《著作权法》第10条规定的署名权、修改权、复制权、信息网络传播权等权利。另外，《著作权法》第46条规定："广播电台、电视台播放他人未发表的作品，应当取得著作权人许可，并支付报酬。广播电台、电视台播放他人已发表的作品，可以不经著作权人许可，但应当按照规定支付报酬。"第48条规定："电视台播放他人的视听作品、录像制品，应当取得视听作品著作权人或者录像制作者许可，并支付报酬；播放他人的录像制品，还应当取得著作权人许可，并支付报酬。"由此可见，在综艺节目制作过程中，使用他人享有著作权的人物形象、照片动画、场景设计、背景音乐以及互动方式等节目元素，应当经相关权利人的授权许可并支付费用，否则将构成侵权，承担《著作权法》第52条、第53条规定的停止侵害、消除影响、赔礼道歉、赔偿损失等法律责任。

在具体的复制权、改编权侵权认定中，应当遵循"接触＋实质性相似"的判断标准。其中，不同综艺节目之间是否构成实质性相似的认定，需要按照"抽象＋过滤＋对比"的三段论来判断。尤其需要注意的是，对于综艺节目中使用的元素而言，思想与表达的界限相较于其他作品更加模糊，可以结合"混同原则"和"场景原则"来具体判断。本节选取4个典型案例，通过具体案例的介绍可以更好地呈现出节目中使用的元素可能存在哪些法律风险，明确其裁判思路才能更好地预防和解决风险。

一、节目中演员扮演卡通人物形象的侵权认定

【基本案情】

《葫芦兄弟》是上海电影厂制作的一部动画影片，片中的"葫芦娃""蛇精"等动画形象深受观众的喜爱。2013年2月，在湖南卫视《百变大咖秀》节目中，表演人员以化装的方式模仿《葫芦兄弟》影片中"葫芦娃"和"蛇精"的动画形象。上海电影厂认为，上述行为严重侵犯了其合法权益，于是将湖南卫视诉至法院，要求赔偿经济损失。

【争议焦点】

被控侵权的节目作品《百变大咖秀》是否侵犯上海电影厂对涉案美术作品的复制权。

【裁判推理】

"葫芦娃""蛇精"等属于我国《著作权法》规定的美术作品。上海电影厂系动画影片《葫芦兄弟》的著作权人。

对于被控侵权的节目作品是否侵犯上海电影厂对涉案美术作品的复制权，需要按"接触 + 实质性相似"原则进行判断。

首先，因《葫芦兄弟》动画片已公开播映并具有一定的知名度，涉案的"葫芦娃""蛇精"作品系《葫芦兄弟》动画片主角造型，故可以认定被告有接触该作品的可能性。

其次，涉案美术作品和被控侵权的角色形象构成实质性相似。在进行侵权比对时，应考虑因动画片故事主题和情节的需要，动画片角色表现形态具有多变性。因此，在进行作品比对时不能完全静止、孤立地比较，而应从角色整体的形象、设计的主旨和传达的信息等方面全面把握，比对的对象不仅是单一的动作、姿态、表情，而且是《葫芦兄弟》动画片中"葫芦娃""蛇精"角色的整体形象。经比对，涉案权利作品与被控侵权作品，两者虽表情存在差异，但衣饰、发型、相貌等主要特征相似、整体形象相似，且被控侵权作品在播放过程中亦标注有"葫芦兄弟"，两者构成实质性相似。

最后，被告湖南卫视在其《百变大咖秀》节目中使用"葫芦娃""蛇精"的形象，而被告没有证据证明该作品系经原告授权或许可等不应认定构成侵权的情形。因此，被告的行为构成对原告涉案权利作品复制权的侵害。

综上，《百变大咖秀》节目中演员通过服饰、道具、化妆，表演"葫芦娃""蛇精"形象，侵犯了上海美影厂对"葫芦娃""蛇精"美术作品的复制权。

【裁判要旨】

在进行角色形象类作品之间相似性比对时，不能完全静止、孤立地比较，而应从角色整体的形象、设计的主旨和传达的信息等方面全面把握，比对的对象不仅是单一的动作、姿态、表情，而且是被诉侵权角色和主张权利的角色的整体形象。

【案号】

（2014）长中民五初字第 00375 号

【拓展案例】

在另一起案件❶中，上海美影厂起诉爱奇艺网站，称该网站上传播的娱乐节目《来了就笑吧》中王祖蓝角色扮演葫芦娃形象的行为侵犯其信息网络传播权。

在该案中，搜索爱奇艺网站上《来了就笑吧》综艺节目，其中一期名为《来了就笑吧：王祖蓝再现经典 变身丫蛋粉丝》（以下简称"涉案节目"），该集综艺节目在 9 分 6 秒处显示一演员身穿表演服，头戴假发，形象与葫芦娃类似，下方附有字幕"王祖蓝版的腾格尔 葫芦娃 容嬷嬷等"，右上角显示"视频资料"；15 分 52 秒，一群演员表演了节目"模仿秀《葫芦娃》"，画面显示 6 名演员手举葫芦娃形象半身的大型图案，显示有不同颜色，头戴葫芦，另一名演员身穿红色服饰，头上佩戴短发假发与葫芦饰品，腰上围着葫芦叶形状的短裙，下身着短裤，进行表演，时间持续 17 分 5 秒，其中配有葫芦娃主题曲音乐，台下有数十名观众在观看节目表演内容。

在涉案节目中，演员表演采用的服装造型虽然在发型、脸型上与涉案作品存在一定差异，但经比对演员使用的大型半身图案、服装配饰均与涉案作品相同，而涉案节目中人物形象的眉眼造型、服装配饰占据涉案作品的比重较大，是区别于其他作品而具有独创性的主要体现，可以认定涉案节目与涉案作品构成实质性相似。而被告未经原告许可使用涉案作品，并通过互联网向公众传播，侵害了上海电影厂享有的信息网络传播权，应承担侵权责任。

二、节目特效中使用动漫形象的侵权认定

【基本案情】

金豹公司于 2009 年根据汉字"囧"创作"JONJON 囧囧"系列动漫卡通形象。浙江卫视在其制作播出的亲子综艺节目《爸爸回来了》中，大量使用与"囧囧"系列动漫卡通形象近似的形象，为特定情节进行配图。金豹公司

---

❶ （2019）京 0491 民初 21961 号。

认为，浙江卫视的行为侵犯其作品的著作权，于是向法院提起诉讼，要求被告赔偿其经济损失。

【争议焦点】

（1）基于汉字"囧"创作的"囧囧"动漫卡通形象是否构成作品；

（2）浙江卫视《爸爸回来了》中使用的"囧"字形象，是否侵犯原告对"囧囧"动漫卡通形象享有的复制权。

【裁判推理】

"囧囧"卡通形象的创意来源于汉字囧。"囧囧"系列卡通形象具有独创性的核心部分，是从汉字囧的方形整体结构延伸出来的将国字框作为卡通形象的头部，并于头部上方加上耳朵、下方配以比例较小的身体四肢的基本架构。该卡通形象构成美术作品。

对于《爸爸回来了》中的"囧字配图＋旁白"中使用的"囧"字配图是否构成对金豹公司动漫形象的复制，关键是看两者是否构成实质性近似。节目画面中多次出现的卡通形象配图，亦为以长方形的头部为主要组成部分，头部上方有两只小耳朵，头部下方连接比例较小的身体、四肢。节目中的卡通形象有部分与金豹公司提交的作品登记表中的完全相同，有部分在表情、动作、道具等方面作了改动，卡通形象旁配有与节目剧情发展相关的文字旁白。因此，涉案节目中"囧字配图＋旁白"使用的"囧"字配图与金豹公司享有著作权的美术作品高度近似，鉴于原告的卡通形象发表在先，被告具有接触到原告作品的可能性，因此，被告侵害了金豹公司享有的复制权，应承担停止侵权并赔偿相应损失的法律责任。

【裁判要旨】

《著作权法》对著作权的保护并不排除他人利用公有领域中的相关资源进行再度创作，如果创作者在其作品中体现出自身的独创性，则对其作品享有著作权。

【案号】

（2015）京知民终字第 678 号

三、节目名称的法律保护

【基本案情】

东方原创公司于 2015 年策划节目《极客出发》，为招商引资而将策划案发送给多家传媒公司、金融公司及中央电视台。东方原创公司发现，中央电视台于 2016 年开始播出的节目《极客出发》第一季第 1～10 期和第二季第 1～3 期的节目 Logo 与其先前制作的策划案中的 Logo 相似，遂认为制作节目的中央电视台和英翼传媒公司侵犯其对"极客出发"图样（以下简称"涉案图样"）享有的著作权。于是东方原创公司将中央电视台和英翼传媒公司告上法庭。

【争议焦点】

涉案图样是否构成作品。

【裁判推理】

第一，"极客出发"是词汇的组合，词汇的组合是公众表达自己思想感情的基本工具，短小的词汇组合一方面无法完整表达作者思想或传递信息，另一方面，保护简单词组会妨碍他人的正常使用，不符合著作权法的立法目的。在该案中，"极客出发"由"极客"和"出发"组成，通过这两个词无法完整理解作者实际想要表达的意思，故"极客出发"不构成作品。

第二，构成作品需要具备独创性，使用常见的现有字体对文字素材进行加工，难以使相关客体成为著作权法保护的对象。该案中，东方原创公司从字库字体中选择一种已有字体创作出涉案图样，所以涉案图样的字体并非其独创性的表达。

第三，东方原创公司主张涉案图样的独创点在于颜色的选择和文字的排布方式，但是这两点不属于显示其独创性的表达方式。涉案图样使用的横向排列相同大小的少量文字属于惯常设计，且蓝色的选择不是著作权法意义上的表达方式。涉案图样未达到我国《著作权法》所规定的美术作品应有的独创性的最低要求。

第四，我国著作权登记机关在进行著作权登记时，仅进行形式审查而不进行实质审查，所以涉案图样的著作权登记证书不能当然地证明登记的客体构成作品，也不能当然地证明登记的主体一定是著作权人。

综上，涉案图样不构成作品，不受著作权法保护。对于东方原创公司主张的涉案节目名称 Logo 侵权不予支持。

【裁判要旨】

简单的词汇组合，由于其无法构成独立的表达单元，不属于著作权法保护的作品。

【案号】

（2019）京 73 民终 1519 号

四、节目宣传对他人作品的使用

【基本案情】

2014 年 10 月 24 日，新浪微博用户"养猫画画的随随"于其微博中发布涉案插画作品，内容为一古装女子。该用户真实姓名为万某，是广州汉唐传媒广告有限公司签约插画师。浙江广播电视集团下属的浙江卫视《奔跑吧！兄弟》官方微博于 2015 年 7 月 10 日发布的置顶微博中使用涉案插画作品，使用时进行局部的修改，将古装女子的人脸更换为明星杨颖的面部，对原作的部分细节加以改动，并于作品上加注"安慕希奔跑吧兄弟"等字样。万某认为，该行为侵犯其合法权益，于是向法院提起诉讼，要求被告发布致歉声明并赔偿其经济损失。

【争议焦点】

浙江广播电视集团是否侵害万某对涉案作品享有的著作权。

【裁判推理】

首先，万某提交了涉案插画的创作源文件及载有涉案插画的微博页面，在无其他相反证据的情况下，可以认定其系涉案插画作品的著作权人。浙江广播电视集团主张因万某的微博认证为"广州汉唐传媒广告有限公司签约插画师"，故涉案插画应属职务作品，缺乏事实依据，法院不予支持。

其次，浙江卫视《奔跑吧！兄弟》官方微博未经万某许可、未予署名、未支付报酬将涉案插画作品用作节目宣传，并于使用时对作品进行局部、细节性修改，虽与原作品不完全相同，但构成实质性相似。

综上，上述涉案行为侵犯了万某对其作品享有的署名权、修改权及信息网络传播权。

【裁判要旨】

未经著作权人许可、未予署名、未支付报酬将涉案插画作品用作节目宣传，并于使用时对作品进行局部、细节性修改，虽与原作品不完全相同，但构成实质性相似。

【案号】

（2016）京 73 民终 776 号

五、法理分析

通过本小节对精选案例的介绍，可以清晰地了解到，综艺节目中使用的元素可能引发哪些著作权法律风险，以及司法实践中对综艺节目使用的元素侵权案件采取的裁判思路。

综艺节目中使用的元素是否属于《著作权法》规定的作品，是这类案例首先需要解决的问题。从司法裁判中可以看出，人民法院依据"思想与表达二分法"进行审理的思路是很清楚的，《著作权法》只保护具有独创性的表达，不保护思想和创意，有必要对综艺节目中使用的元素区别保护。如果节目中使用的元素属于具体表达，并且具有独创性，就是《著作权法》保护的客体；如果节目中使用的元素属于思想、事实或者处于公有领域的通用元素，就不受《著作权法》保护。即使某些节目元素进行一定的排列组合，但如果属于惯常设计方式，同样不符合作品的独创性要求。

司法实践在对实质性相似的判断中，在过滤掉通用元素和不属于表达的元素后，采取综合比对的方式，不仅凭相似元素的数量来认定，而且从作品整体上衡量相似元素是否属于这部综艺节目的核心元素。正如 Joseph Story 法官所说："版权侵权非整部作品或者说作品的一大部分形式或内容被抄袭才算。只要抄袭的程度让原作品的价值有相当程度的减损，或者原作品的劳动被他人侵夺达到受损的程度，这在法律上已经足够被认定为侵权。"在对角色形象作品进行相似性比对时，不能完全静止、孤立地比较，而应从角色整体的美术形象、设计的主旨和传达的信息等方面全面把握，比对的对象不仅是单一的动作、姿态、表情上的设计，而且应将被诉侵权形象和主张权利形象进行整体比对。如果制作方的综艺节目在使用他人作品时对作品进行了局部修改，而且该修改行为具有一定的独创性，那么，构成演绎创作。演绎者行使其对演绎作品的著作权时，需要获得原作品著作权人的许可。否则，构成对原作品的改编权的侵犯。如果综艺节目制作方将包含他人作品的综艺节目通过互联网向公众传播，则还需要获得权利人的信息网络传播权许可。

综艺节目往往与诗歌、书画等文学、艺术作品的使用有密切关联，节目制作者在打磨节目内容、追求节目效果的同时，要注意使用他人作品的方式是否适当。在一档节目中，可能存在使用他人的美术作品、书法作品、视听作品片段、音乐作品、建筑作品、雕塑作品、模型作品等情形。综艺节目制作方使用他人作品制作节目时，应当获得著作权人的许可。具体而言，在制作综艺节目时，使用他人作品未予署名，侵犯作者的署名权；若对他人作品进行了实质性修改，构成侵犯修改权；使用过程中歪曲篡改他人作品，构成侵犯保护作品完整权；使用他人未发表的作品，侵犯作者的发表权。在著作财产权方面，根据具体案情，被诉行为会构成侵犯复制权、摄制权、表演权或信息网络传播权。

在个案中，要根据具体案情来判断被诉使用行为是否有合理抗辩事由，是否属于可以不经著作权人的许可、亦不用向著作权人支付报酬的法定合理使用情形。需要注意，合理使用有严格的适用条件，应当指明作者姓名或者名称、作品名称，并且不得影响该作品的正常使用，也不得不合理地损害著作权人的合法权益。以《老梁观世界》综艺节目为例，为讲述电影《少年派》的需要，使用了与电影故事情节、人物关系一致的林某创作的解析系列美术作品。节目在使用该美术作品的过程中，并未指明涉案作品的作者姓名、作品名称，故不构成合理使用。

此外，现行《著作权法》规定了的法定许可行为，具体到广播电视领域是第 46 条第 2 款，广播电台、电视台播放他人已发表的作品，可以不经著作权人许可，但应当支付报酬。但在适用该法条时应对广播电台、电视台扮演的角色进行区分，在不同的阶段他们扮演的角色和承担的义务是不同的。该条指向的是节目传播者，而非节目内容制作者。所以，节目制作方不能依据该条款进行抗辩。

在承担主体方面，通常而言，将由综艺节目的著作权人承担侵权责任。在具体责任形式上，如果侵犯的是著作财产权，一般需要承担停止侵权、赔偿损失的民事责任。如果侵犯了著作人身权，还会涉及赔礼道歉、消除影响等民事责任。就停止侵权而言，一般是指停止使用涉案作品，而非停止整个综艺节目的播出。比如，在综艺节目"解读中国第五大姓氏陈姓"中，现场背景荧幕介绍画面使用了王某享有著作权的"陈"姓图腾美术作品。鉴于涉案作品仅为涉案节目的一小部分内容，涉案节目融入了其他创造性成果，原告主张停止播放整期节目的诉讼请求超过了侵权内容的范围。因此，最终法院仅要求被告停止使用涉案美术作品，而非停播整个节目。

总之，综艺节目如需使用他人享有著作权的节目元素，应首先取得相关权利人的许可。综艺节目制作方在节目制作和宣传阶段，应当进行内容的审查工作，对可能存在侵权风险的部分进行专业的评估，按照法律的规定及相关合同的约定使用相关作品，避免因使用的节目元素引发著作权纠纷。

第三节　节目中表演他人作品应注意的侵权风险

随着大众精神文化需求的多元化，各种类型的文娱节目丰富着人们的业余生活。在文娱综艺节目中表演他人作品是较为常见的现象。近年来，因节目中未经授权表演他人作品引发的著作权纠纷时有发生。节目中表演他人作品可能存在哪些法律风险以及如何防控这些法律风险，成为文娱节目制作者和互联网视频播出平台亟待关注的问题。

文娱节目中表演他人作品主要包括表演他人的文字、音乐、戏剧、曲艺、舞蹈、杂技等场景。在具体的行为样态上，表现为对作品的公开朗诵、演唱、翻唱、表演等。与上述行为相关的著作权主要包括表演权、摄制权、改编权。如果在表演过程中对他人作品进行了修改或篡改，还会涉及作者的修改权或保护作品完整权。

2020年《著作权法》第38条规定："使用他人作品演出，表演者应当取得著作权人许可，并支付报酬。演出组织者组织演出，由该组织者取得著作权人许可，并支付报酬。"因此，在文娱节目中表演他人享有著作权的上述作品，表演者或者演出组织者应当根据节目使用需要，获得相关著作权人的许可，并支付报酬。如果节目是直接表演作品，需要获得原作品著作权人的表演权许可，如果是将作品改编后进行表演，需要获得原作品著作权人的表演权、改编权许可，并根据约定或者《著作权法》相关规定向权利人支付报酬。综艺节目的制片者或者制作者应当尽可能与单个作品的作者对作品的使用方式、使用范围、获酬方式等通过合同方式进行明确约定。此外，如果将表演他人作品的节目在互联网进行传播，节目制作者还需要经过原作品著作权人的信息网络传播权许可。如果将他人的表演制作成录音录像制品，也需要取得原著作权人的许可。

虽然《著作权法》第 24 条规定"免费表演已经发表的作品"属于一种合理使用行为，不需要经过著作权人许可，也不需要支付报酬，但是，该合理使用情形的适用有极其严格的限制条件，要求"该表演未向公众收取费用，也未向表演者支付报酬且不以营利为目的"，综艺节目通常有广告赞助商，节目制作时会向表演嘉宾支付报酬，所以，综艺节目中表演他人作品，显然无法落入合理使用情形。此外，此类案件综艺节目制作方还会经常主张其被诉行为是"为介绍、评论某一作品或者说明某一问题，在作品中适当引用他人已经发表的作品"。但是，需要注意的是，该条有非常严格的适用条件。使用的对象是已经发表的作品；使用目的被严格限定为介绍、评论某一作品或者说明某一问题而引用他人作品；使用范围要求适当和合理，不得影响该作品的正常使用，也不得不合理地损害著作权人的合法权益；使用方式上，需指明作者姓名（名称）、作品名称，由于作品使用方式的特性无法指明的除外。

本节在梳理案例和法律规定的基础上，精选 5 个案例，以期为节目中表演他人作品引发的著作权纠纷处理提供参考。

一、翻唱节目中的音乐作品权利保护

【基本案情】

《明日之子》第二季是由腾讯公司、霍尔果斯哇唧唧哇公司和腾讯音乐娱乐公司联合出品的综艺节目。独立音乐人李某发现《明日之子》第二季第一期的节目中，某位选手未经过授权翻唱其创作的歌曲《天空之城》，该节目在腾讯视频网站上传播。李某认为涉案行为侵犯了其音乐作品的表演权和信息网络传播权，故将该综艺节目的制作方诉至法院。

【争议焦点】

《明日之子》是否侵犯李某的表演权和信息网络传播权。

【裁判推理】

根据我国影视节目署名的惯例，制片者通常署名为出品方。《明日之子》第二季第一期片尾出品方的署名为"腾讯视频""哇唧唧哇 WA"和"腾讯音乐娱乐"三个标识，根据该案庭审情况，可以认定上述三个标识分别代表腾讯公司、霍尔果斯哇唧唧哇公司、腾讯音乐娱乐公司。因此认定上述三个被告为《明日之子》第二季第一期的制作者，在未经许可使用他人作品时，应当承担相应的侵权责任。各制作者之间关于作品著作权归属的约定，不得对抗第三人。

根据原告李某提供的证据和该案各方当事人的确认，被告腾讯公司、霍尔果斯哇唧唧哇公司和腾讯音乐娱乐公司未经原告许可，在其制作的综艺节目《明日之子》第二季第一期中组织歌手邱某凯公开表演音乐作品《天空之城》、允许腾讯视频公开播送包含该段表演的该期综艺节目以及在线提供该期综艺节目的行为，侵犯了原告对音乐作品《天空之城》享有的表演权和信息网络传播权，依法应承担相应的侵权责任。

【裁判要旨】

未经许可在影视节目中演唱音乐作品并在线传播该节目，侵犯音乐作品著作权人所享有的表演权和信息网络传播权。影视制片者应当承担影视节目侵权的责任。

【案号】

（2018）粤 0305 民初 15249 号

二、节目摄制中使用作品的侵权风险

【基本案情】

歌曲《我想大声告诉你》由魏某超、樊某作词，魏某超作曲完成。2009年，魏某超、樊某将该歌曲的全部著作财产权转让给万宇公司所有。2015 年 8月 2 日，灿星公司录制的《蒙面歌王》综艺节目在江苏卫视播出，歌手孙楠翻唱歌曲《我想大声告诉你》，形成节目影像视频。于是万宇公司以侵犯著作权为由，将灿星公司诉至法院。

【争议焦点】

灿星公司录制的涉案节目影像是否侵犯原告的摄制权。

【裁判推理】

涉案的节目影像内容具有预先设定的程序和场景，拍摄时进行多个镜头切换和画面选择，并经过后期剪辑等过程完成，其连续的画面反映出其独特的构思，具有一定的独创性。所以，灿星公司使用万宇公司音乐作品制作节目视频，应当属于一种"摄制"视听作品的行为。

根据2010年《著作权法》第10条的规定，著作权包括摄制权，即以摄制电影或者以类似摄制电影的方法将作品固定在载体上的权利。著作权人可以许可他人行使著作权包括的权利，并依照约定或者该法有关规定获得报酬。故灿星公司在未获得万宇公司许可的情形下，将涉案的音乐作品拍摄为涉案节目的行为侵犯万宇公司依法享有的摄制权。

灿星公司的侵权行为导致万宇公司丧失对涉案音乐作品独占以及就摄制权进行议价的权利，且此时判决其停止侵害不会对社会公众利益造成巨大的影响，应依法停止侵害，赔偿损失。由于该案中权利人的实际损失和侵权人的违法所得均不能确定，法院参考涉案作品的知名度、被告灿星公司侵权行为的性质、情节及主观过错，酌情确定赔偿数额10万元。

【裁判要旨】

未经许可将音乐作品拍摄为演员演唱模式的综艺节目视频，侵犯原作品权利人依法享有的摄制权。

【案号】

（2017）豫01民初4868号

【拓展案例】

综艺节目中翻唱知名音乐作品的现象较为普遍。在《我是歌手》节目中，羽某翻唱《烛光里的妈妈》，为此陷入侵权纠纷。《烛光里的妈妈》是电影《眼镜里的海》的插曲，由谷某芬作曲、李某利作词。2013年1月25日，在湖南卫视播出的《我是歌手》节目中，羽某翻唱《烛光里的妈妈》并获得当场冠军。然而羽某的翻唱版本不仅写错词作者的名字，而且对歌词进行改动。

2013 年 5 月，该歌曲的词作者李某利向湖南卫视发出律师函，其认为上述翻唱行为涉嫌侵犯歌曲作者的著作权。据李某利介绍，节目中歌词修改有 8 处，如"妈妈"被改为"妈"，"女儿"被改为"孩儿"，"不愿"被改为"不能"，"为何失去光华"被改为"不要失去光华"，"走过春秋冬夏"被改为"怎能走过春秋冬夏"。《烛光里的妈妈》的曲作者谷某芬也表示，翻唱版本在歌曲调式、节奏排列、旋律上都涉及改编，一定要经过原作者的同意。2013 年 7 月 14 日，《我是歌手》节目组发布致歉函，承认侵权事实并向原作者赔礼道歉。

虽然《著作权法》的规定已经相对完善，但是大部分侵权人知识产权意识还较淡薄，这就造成知识产权侵权事件频繁发生的局面，未经著作权人同意，私自使用原作品进行翻唱，很有可能侵犯著作权人的表演权、摄制权，因此歌手和艺人在提高自我维权意识的同时，也应注意不侵权原作者的合法权益。

三、节目朗读作品涉及的表演权问题

【基本案情】

《见字如面》由企鹅影视与实力公司制片，在黑龙江电视台与腾讯视频 App 及其官方网站共同播出，是一档以朗读名人书信为内容的综艺节目。《见字如面》第二季第十期中，节目制作方未经权利人许可，组织演员朗读录制三毛父亲陈嗣庆于 1989 年写给三毛名为《过去·现在·未来》的书信，并将书信名称改为《你这一次的境界是没有回头路可言了》，对书信内容进行大量文字修改、删除和语句调换。陈嗣庆的三位在世子女以涉案作品的修改权、复制权、表演权和信息网络传播权被侵犯为由，将黑龙江电视台、企鹅影视与实力公司诉至法院。

【争议焦点】

涉案节目使用涉案书信内容并在网络传播的行为是否侵害涉案书信作者的修改权、复制权、表演权、信息网络传播权。

【裁判推理】

涉案书信是具有独创性的表达，构成著作权法意义上的文字作品。认定是否构成侵害著作权，首先判断是否存在以修改、复制、表演、信息网络传播等方式使用涉案书信的行为。其次判断前述使用行为是否构成合理使用。

（1）对书信的改动以及添加标题是否构成对涉案书信的修改

修改权即修改或者授权他人修改作品的权利。法律及司法解释并未就何为对作品的修改作进一步规定，法院认为，对作品内容作局部变更以及文字、用语的修正属于对作品的修改，是受修改权控制的行为。该案中，首先，涉案节目对书信字词、短语的增添、修改或删除，属于对涉案书信的文字性修改、删节，将涉案书信的长句、段落删除以及调换段落顺序，属于对书信内容的变更，因而均落入涉案书信修改权控制的范畴。其次，在书信拟有标题的情况下，标题与书信正文共同构成书信内容的整体。因此对书信标题的改动亦属于对书信内容的修改。涉案节目在使用涉案书信时，将涉案书信其中的一句话作为书信的标题使用，对涉案书信的标题进行改动，属于对涉案书信内容的修改。最后，对作品修改的好坏并不影响修改行为的构成。因此即使对作品进行修改后取得正向效果，亦不构成侵害修改权的抗辩理由。

（2）对涉案书信的朗读及加配字幕的行为是否构成对涉案书信的表演及复制

复制权所控制的复制行为是指在有形物质载体上再现作品的行为。复制行为并不要求精确再现作品的全貌，只要在物质载体中保留作品的基本表达，即使对作品进行一些改动或者未利用作品的全部内容，亦属于复制行为。

该案中，涉案节目以字幕的形式固定并再现涉案书信的部分内容，虽然对书信内容进行部分改动，但并未形成新的表达，因而仍构成对涉案书信的复制。表演权即公开表演作品，以及用各种手段公开播送作品的表演的权利。对作品的表演可以分为现场表演和机械表演。朗读文字作品、演奏音乐、演唱歌曲等都是典型的现场表演行为。该案中，演员面对现场观众，配合肢体动作及面部表情，将涉案书信的部分内容饱含感情地朗读出来，属于对涉案书信的表演行为。

（3）将涉案节目进行网络传播是否构成对涉案书信的信息网络传播

信息网络传播权，即以有线或者无线方式向公众提供作品，使公众可以在其个人选定的时间和地点获得作品的权利。该案中，公众在观看网络中存在的涉案节目时可以通过聆听对涉案书信的朗读以及观看涉案书信的字幕的方式，知晓涉案书信的内容。因此，即使信息网络传播的直接对象是涉案节目，但该行为却实际达到向公众提供涉案书信的效果，使公众获得了解书信内容的可能性。故将涉案节目进行信息网络传播的行为，同时也构成对涉案书信的信息网络传播。

（4）涉案节目对涉案书信的使用是否构成合理使用

判断该案涉案行为是否属于对涉案书信的合理使用，应当考虑以下因素。

第一，涉案节目对涉案书信的使用是否为适当引用。首先，适当引用要求以"介绍、评论某一作品或者说明某一问题"为目的。该案中，涉案节目书信朗读环节是涉案节目的核心环节，而书信点评环节则相对处于次要位置。因而可以认定，涉案节目使用涉案书信的目的并非对涉案书信进行介绍、评论或者说明其他问题。其次，适当引用要求引用应当具有适当性。该案中，从引用的程度看，涉案节目使用涉案书信的绝对数量与相对占比均较高。从引用的内容看，涉案节目基本涵盖涉案书信的大部分实质内容，已达到基本再现涉案书信内容的程度。因而不属于适当引用。

第二，是否影响涉案书信的正常使用。授权他人使用作品是著作权人对作品加以利用的常规方式。涉案节目未经许可通过朗读的方式再现涉案书信的实质内容，必然会对三原告授权他人以类似方式使用涉案书信产生影响。

第三，是否不合理地损害著作权人合法权益。该案中，涉案节目在使用涉案书信的同时还对涉案书信进行修改，不仅会影响三原告获得经济利益，还侵害涉案书信的修改权这一包含作者人格权的权利。

因此，涉案节目使用涉案书信的行为不属于合理使用。涉案节目使用涉案书信并进行信息网络传播的行为侵害涉案书信的修改权、复制权、表演权及信息网络传播权。

【裁判要旨】

节目制作方未经许可对作品进行的文字性修改、朗读录制并进行信息网络传播的行为侵害涉案书信的修改权、复制权、表演权及信息网络传播权。

【案号】

（2020）京 0491 民初 2880 号

四、杂技作品的著作权保护

【基本案情】

中国杂技团享有《俏花旦——集体空竹》作品编导著作权。最初的作品是 2004 年在武汉光谷国际杂技艺术节上的演出，此后又不断修正、编排，形成《俏花旦——集体空竹》法国公演节目作品、《俏花旦——集体空竹》2007 年中央电视台春节联欢晚会演出节目作品等，并进行了相应的著作权登记。

2017 年 1 月，中国杂技团发现腾讯视频网站上有 2017 年建安区电视台（原许昌县广播电视台）举办并播出的春节联欢晚会视频，其中有张某杂技团表演的《俏花旦》节目的图片及视频。中国杂技团认为，该表演所使用的背景音乐、演员服装、动作组合、表演形式等与中国杂技团的《俏花旦——集体空竹》相似度极高，原告认为，张某杂技团、许昌县广播电视台已经严重侵犯了原告作品的著作权以及商业利益和传播艺术价值，故诉至法院。

【争议焦点】

（1）张某杂技团表演的节目是否侵权；

（2）建安区电视台是否侵权。

【裁判推理】

杂技艺术作品属于我国《著作权法》所保护的作品。根据我国《著作权法实施条例》第 4 条的规定：杂技艺术作品，是指杂技、魔术、马戏等通过形体动作和技巧表现的作品。中国杂技团《俏花旦——集体空竹》具备一定艺术表现力的独创性杂技形体动作和技巧，舞台艺术形象富有感染力，杂技动作鲜活灵动，与编导作者、著作权人之间形成特定化联系，构成著作权法意义上的杂技艺术作品。根据当事人之间的合同约定，中国杂技团享有杂技艺术作品《俏花旦——集体空竹》除各作者的署名权之外的著作权。他人未经许可，不能将《俏花旦——集体空竹》杂技节目全部或部分抄袭作为自己的作品使用。

张某杂技团在 2017 年当地春节联欢晚会上表演了杂技节目《俏花旦》。该节目形成于《俏花旦——集体空竹》之后。将两个节目进行对比发现，节目名称相近、音乐曲目基本相同，二者在开场表演桥段高度相似、存在舞蹈动作与抖空竹动作之间的衔接、舞蹈脚步律动编排上的部分内容一致，在部分演出环节，演员在演出场地的走位编排等设计相似。因此，张某杂技团构成对中国杂技团的涉案杂技作品的抄袭，其涉案演出行为构成对中国杂技团涉案杂技作品表演权、获得报酬权的侵犯。

建安区电视台，作为涉案晚会的主办方、节目组织者、视听作品的出品者，其对涉案晚会汇集的演出作品有较高的著作权注意义务。建安区电视台邀请张某杂技团在晚会中演出涉案侵权杂技节目《俏花旦》，以类似电影的方式将包含涉案侵权杂技节目《俏花旦》的联欢晚会拍摄成视听作品，并在其电视台以广播信号播出，其上述行为未尽到著作权合理注意义务，侵犯了中国杂技团对《俏花旦——集体空竹》作品享有的广播权。此外，建安区电视台将包含涉案侵权杂技节目《俏花旦》在内的视频上传至腾讯视频网站，使公众可以在其个人选定的时间获得上述视频信息，侵犯了中国杂技团的信息网络传播权。

【裁判要旨】

电视台作为联欢晚会主办方、节目组织者，应当对其晚会上演出的节目承担著作权注意义务。

【案号】

（2017）京 0102 民初 14340 号

五、保护作品完整权的侵权判定

【基本案情】

原告陈某洪于 1991 年 3 月完成土家族婚俗舞蹈剧本《土里巴人》初稿，1992 年 5 月该剧本在长阳首演获好评。随后，宜昌市歌舞剧团调演该剧。1995 年 1 月，宜昌市歌舞剧团委托门某元对《土里巴人》进行改编，随后组织演员表演，并在中央电视台春节联欢晚会中播出。陈某洪原作中土家族婚俗的脸部"抹黑"（剧本原作，土家族男女青年恋爱时，女青年手上抹满锅烟黑灰将小伙子抹成大黑花脸，小伙子又反过来抹到对方脸上）在表演中被改为"抹红"。陈某洪认为上述改动行为侵犯其合法权益，于是向法院起诉，请求判令宜昌市歌舞剧团、门某元等被告立即停止侵权、赔礼道歉并赔偿损失。

【争议焦点】

被告是否侵犯原告的著作权。

【裁判推理】

《土里巴人》文字作品的创作目的在于供舞台演出，其应为舞剧剧本。该作品系陈某洪创作的个人作品，著作权属陈某洪享有。陈某洪对该剧依法享有发表权、署名权、修改权、保护作品完整权、使用权和获得报酬权。

门某元受宜昌市歌舞剧团的委托，在中央电视台 1995 年春节联欢晚会上，未经陈某洪的同意，改编《土里巴人》，特别是将反映土家婚俗风情的"抹黑"改为"抹红"，改变了作品原意，侵犯了陈某洪对作品的修改权和保护作品完整权。门某元与宜昌市歌舞剧团之间系委托创作，门某元所应承担的法律责任，依法由宜昌市歌舞剧团承担。

【裁判要旨】

使用作品的过程中，未经作者同意，改变作品原意，会导致对作品的修改权和保护作品完整权的侵犯。

【案号】

（1999）鄂民终字第 44 号

六、法理分析

本小节通过分析几类著作权纠纷案件的裁判思路，展示了在节目中表演他人作品可能引发的著作权侵权风险，主要涉及表演权、信息网络传播权、摄制权以及法定许可、合理使用等具体问题。

整体上看，司法实践中已基本形成对该类纠纷的审理思路。在著作权相关权利的侵权认定中，若未经许可在文娱节目中表演他人的文字、音乐、戏剧、曲艺、舞蹈、杂技艺术等作品，则构成侵犯著作权人享有的表演权；若未经许可，将他人的视听作品制作为节目视频，则构成侵犯著作权人享有的摄制权；若将该文娱节目通过互联网平台向公众提供，则会构成侵犯著作权人享有的信息网络传播权。在合理使用和法定许可制度中，若节目中表演他人作品不是为了纯粹展示被使用的作品本身，而是属于适当引用，且没有不合理地损害原作品著作权人的合法利益，也没有不合理地损害著作权人的合法权益，才可被认定为合理使用。

翻唱是在节目中表演他人作品的一种常见的行为，上述案例中探讨的翻唱行为指的是在具有商业性质的表演或者在制作录音制品中，表演者将他人已经发表并且经过其他表演者演唱过的音乐作品，根据个人的演唱风格进行表演的行为。翻唱主要体现在歌曲的歌词、旋律以及编曲等方面，根据是否对原作品进行有独创性的修改，可将翻唱分为直接翻唱和演绎性翻唱两种形式。根据我国《著作权法》《著作权法实施条例》等相关规定，音乐作品的著作权人享有表演权，包括现场表演和机械表演。若未经原作品著作权人允许而直接翻唱，则会侵犯权利人的表演权；若该表演是改编后的演绎翻唱，则可能侵犯权利人的改编权、表演权；若将对该音乐作品的表演拍摄为综艺节目，且该综艺节目具有一定的独创性，则会侵犯原作品权利人的摄制权；若录音制作者使用他人已经录制为录音制品的音乐作品制作录音制品，则属于法定许可的范畴，可以不经权利人允许，但需要支付报酬；若未经允许，将翻唱的作品通过互联网平台向公众传播，则会侵犯原作品权利人的信息网络传播权。

在节目中表演他人作品，应当获得著作权人的许可，实践中需要获得授权的主体是综艺节目的制作方和传播方。当然，随着互联网平台行业的发展，具备自制能力的在线播放平台兼具制作方和传播方两个角色。节目制作方若在表演中需使用他人作品，应当根据需要，取得原作品著作权人的表演权、复制权、改编权、摄制权等许可。而节目传播方也应当根据需要，取得原作品著作权人的广播权、信息网络传播权等许可。从司法实践来看，节目的制作方在使用他人表演的作品时，如果想最大限度地防范著作权侵权风险，应当根据节目需要获得多项许可，比如采取打包许可的方式。此外，在节目中表演他人作品时，不仅要获得著作权人许可，还需要在节目中清楚写明原作品名称，为著作权人署名。

如今，国内综艺节目制作的成本越来越高，同类节目之间的竞争也日趋激烈。节目制作方和传播方应当提高著作权保护意识，既要尊重他人著作权，也要保护自身节目的著作权；要严格依照《著作权法》的规定获得原作品著作权人的许可，并支付报酬，避免侵权。

第四节　综艺节目的可版权性与权利归属

随着互联网平台和新媒体技术的更新，我国综艺节目的种类和数量都得到快速发展。在综艺节目蓬勃发展的同时，也出现相应的版权纠纷。2015年发布的《北京市高级人民法院关于审理综艺节目著作权案件的调查研究》指出，综艺节目的性质认定是基础问题，也是争议较大的问题，其直接决定综艺节目中各方权利人之间的关系。

著作权的客体是著作权能够产生的基础，无作品即无著作权。讨论综艺节目是否受我国《著作权法》保护，首先需要判断一部综艺节目是否属于著作权的客体。根据我国 2020 年修改的《著作权法》，作品应当满足三个要件：其一，作品应当是人类的智力成果；其二，作品应当具有显著的独创性特征；其三，作品能够以一定形式复制。2020 年修改的《著作权法》对作品的定义进行修改，由"作品类型法定"修改为"作品类型开放"的定义方式，并在第 10 条中以"视听作品"代替"电影和以类似摄制电影的方法创作的作品"（电影和类电作品），在第 17 条中明确视听作品包括电影作品、电视剧作品和其他视听作品。如此修改，使得综艺节目的著作权保护更有章可循。

从作品的构成要件来看，第一，综艺节目影像属于文学、艺术和科学范围内的人类智力成果；第二，综艺节目影像一般由节目脚本、节目流程、人物形象、舞台设计和观众互动等诸多元素组成，利用镜头的切换拍摄、视频画面的选择和后期剪辑等影像技术，形成连续的画面，并能体现综艺节目制作方的创意和思想，是对综艺节目脚本进行演绎的过程，具有一定的独创性；第三，综艺节目影像可以通过录音录像的制作、互联网的传播来实现其可复制性，并非停留在思想和创意阶段，是能以一定形式表现的成果。因此，综艺节目影像在节目内容具有独创性的情况下，可以成为著作权的客体，作为视听作品受《著作权法》保护。

对于视听作品著作权的权利归属，根据 2020 年修改的《著作权法》第 17 条的规定，视听作品中的电影作品、电视剧作品的著作权由制作者享有，其他视听作品的著作权归属由当事人约定，没有约定或者约定不明确的，由制作者享有。但对如何区分电影电视作品和其他视听作品，法律并未予以明确，需要通过理论研究和司法裁判中的成熟经验来补充。

由此，本节精选 3 个典型案例，分析综艺节目的可版权性与权利归属相关的著作权纠纷，为理论研究和司法实践提供素材。

一、联欢晚会视频是否构成视听作品

【基本案情】

2017 年春节联欢晚会节目由中央电视台制作。经中央电视台授权，央视国际公司独家享有通过网络向公众传播该节目的权利。

2017 年 1 月，动景公司在其经营的"UC 头条"App 中提供 2017 年春节联欢晚会部分节目视频的在线播放。央视国际公司认为，动景公司的行为侵害其享有的信息网络传播权，于是向法院提起诉讼，要求赔偿经济损失。

【争议焦点】

（1）2017 年春节联欢晚会是否构成本案适用的 2010 年《著作权法》规定的类电作品；

（2）动景公司的涉案行为是否侵权。

【裁判推理】

（1）2017 年春节联欢晚会是否构成类电作品

法院认定 2017 年春节联欢晚会属于以类似摄制电影的方法创作的作品。理由如下：其一，2017 年春节联欢晚会并非对现场表演进行简单的机械录制，而是经过复杂的设计和编排，由总导演、总摄像、总编导统一指挥，按照事先拟定的脚本、分镜头剧本，由各个机位通过不同角度对现场表演进行多角度拍摄；其二，编导需在现场对摄制画面进行现场取舍、编排，并插入字幕、事先录制的短片及外景等；其三，通过镜头切换、画面选择拍摄、剪辑等过程完成，其连续的画面体现出相关制片者的构思，具有一定的独创性。

（2）动景公司的涉案行为是否构成侵权

信息网络传播权，即以有线或者无线方式向公众提供作品，使公众可以在其个人选定的时间和地点获得作品的权利。网络用户、网络服务提供者未经许可，通过信息网络提供权利人享有信息网络传播权的作品、表演、录音录像制品，除法律、行政法规另有规定外，人民法院应当认定其构成侵害信息网络传播权行为。

通过上传到网络服务器、设置共享文件或者利用文件分享软件等方式，将作品、表演、录音录像制品置于信息网络中，使公众能够在个人选定的时间和地点以下载、浏览或者其他方式获得的，人民法院应当认定其实施上述向公共提供作品的行为。

该案中，根据央视国际公司提交的公证书显示，涉案视频的查找及播放过程系在涉案 App 界面中完成，既未跳转到其他网站的页面中，亦未在整个播放过程中显示过其他网站的地址，故央视国际公司提交的初步证据能够证明动景公司提供了涉案视频，使公众可以在个人选定的时间和地点获得涉案视频。

【裁判要旨】

联欢晚会系电视台经过复杂的设计和编排，并非仅仅是对现场表演进行简单的机械录制，具有较高的独创性，因此属于类电作品，即 2020 年《著作权法》规定的视听作品。

【案号】

（2019）京 73 民终 3095 号

二、KTV 播放综艺节目视频影像的行为性质

【基本案情】

《中国之星》是灿星公司打造的一档大型国际交流竞唱的综艺节目。《中国之星》DVD 为灿星公司发行的合法出版物，收录了"中国之星第 03 期"的歌手演出画面。在龙冠公司经营的开心果 KTV 房间内设置的歌曲点播设备中，可以查找、点击、播放与 DVD 所收录的演出画面一致的画面。灿星公司认为龙冠公司侵犯了其作为类电作品著作权人的放映权，故诉至法院。

【争议焦点】

（1）"中国之星"节目视频影像的性质；

（2）灿星公司是否是本案的适格原告。

【裁判推理】

《中国之星》是由 3 位"巨星推荐人"推荐歌手参加的国际交流竞唱节目，节目视频并非是对歌手现场演唱的简单机械录制，而是通过现场镜头切换、不同场景画面切换等，展现表演现场、歌手采访等多个环节。表演现场有推荐人推荐、歌手演唱、推荐人点评等内容，歌手采访环节还会配有如歌手经历、排练现场以及旁白等内容，系通过镜头切换、画面选择拍摄、后期剪辑等

过程完成，其连续的画面反映了制作者独特的视角和富有个性化的选择与判断，表达了与主题相关的思想内容，其独创性程度符合该案适用的 2010 年《著作权法》规定的类电作品的要求。

依据灿星公司提交的 DVD 光盘的外包装版权声明及片尾署名显示内容，可以认定灿星公司系《中国之星》电视节目的著作权人。灿星公司主张的龙冠公司点唱机系统里的 9 首卡拉 OK 歌曲，是《中国之星》节目视频中 9 首相应歌曲的相关连续片段，因此，灿星公司作为《中国之星》综艺节目视频的著作权人，有权提起该案诉讼，是该案的适合原告。至于灿星公司是否获得相关词、曲著作权人和表演者的授权，并不影响其系该综艺节目视频著作权人及有权提起该案诉讼的认定。

该案中，龙冠公司未经灿星公司许可，通过其经营场所点唱机系统向消费者提供《中国之星》第三期节目视频中 9 首歌曲的相关连续片段，侵害了灿星公司对《中国之星》综艺节目视频享有的放映权，应承担相应侵权责任。

【裁判要旨】

综艺节目视频影像是否构成视听作品，需要考虑其连续的画面是否反映制作者独特的视角和富有个性化的选择与判断，是否表达与主题相关的思想内容。

【案号】

（2019）京 73 民终 3909 号

三、综艺节目的权利归属判定

【基本案情】

《一郭汇》系由五古传媒、郭某纲、字节跳动公司、字节跳动网络公司合作制作的原创优质脱口秀节目。字节跳动公司主张，除西瓜视频外，字节跳动公司未许可其他网站通过信息网络传播该节目。爱奇艺公司未经其许可，在爱奇艺网站上提供《一郭汇》第 1 期"规矩"的在线播放，字节跳动公司认为该行为侵害其对涉案节目享有的信息网络传播权，故向法院提起诉讼。

【争议焦点】

（1）涉案节目是否构成以类似摄制电影的方法创作的作品；

（2）字节跳动公司是否是涉案作品的权利人；

（3）爱奇艺公司是否侵害字节跳动公司就涉案节目享有的信息网络传播权。

【裁判推理】

（1）涉案节目是否构成以类似摄制电影的方法创作的作品

涉案节目为《一郭汇》脱口秀综艺节目中的第一期，以"规矩"为主题，由知名相声演员郭某纲担任主持人，与两位嘉宾一起围绕主题讲述、讨论与之相关的话题，视频播放中有解说字幕、画面插播、画外音、镜头切换、特效及特写等，在节目结尾处嘉宾还会向主持人提问，由主持人回答。故涉案节目主题明确，亦通过镜头切换、画面选择与拍摄、后期剪辑和编排等过程完成，其连续的画面反映出创作者的独特视角和富有个性化的选择与判断，用以表达与主题相关的思想内容，符合独创性的要求，构成以类似摄制电影的方法创作的作品。

（2）字节跳动公司是否是涉案作品的权利人

电影作品和以类似摄制电影方法创作作品的著作权由制片者享有。该案中，涉案节目片尾署名的"西瓜视频出品"无法明确定位到具体主体，但结合字节公司提交的作品登记证书、运城阳光公司的说明函、《一郭汇》权属说明、字节网络公司的说明函以及《脱口秀节目〈一郭汇〉委托制作合同》及该合同说明函，上述一系列证据可以形成相对完整的证据链条，构成证明字节公司享有涉案节目著作权的初步证据，能够确认字节公司为涉案节目的著作权人，有权对侵害其著作权的行为提起诉讼。

（3）爱奇艺公司是否侵害字节跳动公司就涉案节目享有的信息网络传播权

爱奇艺公司未经许可，在其运营的爱奇艺网中提供涉案节目的在线播放，侵害字节公司享有的信息网络传播权，应承担相应侵权责任。爱奇艺公司主张涉案节目是由网络用户上传，其仅提供信息存储空间服务，但并未提交与网络用户注册、上传涉案节目相关的证据，不足以说明其提供的是信息存储空间服务。法院综合考虑涉案作品的性质、独创性、关注度、影响力等因素，酌情确定经济损失数额 1 万元。

【裁判要旨】

如果涉案作品的署名无法准确定位到具体主体，那么，可以结合作品登记证书、合同、说明函等其他证据，来判断涉案证据能否形成相对完整的证据链条，由此来确定作品权利归属。

【案号】

（2019）京 73 民终 565 号

四、法理分析

一般来说，一期娱乐节目所形成的视频整体上构成视听作品。综艺节目要根据文字脚本、分镜头剧本等，通过镜头切换、画面选择拍摄、后期剪辑等摄制技术共同完成，不仅涉及导演、演员、摄影、剪辑、灯光等多部门的配合，也有主持串讲、演员表演、嘉宾点评、观众参与、乐队演奏等环节。视频连续画面反映出制作者的个性化构思，表达了某种思想内容，属于非机械性的智力创作，符合著作权法所要求的独创性特征，因此，整体上构成视听作品。在对综艺节目作品的独创性进行认定时，应当适用最低限度的创作性标准，而不能采取抽象而无法触及的高标准。视频长短不是考量因素。

综艺节目视频属于除电影、电视作品之外的视听作品，因此，根据 2020 年《著作权法》的规定，著作权归属由当事人约定。没有约定或者约定不明确的，由制作者享有，但作者享有署名权和获得报酬的权利。当 KTV 经营场所通过点唱系统放映文娱综艺节目影像时，侵害了视听作品著作权人对涉案作品享有的放映权，应当承担停止侵权、赔偿损失的民事责任。将视听作品的全部或者部分，上传至互联网，使公众可以在其选定的时间和地点获得作品，则构成对著作权人信息网络传播权的侵犯。

在实践中，建议综艺节目的制作者将一期综艺节目作为一个整体，寻求视听作品著作权保护。有的综艺节目制作者将一期节目中的影像进行切割，以录制一位演员表演所形成的连续画面作为权利基础，来主张对该画面的独立保护。有的法院不支持这种切割后的独立保护模式。比如在上海灿星文化传媒股份有限公司与天津恰恰恰练歌房侵害作品放映权纠纷［（2020）津民终 935 号］中，法院认为，单首歌曲画面属于作品的片段。《中国之星》中的单首歌曲画面并非单独制作，亦非基于一个完整的创作意图而制作。单首歌曲画面缺乏完整的节目脚本，在缺少主持人的串词、导师与歌手的交流、节目推进节奏等要素后，难以有效传递该节目所特有的节目风格、节目气氛和完整的观看效果。同时，单首歌曲画面更多展现的是歌手的演唱，而非多种节目要素的个性化选择。即便单首歌曲画面有镜头的切换和选择，在歌手演唱过程中，对素材的拍摄、对被拍摄画面的选择及编排等方面的创造性空间也相对有限，无法完整展现制作者的创作意图。至于参赛歌手对歌曲的理解和演唱，体现的不是节目制作者的创作意图，因而并不影响对节目中单首歌曲画面是否具有独创性的判断。综上，《中国之星》中的单首歌曲画面属于作品的片段，并不构成独立的作品。

第五节　体育赛事节目的著作权保护

近年来，体育赛事相关产业迅猛发展，观看体育赛事节目已经成为人们生活中一种重要的娱乐方式。随着互联网平台、手机应用客户端等信息传输技术和现代传媒技术的快速更新，大型体育赛事在全球范围内以各种形式展现在观众面前。

体育赛事节目蕴含极大的商业价值，赛事转播通常是由主办方给与特定的赛事节目制作方以独家转播权。一些网站未经许可对其他媒体直播的体育赛事节目进行实时转播或存储后传播的行为，均属于盗播。盗播给赛事组织者、独家转播商带来经济损失，由此引发的纠纷不断发生。实践中，体育赛事节目引发的著作权纠纷主要包括以下四种：一是网络上传播与赛事相关的电视节目，比如开幕式画面；二是网络传播赛事画面截取的若干个短视频，比如进球画面；三是网络同步直播广播电视组织制作的节目信号承载的画面；四是利用赛事直播画面制作点评节目。

各地法院对体育赛事节目著作权纠纷的相关案件存在裁判路径不一致的现象，原因在于，第一，对体育赛事节目能否成为我国《著作权法》规定的作品存在争议；第二，在体育赛事节目构成作品的情况下，网络实时转播侵犯何种权利，存在争议。目前法院主要存在以下审理思路：

第一种观点是，体育赛事节目如果能够反映出创作者独特的安排和个性化的选择，具有独创性，属于《著作权法》规定的类电作品（即 2020 年《著作权法》规定的视听作品），应当予以保护，权利人享有信息网络传播权，有权禁止互联网上未经其许可对赛事节目的交互式传播行为。对于网络实时转播，有的法院认为属于作品广播权的控制范畴，有的法院则以《著作权法》第 10 条第（17）项规定的"应当由著作权人享有的其他权利"来进行规制。

第二种观点是，体育赛事节目要按照官方的制作手册进行录制，独创性空间很小且不符合类电作品的"固定要件"，故属于录像制品，不构成作品。赛事制作者享有录像制作者权，即录像制作者对其制作的录像制品，享有许可他人复制、发行、出租、通过信息网络向公众传播并获得报酬的权利。

对于赛事节目是否具有独创性，不能一概而论，需要结合个案中的节目内容，进行具体分析。与现场正在进行的体育赛事所不同的是，体育赛事节目不仅客观呈现赛事运动员的现场表现，而且，赛事节目的画面呈现主要取决于制作者对拍摄画面的选择。一般而言，对于由多个机位拍摄的体育赛事节目，如制作者在机位的设置、镜头切换、画面选择、剪辑等方面能够反映制作者独特的构思，体现制作者的个性选择和安排，具有智力创造性，可认定其符合著作权法规定的独创性要求。但对于仅通过简单的机位设置、机械录制的体育赛事节目，由于在镜头切换、画面选择等方面未体现制作者的个性选择和安排，则不宜认定为作品。

随着 2020 年《著作权法》的第三次修改，将第 3 条中"电影作品和类似摄制电影的方法创作的作品"修改为"视听作品"，第 47 条将广播电台、电视台有权禁止未经许可的行为扩大到"以有线或者无线方式转播""将其播放的广播、电视通过信息网络向公众传播"，体育赛事作品的保护方式更为明晰。第一，具有独创性的赛事节目构成视听作品，法院不必再去纠结于节目制作是否符合以往类电作品定义中的"固定"要件。第二，网络实时转播明确地属于广播权范畴，法院不必再勉为其难地以兜底权项来进行裁判。第三，广播电台、电视台既能够依据其从国际足联、国际奥林匹克委员会等机构获得的邻接权来主张保护，而且，也能够依据广播组织权来寻求法律救济。

在体育赛事节目著作权纠纷中，还可能涉及相关侵权内容由网络用户上传、网络平台提供存储空间这种情形。此时，对于平台的责任问题，则按照《信息网络传播权保护条例》的规定适用"避风港原则"和"红旗规则"。网络服务提供者如果知晓用户上传并传播体育赛事节目侵权视频，但未及时采取删除、屏蔽、断开链接等必要措施，放任侵权行为发生，主观上存在过错，构成帮助侵权。

本节将从 4 个精选案例出发，通过梳理裁判文书、提炼裁判要旨，以期为体育赛事节目的著作权保护理论研究和司法实务提供参考。

一、外国主体的作品的著作权保护

【基本案情】

央视国际经中央电视台授权，享有《圣火耀珠峰》直播节目的信息网络传播权和广播权。2008 年 5 月 8 日，央视国际发现，世纪龙公司未经许可，在其网站上通过信息网络，实时转播中央电视台奥运频道正在直播的奥运火炬珠穆朗玛峰传递节目。央视国际认为，上述奥运节目是其花费巨大的人力、物力和财力制作并播放，世纪龙公司的行为严重侵犯其合法权益，并造成重大经济损失。因此，央视国际以侵害著作权为由，请求法院判令世纪龙公司立即停止侵权、赔礼道歉并赔偿经济损失。

【争议焦点】

（1）涉案节目是否构成作品及其著作权归属；

（2）涉案节目的著作权是否受我国《著作权法》保护。

【裁判推理】

（1）涉案节目是否构成作品

《圣火耀珠峰》直播节目采取了人物访谈、选用历史文献资料、模拟性的演示等手法，有计划地将直播整体过程分成若干有机创作篇章，共同为展示我国登山队员不畏艰险的精神、弘扬奥运会更快更高更强的精神和主旨、激发中国人民的自信心与荣誉感、实现中国人民对国际奥林匹克委员会和世界人民的承诺等主题思想服务，体现了作品的独创性，可以认定是 2010 年《著作权法》规定的以类似摄制电影的方法创作的作品。

（2）涉案节目的著作权归属

根据奥林匹克宪章的规定，奥运会是国际奥林匹克委员会的专有财产，国际奥林匹克委员会拥有与之有关的全部权利和数据。由于奥运圣火在珠穆朗玛峰传递是北京奥林匹克委员会奥运火炬传递的一个重要部分，《圣火耀珠峰》是以该主题为中心以类似摄制电影的方法创作的作品，因此，《圣火耀珠峰》节目的著作权应归属于国际奥林匹克委员会所有。

根据《著作权法》第2条第2款的规定，外国人、无国籍人的作品根据其作者所属国或者经常居住地国同中国签订的协议或者共同参加的国际条约享有的著作权，受我国《著作权法》保护。国际奥林匹克委员会系设立在瑞士的国际性、非营利性组织，中国与瑞士同为《保护文学和艺术作品伯尔尼公约》的成员国，故国际奥林匹克委员会的著作权受我国著作权法保护。

根据中国政府与国际奥林匹克委员会签署的有关协议，第29届奥林匹克运动会赛事及相关活动在中国内地和澳门地区的新媒体（互联网和移动平台）转播权由国际奥林匹克委员会独家授予中国中央电视台。该转播权包含了著作权法意义上的信息网络传播权。因此，中央电视台对涉案节目享有独家信息网络传播权。未经中央电视台授权许可，其他任何互联网和移动平台等新媒体均不得擅自转播。央视国际获得了中央电视台授予的信息网络传播权，其合法权益应受法律保护。

世纪龙公司未经许可，在其经营的网站上实时转播了中央电视台奥运频道直播的奥运火炬珠穆朗玛峰传递节目，并且该网站用户可以对该节目进行回放，被告的行为侵犯了原告的信息网络传播权，应承担相应的法律责任。

【裁判要旨】

外国人或无国籍人的作品应当根据其所属国或经常居住国与我国签订的协议或共同参加的条约受我国著作权法保护。

【案号】

（2008）穗中法民三初字第352号

二、体育赛事直播画面的法律性质

【基本案情】

2012年3月7日，新浪公司与中超公司签订协议，约定新浪公司在合同期内享有在其门户网站领域独家播放中超联赛视频的权利，包括但不限于比赛直播、录播、点播、延播。

天盈九州公司未经新浪公司合法授权，在旗下"凤凰网"上设置中超频道，转播两场中超联赛直播视频。新浪公司认为，天盈九州公司擅自将电视台正在直播的中超比赛的电视信号通过信息网络同步向公众进行转播的行为侵犯其享有的以类似摄制电影方式创作的涉案体育赛事节目的作品著作权，故将其诉至法院。

【争议焦点】

（1）涉案中超赛事直播公用信号承载的连续画面是否构成类电作品；

（2）直播行为属于哪项著作财产权的控制范围。

【裁判推理】

法院首先对类电作品的构成要件进行分析，在此基础上，判断涉案赛事公用信号所承载的连续画面是否构成以类似摄制电影方式创作的作品。

（一）关于类电作品的构成要件

就类电作品的认定而言，既要审查诉争客体是否符合作品的一般定义，也要审查诉争客体是否符合电影类作品的表现形式。

关于类似电影作品的表现形式，2013年《著作权法实施条例》第4条第（11）项规定："电影作品和以类似摄制电影的方法创作的作品，是指摄制在一定介质上，由一系列有伴音或者无伴音的画面组成，并且借助适当装置放映或者以其他方式传播的作品。"根据上述规定和《著作权法实施条例》第2条关于作品的定义，认定某一客体是否构成类电作品，既要考虑相关作品是否属于文学、艺术和科学领域内的智力创作，是否具有独创性，是否可复制；还要考虑相关作品是否表现为摄制在一定介质上，借助适当装置放映或者以其他方式传播的连续画面。该案中，各方当事人对类电作品构成要件的争议主要在于如何界定《著作权法》对类电作品独创性的要求以及如何理解类电作品定义中规定的"摄制在一定介质上"，故法院主要围绕该两方面进行分析。

1. 关于电影类作品独创性要求的理解

准确界定《著作权法》对类电作品的独创性要求，应从解释论的角度正确运用法律解释方法，既要考虑法律条文的字面含义，也要立足法律规范的体系和立法演变，从整体上解释相关法律条文的含义；既要符合立法目的，又要适应现实需求。

从文义解释的角度来看，作品一般定义中的"独创性"要求系指"具有独创性"。

根据《著作权法实施条例》第2条的规定，著作权法意义上的作品独创性是指作品"具有独创性"。根据该规定，文学、艺术、科学领域内的智力创作成果，只要具有独创性，即满足构成作品的独创性条件。作品的独创性源自作者的创作，根据《著作权法实施条例》第3条的规定，创作特指"直接产生文学、艺术和科学作品的智力活动"，不包括"为他人创作进行组织工作，提供咨询意见、物质条件，或者进行其他辅助工作"。作品是否具有独创性与作者是否从事创作，属于同一问题的两个判断角度，而创作是一种事实行为，对于是否存在创作这一事实行为，只能定性，而无法定量；同理，对于作品的独创性判断，只能定性其独创性之有无，而无法定量其独创性之高低。

从体系解释的角度来看，类电作品与录像制品的划分标准应为独创性之有无，而非独创性之高低。

我国《著作权法》对于连续画面通过著作权与邻接权两种途径予以保护，前者对应的客体为类电作品，后者对应的客体为录像制品。根据《著作权法实施条例》第5条第（3）项的规定："录像制品，是指电影作品和以类似摄制电影的方法创作的作品以外的任何有伴音或者无伴音的连续相关形象、图像的录制品。"从录像制品与前述类电作品的定义来看，《著作权法实施条例》主要是根据其表现形式作出的定义，两者均表现为连续画面。至于两者之间的实质性区别，应从著作权法制度上进行理解。

我国《著作权法》严格区分著作权与邻接权。著作权基于作者的创作自动产生，邻接权基于传播者的加工、传播行为而产生。我国《著作权法》对邻接权单独设置是为了拓展保护，而非限制保护。

邻接权是在狭义著作权之外增加的权利，目的在于对那些不具有独创性、仅仅是劳动和投资的成果也给予保护，以鼓励对作品的传播，但作品的判断标准并不因为单独设置邻接权而提高。因此，电影类作品和录像制品分别作为著作权和邻接权的保护客体，其实质性区别在于连续画面的制作者是否进行创作，所形成的连续画面是否具有独创性。因此，类电作品与录像制品的划分标准应为有无独创性，而非独创性程度的高低。

所谓作品"具有独创性"，是指作品系作者独立完成并能体现作者特有的选择与安排，通常从以下两方面进行判断：一是作品是否由作者独立创作完成，即作品应由作者独立构思创作，而非抄袭他人作品；二是作品表达的安排是否体现作者的选择、判断，即要求作品应当体现作者的智力创作。根据上述理解，著作权法意义上的录像制品限于复制性、机械性录制的连续画面，即机械、忠实地录制现存的作品或其他连续相关形象、图像。除此之外，对于在画面拍摄、取舍、剪辑制作等方面运用拍摄电影或类似电影方法表现并反映制作者独立构思、表达某种思想内容、体现创作者个性的连续画面，则应认定为类电作品。当然，邻接权人在邻接权客体的形成过程中也可能存在"个性化选择"。但该"个性化选择"不同于形成作品独创性所要求的个性选择和安排。

根据"思想与表达二分法"，《著作权法》所保护的是作品中作者具有独创性的表达，即思想或情感的表现形式。相应地，《著作权法》对于作品独创性的要求，是指作者对于作品表达的形成进行个性化的选择和安排，而邻接权尤其是录像制品的"个性化选择"主要是为了更好地录制影像所作的技术性加工，而不涉及对作品表达层面的个性选择和安排。因此，录像制品形成过程中的所谓"个性化选择"并不能使其具有独创性。

2. 对电影类作品定义中"摄制在一定介质上"的理解，应结合 2010 年《著作权法》第 3 条、《著作权法实施条例》第 2 条的规定从整体、体系上予以解释

首先，关于《著作权法》第 3 条对作品类型化的理解。从《著作权法》第 3 条关于"本法所称的作品，包括文学、艺术和科学领域内具有独创性并能以一定形式表现的智力成果"的表述来看，上述规定系采用开放式的文本表述。结合《著作权法》第 3 条规定的整体文义和《著作权法》的立法目的，《著作权法》第 3 条对作品进行类型化规定的功能应在于例示指引。理由在于，随着技术的发展，新的作品形态不断涌现，《著作权法》第 3 条的列举无法穷尽所有的作品形态；根据《著作权法》第 1 条的规定，鼓励作品的创作和传播是《著作权法》的主要立法目的，基于该立法目的，新的作品创作形式和作品形态应为法律所鼓励而非排斥，故不能仅以法律没有明确规定相关作品类型为由，而对相关作品不予保护。

　　理解《著作权法》第 3 条起到作品类型化例示性作用的同时，还应认识到作品类型化的相对性。一方面，《著作权法》第 3 条对作品的分类并未采取单一标准，不同类别的作品所涵盖的范围并不完全排斥，例如，剧本既是戏剧作品也是文字作品，书法家创作的诗词兼有美术作品和文字作品的属性。另一方面，对于各类作品的内涵不宜作过于狭隘的理解，尤其是随着技术的进步，作品创作手段不断变化，对作品类型，应结合独创性、保护必要性、表现形式和最相类似的作品类型予以确定。

　　其次，关于《著作权法实施条例》第 4 条类电作品定义中"摄制在一定介质上"的理解。

　　《著作权法实施条例》第 4 条有关类电作品定义中规定"摄制在一定介质上"，其目的在于将被摄制的形象、图像、活动与摄制后的表达进行区分，明确该类作品保护的是智力创作成果而非被创作的对象，保护的是表达，而非思想或情感本身。只有被摄制的形象、图像、活动等因加入摄制者的个性，即摄制者的独创性使之从客观现实中具化并转变为某一介质上的表达时，摄制者才能够证明作品的具体内容，并将之进行复制传播，进而才能为他人所感知。因此，"摄制在一定的介质上"要求的规范意义在于摄制者能够证明作品的存在，并据以对作品进行复制传播。

　　同时，《著作权法实施条例》第 2 条有关作品的定义仅规定"能以某种有形形式复制"，即作品具有"可复制性"即可，并未将"固定"或"稳定地固定"作为作品的构成要件。因此，《著作权法实施条例》第 4 条有关类电作品定义中规定的"摄制在一定介质上"并不能等同于"固定"或"稳定地固定"。即便将"摄制在一定介质上"视为构成类电作品的特殊要求，根据《现代汉语词典》对"介质"的解释，"一种物质存在于另一种物质内部时，后者就是前者的介质；而物质是独立存在于人的意识之外的客观存在"，考虑到信息存储传播技术的进步，信息存储更加快捷、存储介质更加多元，对"介质"也应作广义解释。

　　综上所述，类电作品的独创性要求系指具有独创性，电影类作品定义中"摄制在一定的介质上"不能简单等同于"固定"或"稳定地固定"。即便将"摄制在一定介质上"视为构成类电作品的特殊要求亦应作广义解释。根据前述对作品类型化功能的理解，对于类电作品应从宽界定，应以相关作品是否具有独创性、是否表现为连续的画面、是否达到与类电作品最相类似的作品类型的程度予以判定。

（二）涉案赛事节目是否构成类电作品

该案中，各方当事人对于涉案赛事节目是否构成以类似摄制电影方法创作作品的争议，仅在于涉案赛事节目是否达到构成类电作品的独创性要求，以及是否满足类电作品定义中"摄制在一定介质上"的要求。

第一，关于涉案赛事节目是否达到构成电影类作品的独创性要求。

如前所述，对于类电作品的独创性认定，应当以独创性之有无作为认定标准。对于体育赛事节目是否构成电影类作品的判定，同样应当遵循该标准。对于体育赛事节目构成类电作品还是录像制品，不能一概而论，应当从是否具有独创性的角度予以分析认定。一般而言，对于由多个机位拍摄的体育赛事节目，如制作者在机位的设置、镜头切换、画面选择、剪辑等方面能够反映制作者独特的构思，体现制作者的个性选择和安排，具有智力创作，可认定其符合《著作权法》规定的独创性要求，在同时符合其他构成要件的情况下，即可认定为类电作品。但对于仅通过简单的机位设置、机械录制的体育赛事节目，由于在镜头切换、画面选择等方面未体现制作者的个性选择和安排，则不宜认定为类电作品。

就该案而言，涉案赛事节目是极具观赏性和对抗性的足球赛事项目，为适应直播、转播的要求，该类赛事节目的制作充分运用多种创作手法和技术手段。从该类赛事节目的制作过程来看，一般包括以下步骤：一是摄制准备，制作者需要在赛事现场对摄制场景、拍摄范围、机位定点以及灯光音效等进行选择和安排，该步骤需要对赛事规律、运动员的活动范围等作出充分预判；二是现场拍摄，制作者在拍摄采集时需要对镜头定焦、拍摄视角、现场氛围等进行选择和判断，为了全方位捕捉现场精彩画面，经常需要进行多镜头分工配合；三是加工剪辑，制作者运用包括数字遥感等技术在内的多种计算机程序，对不同摄像机采集后的赛事视听内容进行选择、加工和剪辑，并将视听内容对外实时传送。

上述制作过程必然要求主创人员根据创作意图和对赛事节目制作播出要求的理解作出一系列个性化的选择和安排。

一般而言，观众通常从广播电视或网络直播等途径远程欣赏的足球赛事节目包括两部分内容：一是赛事公用信号承载的内容，包括比赛现场的画面及声音、字幕、慢动作回放、集锦等；二是赛事转播方在直播过程中所增加的中文字幕及解说等。就涉案赛事节目的内容来看，新浪公司在该案中明确其请求保护的涉案赛事节目内容为涉案赛事公用信号所承载的连续画面，该部分内容是通过广播电视、网络直播等方式远程欣赏赛事的观众能够看到的中超赛事节目的主要部分，具体包括比赛现场的画面及声音、字幕、慢动作回放、集锦等。运动员比赛活动的画面以及现场观众的画面是通过对多个机位拍摄的画面切换、组合而成的，这些画面由预先设置在比赛现场的多台摄像机从多个机位进行拍摄形成，画面表现包括全场、半场、球门区、多个运动员特写、单个运动员特写等，慢动作回放以及射门集锦穿插其间。为向观众传递比赛的现场感，呈现足球竞技的对抗性、故事性，包含上述表达的涉案赛事节目在制作过程中，大量运用镜头技巧、蒙太奇手法和剪辑手法，在机位的拍摄角度、镜头的切换、拍摄场景与对象的选择、拍摄画面的选取、剪辑、编排以及画外解说等方面均体现摄像、编导等创作者的个性选择和安排，故具有独创性，不属于机械录制所形成的有伴音或无伴音的录像制品，符合电影类作品的独创性要求。

　　新浪公司请求保护的涉案赛事节目内容为涉案赛事公用信号所承载的连续画面。关于中超赛事信号直播的上述客观限制因素是否导致中超赛事公用信号所承载的连续画面及涉案赛事节目在素材选择、拍摄和画面选择及编排等方面无法进行选择和安排，进而不具有独创性，法院分析如下：首先，对素材的选择是否存在个性化选择。中超赛事公用信号所承载的连续画面是关于中超赛事视频节目的主要组成部分，其素材必然是中超的现场比赛。这是所有纪实类作品的共性所在，但不能据此否定该类作品的独创性。《著作权法》对于因反映客观事实而不予保护的典型情形是时事新闻，但时事新闻限于仅有"时间、地点、人物、事件、原因"内容的文字或口头表达。除时事新闻外，不同的作者即便报道同一事实，其对构成要素的选择仍具有较多的选择空间，只要各自创作的"新闻报道"具有独创性，就不属于单纯的事实消息，而可以作为新闻作品受到《著作权法》的保护。根据"举重以明轻"的解释方法，对于涉案赛事节目是否具有独创性的认定，亦不能因其受赛事本身的限制而否定其个性化选择。中超赛事公用信号所承载的连续画面是由一帧帧连续的画面组成的，尽管一场具体的赛事节目整体上只能限于同一场比赛，但由于比赛进程的丰富性、场内外各种情形的不可预知性以及多机位多角度拍摄画面的多样性，在具体时点上每一帧画面的形成、选择以及画面的连续编排仍存在对拍摄对象等素材进行个性化选择的多种可能性。

其次，对素材的拍摄是否受到限制。根据二审判决的认定，公用信号是体育赛事直播行业的通用术语，其由专业的直播团队按照赛事组委会统一的理念及制作标准制作而成。中超赛事公用信号的制作尽管要遵循相关信号制作手册的要求、考虑观众需求以及摄影师应具有符合直播水平要求的技术水准，但上述因素并不足以导致涉案赛事节目的制作丧失个性化选择的空间。

根据二审判决补充查明的事实，尽管 2013 年度、2014 年度中超联赛公用信号制作手册包括摄像机机位设置慢动作锁定、镜头切换基本原则、字幕要求、公用信号流程等方面的要求和指引，但相关内容只是从拍摄原则和拍摄思路角度作出的规定，其作用类似于使用说明书、操作规范，所列的拍摄要求和部分范例仅起到提示、指引作用，并不涉及具体赛事画面的选择和取舍，相关指引内容并未细致到每一帧画面的拍摄角度、镜头运用等具体画面的表达，故不能因此否定创作者的个性化创作；赛事节目的制作考虑观众需求以及确保摄影师的技术水准，是为了满足观众观赏体验，确保赛事节目制作的专业水平，从而确保赛事节目不仅能向观众传递赛事信息，还能以专业化、艺术化的方式呈现，即便为了满足上述需求和技术要求，也仍然存在多种选择的可能性。尤其值得注意的是，《著作权法》规定的独创性要求不同于《专利法》规定的创造性要求，只要存在自由创作的空间及表达上的独特性，并不能因使用常用的拍摄技巧、表现手法而否定其独创性。

因此，上述理由均不能将之作为否定中超赛事公用信号所承载的连续画面及赛事节目独创性的理由。

最后，拍摄画面选择及编排的个性化选择空间是否相当有限。《著作权法》对作品的保护是对作品独创性表达的保护。从思想与表达趋于合并的角度而对相关表达不予保护，一般仅限于表达唯一或者有限的情形，即当表达特定构思的方法只有一种或极其有限时，表达与构想合并，对相关内容不给予著作权保护。实践中，有限表达或唯一表达通常是被告提出的抗辩事由，如被告能够举证证明被诉侵权作品由于表达方式极为有限而与原告主张权利的作品表达相同或者实质性相似的，可以认定有限表达抗辩成立。如前所述，中超赛事公用信号所承载的连续画面及涉案赛事节目的制作存在较大的创作空间，并不属于缺乏个性化选择空间导致表达有限的情形。在被告未提出相关抗辩、双方当事人也未进行充分举证、对质的情况下，以中超赛事公用信号所承载的连续画面及涉案体育赛事节目相较非纪实类作品具有更小的个性化选择空间为由否定涉案赛事节目的独创性，缺乏事实及法律依据。此外，新浪公司在该案二审中补充提交的证据表明，对于同一场体育赛事，由不同转播机构拍摄制作的赛事节目在内容表达上存在明显差异，进一步印证体育赛事节目的创作存在较大的个性化选择空间。因此，对二审判决的相关认定不予确认。

第二，涉案赛事节目是否满足 2013 年《著作权法实施条例》类电作品定义中"摄制在一定介质上"的要求。

就该案而言，新浪公司请求保护的涉案赛事节目的内容为涉案赛事公用信号所承载的连续画面，属于以类似电影的方法表现的作品。涉案赛事节目的比赛画面系由摄制者在比赛现场拍摄并以公用信号方式向外传输。根据《现代汉语词典》的相关解释，信号是用来传递信息的光、电波等。根据前文对"介质"的理解，信号即可以视为一种介质。并且，根据前文对体育赛事节目制作过程的分析，赛事画面由不同摄像机采集拍摄后的选择、加工、剪辑及对外实时传送的过程，实质上就是选择、固定并传输赛事节目内容的过程，否则直播观众将无从感知和欣赏赛事节目内容。因此，涉案赛事节目在网络上传播的事实足以表明其已经通过数字信息技术在相关介质上加以固定并进行复制和传播。尽管涉案赛事节目的内容直至直播结束才最终完成整体定型，但正如作品创作有整体创作完成与局部创作完成之分，不能因此而否定赛事节目已满足作品一般定义中"可复制性"的要求和类电作品定义中"摄制在一定介质上"的要求。

综上所述，涉案赛事节目构成我国《著作权法》保护的类电作品，而不属于录像制品。新浪公司关于涉案赛事节目构成以类似摄制电影的方法创作的作品的二审主张成立，法院予以支持。

在此基础上，该案还需要对被诉直播行为侵犯《著作权法》规定的具体著作权人的何种权利作出认定。该案中，一审、二审法院均认为该行为不属于信息网络传播权的调整范围，一审法院认定该行为属于《著作权法》第 10 条第（17）项"应当由著作权人享有的其他权利"的调整范围；二审法院则认为若涉案赛事节目属于类电作品，被诉行为属于广播权的权利范围。针对上述分歧，应根据广播权控制的权利范围和"著作权人享有的其他权利"的适用条件进行分析。

根据本案应适用的 2010 年《著作权法》第 10 条第（11）项的规定："广播权控制的行为包括：以无线方式传播作品的行为；以无线或者有线转播的方式传播广播的作品的行为；通过扩音器等类似工具向公众传播广播的作品的行为。"其中，第一种行为是初始广播行为，后两种行为均是对初始广播行为的后续转播、传播。从解释论的角度来看，如果将广播权控制的第二种行为即"以无线或者有线转播方式传播广播的作品的行为"中的"有线"扩大解释为包括互联网所使用的网线，即可以将针对广播作品的网络实时转播行为解释为属于广播权的调整范围。该案中，二审法院即采取该处理思路。尽管上述解释方法有一定合理之处，但存在以下弊端：其一，"有线转播"一般狭义理解为有线电视台、广播台的有线转播，将"有线转播方式"中的"有线"解释为包含互联网所使用的网线存在争议；其二，网络直播行为存在多种信号来源，对于以有线方式直接传播作品的行为或者网络直播初始信号来源不是广播的作品的行为，由于不存在初始广播行为，故不属于广播权控制的行为，只能适用"著作权人享有的其他权利"予以调整，从而出现相同类型的直播行为仅因初始信号来源不同而适用不同权利进行调整的局面；其三，对于网络直播中初始信号来源是否为广播的作品，难以举证证明，亦难以认定，二审法院在该案中亦仅根据被诉侵权的两个视频中分别显示有 BTV、CCTV-5 的标识，推定视频来源为北京电视台和中央电视台以无线方式广播的内容。在对被诉侵权行为适用广播权调整存在上述不足的情况下，应进一步考虑适用"著作权人享有的其他权利"调整该行为的可行性和必要性。

2010 年《著作权法》第 10 条第（17）项是为作品的著作权人设置的兜底条款，体现著作权权利体系的开放性，但兜底条款不能随意适用。基于著作权权利法定原则的要求，适用《著作权法》第 10 条第（17）项规定的"由著作权人享有的其他权利"规制被诉侵权行为，一般应考虑如下因素：是否可以将被诉侵权行为纳入《著作权法》第 10 条第（1）~（16）项的保护范围；对被诉侵权行为若不予制止，是否会影响《著作权法》已有权利的正常行使；对被诉侵权行为若予以制止是否会导致创作者、传播者和社会公众之间的重大利益失衡。该案中，通过法律解释的方法，被诉直播行为若被纳入广播权的调整范围存在一定弊端；若对被诉直播行为不予制止，将严重影响新浪公司在网络环境下正常行使涉案赛事节目的权利，且对涉案赛事节目提供著作权保护，并不会导致体育赛事节目的创作者、传播者和社会公众之间的重大利益失衡。因此，该案存在适用"著作权人享有的其他权利"对被诉直播行为进行调整的可行性和必要性。并且，适用该权利规制被诉直播行为，可以将针对无线广播作品实施的网络实时转播行为和针对网络直播作品实施的网络实时转播行为作出相同的定性，既不需要对《著作权法》中"广播权"的调整范围进行突破，也便于司法实践操作，有利于统一认定标准。

综上所述，该案宜认定被诉直播行为侵犯新浪公司对涉案赛事节目享有的"著作权人享有的其他权利"。

【裁判要旨】

视听作品与录像制品的区别在于独创性的有无，而非独创性程度的高低。判断体育赛事节目的独创性，应考虑该节目的制作过程、画面的具体内容、制作者的个性化选择空间等多个因素。

【案号】

（2020）京民再128号

【拓展案例】

暴风公司未经授权许可，在赛事期间，利用其运营的暴风影音网站以及该公司研发的暴风影音5播放器PC客户端软件，通过互联网直接向公众提供3950段"2014巴西世界杯"赛事电视节目短视频的在线播放服务。鉴于涉案赛事节目构成我国著作权法保护的作品，法院支持了央视国际公司要求暴风公司赔偿损失的全部诉讼请求。详见央视国际公司诉暴风公司案［（2020）京民再127号］。

三、比赛开幕式节目视频的作品属性

【基本案情】

2012年7月28日，第三十届奥林匹克运动会开幕式在伦敦举行，世界各国均对开幕式进行实况转播。国际奥林匹克委员会出具一份名为"敬启者"

的文件，称国际奥林匹克委员会是"2012 伦敦奥运会"广播权和展览权在全球范围内的独家所有者。

早在 2009 年 3 月 25 日国际奥林匹克委员会就将"2012 伦敦奥运会"在中国（港澳台除外）的独家移动网和互联网的广播权和展览权授予中国中央电视台，包括但不限于网络传播权和互联网互动点播权（即互联网和移动网广播和展览权）。但是全土豆公司经营的土豆网在"2012 伦敦奥运会"开幕式举行后的较短时间内即出现奥运会开幕式的视频，该视频的播放量近 10 万人次。央视国际认为这一视频在土豆网上的出现侵犯其对奥运会开幕式享有的权利，于是将全土豆公司诉至法庭。

【争议焦点】

（1）"2012 伦敦奥运会"开幕式是否是《著作权法》保护的作品；

（2）中央电视台是否享有"2012 伦敦奥运会"开幕式的信息网络传播权。

【裁判推理】

（1）"2012 伦敦奥运会"开幕式是否是《著作权法》保护的作品

2013 年《著作权法实施条例》第 2 条规定，作品是指文学、艺术和科学领域内具有独创性并能以某种有形形式复制的智力成果。一方面，奥运会开幕式主题统一、表达连贯，在表达主题思想、刻画人物形象、营造现场气氛时将现代科技和主题精神相结合，这些巧妙构思和极富特色的表达方式带给观众丰富的视觉享受和美的体验；另一方面，这些表达不是按照特定的模式进行的唯一性表达，并不是单纯的智力机械性的或智力技艺性的劳动，相反在节目内容的编排和设计、现场灯光和配乐的选取、对参与者表演活动的指导等方面都反映了参与创作者独特的安排和个性化的选择，体现了创作者较高程度的创造性。而且奥运会开幕式完全可以固定在一定载体上进行再现、传播。综上，奥运会开幕式应当被作为作品予以保护。

（2）中央电视台是否享有"2012 伦敦奥运会"开幕式的信息网络传播权

首先，根据《奥林匹克宪章》第 7 条，奥运会是国际奥林匹克委员会的专有财产，国际奥林匹克委员会拥有与之有关的全部权利和数据，特别是，而且不加限制地拥有涉及该运动会的组织、开发、转播、录制、展示、再创作、获取和散发的全部权利……奥运会开幕式是"2012 伦敦奥运会"的组成部分，国际奥林匹克委员会享有其著作权。

最后，根据《著作权法》第10条第（12）项的规定："信息网络传播权，即以有线或者无线方式向公众提供作品，使公众可以在其个人选定的时间和地点获得作品的权利。"国际奥林匹克委员会授予中央电视台的"网络传播权和互联网互动点播权"符合信息网络传播权的内涵和特征，所以中央电视台是经授权的奥运会开幕式著作权人，享有信息网络传播权。

基于涉案节目的巨大影响力、知名度和一般奥运会开幕式及相关赛事都需要授权的惯例，作为专业从事影视、娱乐等内容服务的视频分享网站应当具有相应专业能力，尽到合理的注意义务。该案中，全土豆公司未能尽到合理注意义务，应当对其网站上存在的侵犯他人信息网络传播权的视频承担侵权责任。

【裁判要旨】

基于实际发生的事件所制作的电视节目，如果节目表达不是按照特定的模式进行的唯一性表达，不是单纯的智力机械性的或智力技艺性的劳动，在节目内容的编排和设计、现场灯光和配乐的选取等方面能够反映创作者独特的安排和个性化的选择的，则构成作品。

【案号】

（2013）沪一中民五（知）终字第227号

四、背景屏幕直播作品是否属于合理使用

【基本案情】

2016年欧洲足球锦标赛是世界规模最大、最具影响力的足球赛事之一。央视国际经欧洲足球联盟协会和中央电视台的授权，在中国（港澳台除外）独占性地享有在线播放由中央电视台制作的"2016欧洲足球锦标赛"赛事电视节目的权利。

2016年6月，央视国际发现，聚力公司未经许可，在其经营的网站PPTV聚力网（www.pptv.com）中，通过信息网络向公众提供原告享有权利的两场足球赛事节目的网络实时转播服务。在该网站上，直播节目页面显示为4位嘉宾坐在演播室中央针对赛事节目进行解说，嘉宾前的桌子上摆放着球员玩偶和欧洲杯奖杯。嘉宾背后正中为一个播放涉案足球赛事节目的大屏幕，嘉宾座椅分列大屏幕前方左右两侧，除两位嘉宾外，大屏幕前方无遮挡。大屏幕实时直

播涉案足球赛事节目，左上角为 CCTV－5 体育频道标志，右上角为"2016 法国欧洲杯小组赛 A 组阿尔巴尼亚 0：0 瑞士直播高清"的字样。

央视国际认为，聚力公司的行为已严重侵害其对涉案足球赛事节目的广播权或其他权利，于是将聚力公司诉至法院，要求赔偿其经济损失。

【争议焦点】

被告对涉案足球赛事节目的使用是否属于合理使用。

【裁判推理】

首先，《著作权法》设置合理使用制度的主要目的是避免著作权人权利的过度扩张，损害创作自由，保障著作权人利益和社会公众利益的合理平衡，其适用应严格遵循法律规定。为此，2013 年《著作权法实施条例》第 21 条对合理使用的适用条件作了规定，即不得影响该作品的正常使用、不得不合理地损害著作权人的合法利益。

其次，根据上述法律规定，判断某一行为是否属于《著作权法》规定的为介绍、评论某一作品或说明某一问题而适当引用他人作品的合理使用行为，一般可从以下四方面加以考量：①作品使用行为的性质和目的；②被使用作品的性质；③被使用部分的数量和质量；④使用对作品潜在市场或价值的影响。

现结合被告对涉案足球比赛节目的使用方式论述如下：被告制作的涉案"智取法兰西"节目系一种商业行为，在节目播出前的贴片广告以及节目播出过程中不时出现商业广告表明，其制作该节目的目的是营利而非公共利益。在使用方式上，被告以背景大屏幕的方式实时播出涉案两场足球比赛节目的全部内容，该背景大屏幕位居被告播出节目画面的中央且面积超过整体画面的1/3，该种使用方式不仅超出适当引用中"合理适度"的要求，也实质性替代原告向相关公众提供涉案足球赛事节目。

最后，涉案足球比赛节目系原告及其关联公司花费高额资金从权利方处购买，被告的该种使用方式严重影响原告通过独家转播或通过分授权获得相应收益的能力，被告的该种使用方式与原告对涉案足球赛事节目的正常使用相冲突，同时亦会不合理地损害原告的正当利益，故被告的该种使用方式不符合《著作权法》规定的"为介绍、评论某一作品或者说明某一问题，在作品中适当引用他人已经发表的作品"的规定，不构成合理使用。

基于《著作权法》的规定，被告未经原告许可，在其经营的 PPTV 聚力网站上实时直播涉案赛事节目的行为不属于广播权控制的行为，也不属于信息网络传播权控制的行为，而是侵害原告对涉案足球赛事节目应当由著作权人享有的其他权利，应当承担相应的著作权侵权责任。

【裁判要旨】

合理使用制度的主要目的是避免著作权人权利的过度扩张，损害创作自由，保障著作权人利益和社会公众利益的合理平衡。合理使用制度的适用条件是不得影响作品的正常使用、不得不合理地损害著作权人的合法利益。

【案号】

（2017）沪 0115 民初 88829 号

五、法理分析

通过对本小节司法裁判的介绍和分析，可以看出，我国已经形成有关体育赛事节目著作权保护的基本思路。

在司法实践中，由于体育赛事节目具有多样性，对其独创性的判断是体育赛事节目性质认定中的关键一环，需要结合体育赛事节目的录制过程进行具体判断。将体育赛事节目定性为类电作品（视听作品）或者录像制品，会直接影响其保护方式与权利范围。视听作品的作者享有 4 项著作人身权和若干项著作财产权，权利范围广泛，保护期限较长。录像制品的制作者享有邻接权，具体为许可他人复制、发行、出租、通过信息网络向公众传播并获得报酬的权利，权利的保护期为 50 年，截至该制品首次制作完成后第 50 年的 12 月31 日。

从独创性要求上来说，视听作品与录像制品的划分标准应为有无独创性，而非独创性程度的高低。从本节案例中可以看出，如果体育赛事节目是由作者独立完成并能体现作者特有的选择与安排，在画面拍摄、取舍、剪辑制作等方面能够反映出作者独立构思或者表达某种思想，便应当认定该体育赛事节目属于著作权法意义上的作品。如果涉案体育赛事节目属于机械性复制、录制的连续画面或图像，那么，则作为录像制品获得保护。

由于我国《著作权法》规定了作品的若干种类型，不同类型作品之上的权利种类有所不同。一般来说，作品应当被归入某一个具体的类型中寻求法律保护。随着技术的发展，新的作品形态不断涌现，《著作权法》无法穷尽所有的作品形态。根据《著作权法》鼓励作品的创作和传播的立法目的，新的作品创作形式和作品形态应为法律所鼓励。因此，对作品类型的认定，应结合独创性、保护必要性、表现形式和最相类似的作品类型予以确定。对于赛事直播节目而言，其表现形式为公用信号所承载的连续画面。赛事直播节目是制作者付出人力、物力与财力制作完成，具有商业价值，对其保护具有必要性。在该连续画面具有独创性的情况下，与其最相类似的作品类型为以类似摄制电影的方法创作的作品，即 2020 年《著作权法》规定的"视听作品"。

体育行业相关市场前景很大，体育赛事节目在推动体育行业发展中扮演着重要的角色。保护体育赛事节目合法权益，对于促进体育产业健康发展具有重要意义。2020 年 11 月 16 日，最高人民法院印发的《关于加强著作权和与著作权相关的权利保护的意见》指出："高度重视互联网、人工智能、大数据等技术发展新需求，依据著作权法准确界定作品类型，把握好作品的认定标准，依法妥善审理体育赛事直播、网络游戏直播、数据侵权等新类型案件，促进新兴业态规范发展。"在司法实践中，应妥善保护体育赛事节目产业投资主体的合法权益，从而促进体育赛事相关产业的良性发展。

第六节　综艺节目邻接权人的权利保护

著作权法律制度体系中不仅包括作者基于创作产生的著作权，还包括传播者基于其传播行为产生的邻接权。邻接权又被称为与著作权有关的权利。我国《著作权法》规定的邻接权主要包括表演者权、录音录像制作者权、广播组织权和版式设计权。在综艺节目行业中，邻接权纠纷主要集中于表演者权和录音录像制作者权纠纷。

表演者权是几项邻接权中唯一的一项同时具有人身权和财产权性质的权利。表演者，是指演员、演出单位或者其他表演文学、艺术作品的人。2020 年《著作权法》第 39 条第 1 款对表演者的权利作出了列举性规定，"表演者对其表演享有下列权利：（一）表明表演者身份；（二）保护表演形象不受歪曲；（三）许可他人从现场直播和公开传送其现场表演，并获得报酬；（四）许可他人录音录像，并获得报酬；（五）许可他人复制、发行、出租录音有其表演的录音录像制品，并获得报酬；（六）许可他人通过信息网络向公众传播其表演，并获得报酬。"前两项权利的保护期不受限制。后四项的保护期截至该表演发生后第50年的12月31日。演员为完成本演出单位的演出任务进行的表演为职务表演，演员享有表明身份和保护表演形象不受歪曲的权利，其他权利归属由当事人约定。当事人没有约定或者约定不明确的，职务表演的权利由演出单位享有。职务表演的权利由演员享有的，演出单位可以在其业务范围内免费使用该表演。

录音录像制作者权规定于 2020 年《著作权法》第 44 条。录音录像制作者，是指录音录像制品的首次制作人。录音制品，是指任何对表演的声音和其他声音的录制品。录像制品，是指电影作品和以类似摄制电影的方法创作的作品以外的任何有伴音或者无伴音的连续相关形象、图像的录制品。录音录像制作者对其制作的录音录像制品，享有许可他人复制、发行、出租、通过信息网络向公众传播并获得报酬的权利。除此之外，录像制作者相比录音制作者而言，还享有许可电视台播放的权利。在个案中，如果综艺节目影像系机械方式录制完成，在场景选择、机位设置、镜头切换上只进行了简单调整，或者在录制后对画面、声音进行了简单剪辑，则属于录像制品。2020 年《著作权法》第 48 条规定，电视台播放他人的视听作品、录像制品，应当取得视听作品著作权人或者录像制作者许可，并支付报酬。

本节选取 5 个案例就文娱综艺领域的邻接权侵权问题进行分析，以期为综艺节目邻接权的权利保护提供合理路径。

一、表演者对其表演活动享有的权利

【基本案情】

陈某斯和朱某茂是小品《烤羊肉串》的创作者和表演者。两原告于 1986 年、1994 年、1997 年在春节联欢晚会表演 3 个小品时，未与中央电视台签订演出或许可协议授权中央电视台在演出之后可以复制、发行两原告表演的小品。同时，两原告也未收取演出报酬或许可使用费。

1999 年，中凯公司未经许可，将陈某斯在春节联欢晚会上表演的上述小品制作 VCD 出版并全国范围内发行。陈某斯认为，中凯公司的行为侵害其作品的使用权、获得报酬权和其作为表演者的使用权、获得报酬权，于是向法院提起诉讼。

【争议焦点】

原告就其在春节联欢晚会中表演的小品享有哪些权利？

【裁判推理】

涉案 VCD 收录了由原告表演的小品，原告是小品的表演者，依据《著作权法》享有表演者权，即许可他人复制、发行录有其表演的录音录像制品，并获得报酬的权利。被告中凯公司未经原告许可并支付报酬，出版、发行含有原告表演的小品的音像制品，亦构成对原告依法享有的表演者权的侵犯。

值得一提的是，该案的原告既是表演者，又是涉案戏剧作品的创作者。虽然表演视频画面来自中央电视台录制的春节联欢晚会，春节联欢晚会符合《著作权法》和《著作权法实施条例》规定的视听作品的特征，其完整著作权归属制片人，但是作为视听作品中可以单独使用的作品，其作者仍享有单独行使著作权的权利。同时，原告在参加春节联欢晚会时并未与中央电视台签订过任何书面协议，因此原告并不因为参加演出而丧失对小品享有的著作权。他人如要出版、发行原告创作的小品，仍须征得原告作为小品著作权人的复制权和发行权许可并支付报酬。

综上，中凯公司未经原告同意，擅自出版、发行含有原告创作表演的小品，侵害原告作为著作权人和邻接权人的合法权益，应承担停止侵权，赔礼道歉，消除影响，赔偿经济损失的民事责任。

【裁判要旨】

未经戏剧作品表演者许可并支付报酬，出版、发行含有其表演的作品的音像制品，构成对表演者权的侵犯。

【案号】

（2001）沪二中知初字第 1 号

【类似案件】

1999 年 7 月，陈某斯、朱某茂向北京市第一中级人民法院起诉中国国际电视总公司，认为中国国际电视总公司未经两原告同意，擅自出版、发行两原告创作并在历届春节联欢晚会上表演的 8 个小品，侵害两原告的著作权和表演者权。北京市第一中级人民法院审理后认为，陈某斯和朱某茂是 8 个小品的作者和表演者，对小品享有著作权和表演者权。中国国际电视总公司出版、发行上述小品未征得陈某斯、朱某茂的许可，侵害两原告的著作权和表演者权。法院以（1999）一中知初字第 108 号民事判决书判决中国国际电视总公司停止侵权，并赔偿经济损失。中国国际电视总公司不服一审判决提起上诉，在上诉审理期间与陈某斯、朱某茂达成和解协议，撤回上诉。

二、表演者信息网络传播权的保护

【基本案情】

Anthony Perry Royster Jr.（以下简称"Anthony"）是美国著名的鼓手。Anthony 在 2016 年受到繁熙公司关于参加鼓手节的邀请，邀请中说明"一家名为'乐视'的专业互联网媒体公司将播出整个现场表演"，Anthony 没有对此给予肯定答复，仅提出双方进一步交流的请求。

2016 年 7 月，Anthony 参加由繁熙公司举办的该鼓手节活动，并在活动中进行 1 个小时的无伴奏和有伴奏表演。乐视公司通过与繁熙公司签订协议在乐视网向公众直播并传播这场鼓手节活动。

2017 年 7 月，Anthony 发现乐视公司和繁熙公司在其不知情的情况下将自己当时在鼓手节上的表演通过乐视网直播并向不特定对象进行网络传播。Anthony 认为乐视公司和繁熙公司未经许可，对其表演进行现场直播和网络传播，损害其作为表演者所享有的权利，于是 Anthony 将繁熙公司和乐视公司诉至法庭。

【争议焦点】

（1）Anthony 是否对涉案表演享有表演者权；

（2）乐视公司和繁熙公司是否构成共同侵权。

【裁判推理】

（1）Anthony 是否对涉案表演享有表演者权

Anthony 在鼓手节上表演的内容，包括有伴奏和无伴奏的表演，均包含对节奏和旋律的选择、安排，融入 Anthony 独特的个性特征和对音乐的理解，且该表演以鼓曲音乐的形式表现出来，能够复制。因此，即便 Anthony 的表演中包含即兴表演，也属于对作品的表演。根据该案应适用的 2010 年《著作权法》第 38 条第 1 款第（3）项和第（6）项：表演者对其表演享有下列权利：……（三）许可他人从现场直播和公开传送其现场表演，并获得报酬；……（六）许可他人通过信息网络向公众传播其表演，并获得报酬。"因此，根据该规定，Anthony 享有表演者权。

（2）乐视公司和繁熙公司是否构成共同侵权

该案中，Anthony 未对乐视公司传播涉案表演作出否认的意思表示，但该行为不能使繁熙公司对乐视公司有权传播涉案表演产生合理的期待，Anthony 也未以任何行为对繁熙公司和乐视公司传播涉案表演表明接受。因此，乐视公司和繁熙公司的行为既不属于《著作权法》规定的法定许可，也不属于默示许可。

繁熙公司未经 Anthony 许可，擅自许可乐视公司在其经营的乐视网通过信息网络向公众传播涉案表演，且未就传播行为向 Anthony 支付报酬。故繁熙公司与乐视公司共同侵害 Anthony 对涉案表演享有的表演者权。该案一审判决之后，繁熙公司提起上诉，之后其与 Anthony 达成和解协议，撤回上诉。

【裁判要旨】

表演者权的许可应当以权利人的明确授权为原则。

【案号】

（2017）川 01 民初 3806 号

三、假唱对表演者权的侵犯

【基本案情】

芦某是歌曲《江口水乡》的小样演唱者。平昌县文化馆根据该小样制作了 MTV，并将该歌曲的演唱者署名为该馆职工周某萍，并提供给多家网站、电视台进行播放。在平昌县人民政府组织的乡村文化节上，周某萍对该歌曲进行了演唱，但现场播放的却是芦某的小样，周某萍只是对口型。芦某故将周某萍诉至法院。

【争议焦点】

（1）使用他人演唱的歌曲音频制作 MTV，是否侵犯表演者权；

（2）使用他人歌曲小样假唱，是否侵犯表演者权。

【裁判推理】

芦某是《江口水乡》歌曲小样的演唱者，享有表演者权。表演者权，是指作品的表演者依法对其表演所享有的权利。表演者权产生的前提是作品著作权人对于表演者表演作品的许可，而表演者是否以公开方式表演作品以及表演者与词作者、曲作者之间是基于委托还是劳务关系对作品进行演唱，并不影响其表演者身份以及依法享有的相关权利。芦某经涉案歌曲《江口水乡》词作者、曲作者同意试唱歌曲并录制小样，其依法享有表演者权以及基于表演者权产生的表明表演者身份权、信息网络传播权等相关权利。

平昌县文化馆在制作 MTV、向相关网站提供歌曲视频、具体组织旅游节开幕式文艺演出活动中，使用了芦某演唱的《江口水乡》歌曲小样，而未表明芦某是该歌曲的演唱者，侵犯了芦某作为表演者应当享有的表明表演者身份的权利，以及许可他人通过信息网络向公众传播其表演，并获得报酬的权利。平昌县文化馆侵犯了芦某的表明表演者身份权、表演者的信息网络传播权。

周某萍作为文化馆职工，依文化馆安排拍摄《江口水乡》视频，该行为应认定为履行职务行为。拍摄后 MTV 的制作、演唱者的署名以及向网站提供视频等均是平昌县文化馆的行为，应当由平昌县文化馆承担侵权责任。

虽然周某萍在乡村文化旅游节开幕式演出时，已调离文化馆，但其参加演出是由作为活动的组织、策划、实施单位的文化馆邀请并安排，其演出行为亦应认定为履行职务行为。周某萍在开幕式上演唱《江口水乡》歌曲时，署名为周某萍，播放的却是芦某演唱的歌曲小样，无论其演唱是否收取费用，该演唱行为都侵犯了芦某的表明表演者身份权。用人单位的工作人员因执行工作任务造成他人损害的，应当承担侵权责任。因此，周某萍的侵权行为的后果应由文化馆承担。

【裁判要旨】

表演者权产生的前提是作品著作权人对于表演者表演作品的许可，而表演者是否以公开方式表演作品以及表演者与作品作者之间是基于委托还是劳务关系对作品进行表演，并不影响其表演者身份以及依法享有的相关权利。

【案号】

（2016）川民终 900 号

四、录音制作者权利的保护

【基本案情】

江苏省广播电视集团有限公司与灿星公司联合制作《蒙面歌王》节目。该节目是一档歌唱类真人秀电视节目，明星歌手使用化名，在演唱时以面具遮面，观众主要根据歌手的歌声进行评分。据两家公司合同约定，该节目的完整版权归灿星公司所有。经灿星公司授权，梦响公司独家享有《蒙面歌王》各期全部音乐作品的录音制作者权、表演者权中的信息网络传播权，并拥有相关转授权的权利。

此后，梦响公司先后就不同的曲目向腾讯公司出具独家授权书，授权书载明：授权腾讯公司及其关联公司享有授权作品清单所列音乐作品的信息网络传播权，包含歌曲音频所涉及之录音制作者权、表演者权和授权人自有的词曲著作权（如有）在互联网传播所需的信息网络传播权；授权歌曲之录音邻接权授权性质为独占授权，不可转授权；授权歌曲之音乐作品（词曲）著作权（如有）授权性质为非独家不可转授权，授权期限至 2017 年 7 月 18 日；被授权人有权以自己的名义向侵犯其独占性权利的第三方主张权利并进行维权等。

青声公司是"echo 回声"手机客户端的运营商，网络用户可以向"echo回声"软件上传音频。腾讯公司声称，公众可以从"echo 回声"在线播放及下载《蒙面歌王》第一季 13 首歌曲，并对涉案歌曲进行了公证。经法院确认该 13 首歌曲是源自《蒙面歌王》的录音制品。腾讯公司认为青声公司向公众提供了涉案录音制品，侵害了腾讯公司对涉案录音制品享有的信息网络传播权。

【争议焦点】

（1）青声公司经营的"echo 回声"手机软件所提供的服务性质；

（2）该公司就涉案歌曲的网络传播实施的是直接侵权行为还是帮助侵权行为。

【裁判推理】

（1）青声公司经营的"echo 回声"手机软件所提供的服务性质

根据查明的事实，可以认定青声公司是为服务对象提供信息存储空间的网络服务提供者，其经营的"echo 回声"手机软件上的涉案歌曲系由网络用户上传的。

理由如下：其一，"echo 回声"软件平台上的《echo 回声用户使用协议》《echo 回声作品版权声明》等文件表明用户可以向该平台上传歌曲，虽然腾讯公司称其在作侵权公证时并未发现上述文件，但法院认为这属于举证问题，而且青声公司已经举出相反的证据。此外，腾讯公司所称版本更新等主张亦缺乏证据予以支持，法院不予采信。其二，根据公证书，该平台上确实存在不少用户，涉案歌曲的播放页面也均有上传用户的名称，青声公司提供大部分用户的注册信息。其三，青声公司展示该平台的后台管理信息，确实有注册用户向该平台上传音频资料。

（2）该公司就涉案歌曲的网络传播实施的是直接侵权行为还是帮助侵权行为

由前可知，青声公司是提供信息存储空间的网络服务提供者，青声公司不对用户上传的内容承担直接侵权责任。但是，青声公司作为专业的音乐平台运营商，其应当知道，音乐作品或者录音制品的权利人一般不会免费向公众提供音乐作品或录音制品。涉案的录音制品明显不同于网络用户业余制作的录音制品。网络用户将涉案录音制品上传至"echo 回声"平台时，《蒙面歌王》尚处于热播期，腾讯公司也多次向青声公司发送侵权告知函，但青声公司除了删除涉案录音制品，并未采取其他制止侵权的必要措施。青声公司未尽合理注意义务，放任网络用户上传侵权录音制品，主观上具有过错，其行为构成帮助侵权。

【裁判要旨】

对于处于热播期的作品和录音录像制品，移动音乐平台运营商除了基于权利人发出的通知删除侵权录音制品，还应当采取其他制止侵权的必要措施。

【案号】

（2017）沪 73 民终 2 号

五、节目中背景音乐的使用许可

【基本案情】

东乐影音公司是歌曲《追梦赤子心》的录音制品的制作者。2018 年 5 月 6 日，东方娱乐公司运营的东方卫视频道播出了《极限挑战》（第四季）第二期节目，该节目中的 1 小时 53 分至 1 小时 56 分处，将歌曲《追梦赤子心》作为背景音乐播放，东方娱乐公司认可并未取得相关权利方的授权。上述节目片尾处载明合作视频网站为腾讯视频、爱奇艺视频及优酷视频；东方卫视极限挑战节目官方微博账号发布的信息中表明可以登录腾讯视频、爱奇艺视频、优酷视频观看完整节目；优酷视频、腾讯视频及爱奇艺视频平台上亦载有涉案节目内容。涉案节目在优酷视频、腾讯视频及爱奇艺视频平台上播出时载有东方卫视台标。东乐影音公司认为视频平台上的节目中包含了其录音制品，东方娱乐公司应当为此承担侵权责任，故将东方娱乐公司诉至法院。

【争议焦点】

1. 东方娱乐公司节目中使用涉案音乐制品，是否属于不需要事先获得权利人授权的法定许可。

2. 东方娱乐公司是否应就优酷视频、腾讯视频及爱奇艺视频平台上的节目视频，承担侵权责任。

【裁判推理】

东方娱乐公司是《极限挑战》（第四季）节目的制作者，也是播出上述节目的东方卫视频道的运营者。东方娱乐公司未经东乐影音公司许可，在《极限挑战》（第四季）节目中使用他人享有录音制作者权的录音制品。东方娱乐公司辩称，其作为电视台，根据 2010 年《著作权法》第 44 条的规定，可以不经著作权人许可播放已经出版的录音制品。但法院认为，该案中，东方卫视播出的《极限挑战》（第四季）综艺节目具有很高的社会知名度及市场价值，该节目的播出除为东方娱乐公司带来可预见的显性经济利益外，还可能帮助东方娱乐公司及其运营的东方卫视频道提高品牌价值等隐性商业利益。《著作权法》第 44 条所指为电视台直接播出录音制品的情形，而非该案中电视台播出其参与制作的综艺节目中使用录音制品中音乐作为背景音乐的情形。东方娱乐公司在《极限挑战》(第四季)节目中使用歌曲《追梦赤子心》的行为,不属于《著作权法》第 44 条规定的法定许可情形。此外,该案的被诉侵权行为,是在网络平台中通过信息网络传播录音制品的行为,而非电视台播出的行为,因此,东方娱乐公司的该项抗辩并无法律依据。

根据查明的事实,《极限挑战》(第四季)节目片尾显示了合作视频单位为优酷视频、爱奇艺视频和腾讯视频,且《极限挑战》(第四季)节目在宣传中,也明确显示可以在上述视频网站进行观看,上述视频网站中也确有《极限挑战》(第四季)节目。通过以上证据,可以显示东方娱乐公司许可优酷视频、爱奇艺视频和腾讯视频在其网站中播放《极限挑战》(第四季)节目。《极限挑战》(第四季)节目中使用了涉案歌曲的录音制品,在优酷视频、爱奇艺视频和腾讯视频在线传播,且未经东乐影音公司许可,侵害了东乐影音公司对涉案录音制品享有的录音制作者权中的信息网络传播权,应当为此承担停止侵权、赔偿经济损失的法律责任。

【裁判要旨】

《著作权法》法定许可制度中,电视台播放录音制品的法定许可,指的是电视台直接播出录音制品的情形,而非电视台播出其参与制作的综艺节目中使用录音制品作为背景音乐的情形。

【案号】

(2020)京 73 民终 1451 号

六、法理分析

文娱综艺产业中的表演者权保护至关重要。表演者权,包括人身权利和财产权利。具体来说,在综艺节目中,应当根据具体表演活动方式的形式,采取适当的形式表明表演者的身份。表演者有权禁止他人对自己在表演中的形象进行歪曲和篡改,他人不能通过不当剪辑等方式对表演进行特殊处理,损害表演者的声誉,破坏表演者表演的客观性和完整性。在演员袁某与《演员的诞生》节目的争议中,袁某认为该节目最终播出的版本删减了其部分表演内容,致使节目视频中的表演被观众抨击。如果袁某的主张成立,则涉嫌侵犯袁某依《著作权法》享有的表演者权。

表演者权中的财产权利包括现场直播权、首次固定权、复制权、发行权和信息网络传播权。除法律另有规定外，摄制综艺节目使用表演者的表演的、录像制作者使用表演者的表演的、通过信息网络传播表演者的表演的，均应当取得表演者的许可。实践中，曾发生过《盖世英雄》节目制作者未与表演者邓某某就其参加节目录制相关事宜签订合同，但已将先行录制的节目播出并在网络上传播，从而引发表演者权纠纷。伴随着《视听表演北京条约》的生效，表演者的权利保护愈发受到重视。

文娱综艺行业涉及的录音录像制作者权纠纷，包括两种情形。第一种是综艺节目的制作方就节目中的表演的声音和影像进行录制，享有录音录像制作者权，其他市场主体未经许可，传播该录音录像，除法律另有规定外，构成对录音录像制作权的侵犯。第二种是综艺节目的制作者使用他人的录音录像制品制作综艺节目，应当取得录音录像制作者的许可。未经许可使用录音制品作为背景音乐系侵权行为。

综艺节目制作者、表演者单位、表演者、录音录像制作者等相关单位，都应当提高权利保护意识，既要运用法律武器保护自身合法权益，也要尊重他人的知识产权。只有社会各方主体的共同努力，方能促进综艺行业和互联网产业的健康发展。

第七节　侵权责任类型与损害赔偿数额的确定

在鼓励原创、促进电视娱乐节目产业发展的大背景下，娱乐节目著作权侵权案件中损害赔偿数额的提高、认定标准与计算方法的统一以及法定赔偿的适用都具有重要意义。为提高知识产权保护水平，统一裁判标准，建立与知识产权市场价值相协调的损害赔偿机制，2020 年《著作权法》针对著作权的侵权损害赔偿作出了修改和完善。

2020 年《著作权法》的修改主要体现在以下五个方面。

一是调整了侵权损害赔偿基础的计算方法和适用顺序，明确规定侵犯著作权的赔偿数额按照权利人因被侵权所受到的实际损失或者侵权人因侵权所获得的利益确定，取消了适用顺序，当事人可以自行选择更有利于其自身权利保护的赔偿数额计算方法。

二是把权利许可使用费增设为确定侵权赔偿额的一种参考方式，即"权利人的实际损失或者侵权人的违法所得难以计算的，可以参照该权利使用费给予赔偿"。这与《商标法》《专利法》保持一致。

三是加大了对侵犯著作权行为的惩处力度，增设了惩罚性赔偿制度，即"对故意侵犯著作权或者与著作权有关的权利，情节严重的，可以在按照上述方法确定数额的一倍以上五倍以下给予赔偿"。根据《最高人民法院关于审理侵害知识产权民事案件适用惩罚性赔偿的解释》，原告请求惩罚性赔偿的，应当在起诉时明确赔偿数额、计算方式以及所依据的事实和理由。人民法院确定惩罚性赔偿数额时，应当分别依照相关法律，以原告实际损失数额、被告违法所得数额或者因侵权所获得的利益作为计算基数。该基数不包括原告为制止侵权所支付的合理开支。实际损失数额、违法所得数额、因侵权所获得的利益均难以计算的，人民法院依法参照该权利许可使用费的倍数合理确定，并以此作为惩罚性赔偿数额的计算基数。

四是将法定赔偿数额上限从 50 万元大幅提升至 500 万元。权利人的实际损失、侵权人的违法所得、权利使用费难以计算的，由人民法院根据侵权行为的情节，判决给予 500 元以上 500 万元以下的赔偿。赔偿数额还应当包括权利人为制止侵权行为所支付的合理开支。法定赔偿是为提高诉讼案件的效率所设计的补充方法。

五是增设了举证妨碍制度。人民法院为确定赔偿数额，在权利人已经尽了必要举证责任，而与侵权行为相关的账簿、资料等主要由侵权人掌握的，可以责令侵权人提供与侵权行为相关的账簿、资料等；侵权人不提供，或者提供虚假的账簿、资料等的，人民法院可以参考权利人的主张和提供的证据确定赔偿数额。

本节精选 3 个案例，分析综艺节目著作权侵权案件中侵权责任类型与损害赔偿数额确定的因素，以及计算赔偿额时适用裁量性赔偿方法的规则等，为理论研究和司法实践提供参考。

一、侵犯著作权的民事责任形式

【基本案情】

爱奇艺公司发现，其出品的娱乐节目《爱奇艺早班机》被遮盖修改水印、标题，并在华数公司的《看娱乐》第 99 期节目中播放，于华数公司运营的"华数 TV"安卓手机客户端发布。而且华数公司以"华数原创节目"宣传《看娱乐》节目。于是，爱奇艺公司将华数公司告上法庭。

【争议焦点】

华数公司侵犯爱奇艺公司的何种权利以及应当承担何种责任。

【裁判推理】

《爱奇艺早班机》节目属于娱乐性质的综艺报道节目，节目的整体创作及选择、编排具有独创性，系以类似摄制电影的方法创作的作品。根据其片尾署名及类电作品的属性，在无相反证据的情况下，认为爱奇艺公司享有《爱奇艺早班机》的著作权。

华数公司未经许可，在其运营的"华数 TV"安卓手机客户端中提供第 99 期《看娱乐》节目的在线播放服务，使公众可以在其个人选定的时间和地点获得《爱奇艺早班机》节目中的相关栏目内容，且遮挡了《爱奇艺早班机》节目视频画面右下角的"爱奇艺"水印信息，隐去了爱奇艺公司的署名，并修改了栏目名称和部分栏目标题，其行为构成对爱奇艺公司署名权、修改权及信息网络传播权的侵害，华数公司应对此承担相应侵权责任。

爱奇艺公司要求华数公司消除影响、赔偿经济损失及合理开支的诉讼请求，法院予以支持。因赔礼道歉的对象通常为自然人，故法院不再支持爱奇艺公司关于赔礼道歉的诉讼请求。关于具体的赔偿数额，鉴于双方未提交爱奇艺公司实际损失或华数公司违法所得的相关证据，法院综合考虑以下因素依法酌情确定赔偿数额：第一，《爱奇艺早班机》节目播放量及传播范围均较大，《看娱乐》节目在第 99 期中均使用了《爱奇艺早班机》节目的内容，主观侵权恶意明显；第二，娱乐报道类节目的时效性较强，《看娱乐》节目与《爱奇艺早班机》节目的播放时间相隔较短，仍处于作品较热传播期内，分流用户的可能性大；第三，侵权内容占《看娱乐》节目的时长较短、比例不高，且无证据证明华数公司《看娱乐》节目的播放量及传播范围大。综合以上意见，法院依法酌情判定经济损失赔偿额为990000元。关于律师费和公证费，考虑到该案确有大量公证取证发生，同时又考虑到律师在该案诉讼及开庭过程中的法律思维和理性判断起到了维护当事人合法权益的作用，参加诉讼活动的行为支持了该案诉讼的顺利审理，综合上述因素，法院将上述费用酌情判定为25000元。

【裁判要旨】

未经许可通过信息网络传播他人享有著作权的综艺节目，构成侵权。酌情确定赔偿数额时，应当根据行为人的主观恶意、侵权节目的播放量和传播范围、侵权内容占被诉节目的比例、涉案节目的时效性及影响力等因素确定。

【案号】

（2017）京0108民初51550号

二、侵权赔偿的市场价值导向

【基本案情】

百慕公司经过作者授权，取得《纳西情歌》的独家著作权，百慕公司有权对授权期限内第三方实施的侵权行为，以自身名义进行维权。2019年2月21日，百慕公司发现宋城公司、茶马公司在丽江千古情景区将《纳西情歌》作为背景音乐使用，在景区内组织的《丽江千古情》现场表演中使用了《纳西情歌》。表演总时长约为1小时，其中使用《纳西情歌》作为背景音乐的部分占2分23秒。百慕公司认为其基于作品享有的表演权受到侵犯，故提起诉讼，要求法院以被告的侵权获利计算损害赔偿额，并赔偿其为维护权利支出的合理开支。

【争议焦点】

（1）该案是否可以依据宋城公司、茶马公司的侵权获利计算赔偿数额；

（2）该案如何确定赔偿数额和维权合理费用。

【裁判推理】

宋城公司、茶马公司在《丽江千古情》现场表演中使用《纳西情歌》的行为，构成对著作权人表演权的侵犯。该案的焦点是如何确定赔偿数额。法院认为，对于知识产权案件的损害赔偿，要在查明具体案件事实基础上坚持侵权赔偿的市场价值导向，尽可能细化并阐明赔偿数额的计算方法，实现侵权损害赔偿与知识产权市场价值的协调性和相称性，保障权利人的权利恢复到无侵权行为时其应有的市场利益状态。

1. 该案是否可以依据宋城公司、茶马公司的侵权获利计算赔偿数额

著作权侵权案件中，权利人可以选择依据其实际损失、侵权人的获利或者法定赔偿主张具体的赔偿数额以及计算方法。因此，侵权获利是确定损害赔偿的一种具体方法，权利人可以选择以侵权人因侵权行为所获得的利益对其予以公平的赔偿，实现损害赔偿的填平功能和预防功能。在权利人选择以侵权获利方式计算赔偿数额时，其应当提交证据证明侵权人的获利以及与侵权行为之间的因果关系。

该案中，百慕公司从公开渠道获取并提交了宋城公司 2014～2019 年年度报告，主张可以根据其中相关数据来估算侵权获利。法院认为，宋城公司作为上市公司，其每年公开的财务数据报告证明力较强，其在年度报告中也明确记载了茶马公司经营丽江千古情项目的营业收入、营业利润等数据，结合宋城公司、茶马公司提交的茶马公司主营业务收入、主营业务利润等数据，可以作为计算茶马公司经营丽江千古情景区收入及营利情况的依据。法院调取了宋城公司与中国音乐著作权协会 2014～2018 年签订的音乐著作权使用许可协议，宋城公司又补充提交了相关附件，这些协议及附件中均约定了使用音乐作品应支付许可使用费的计算公式和最终金额。虽然宋城公司、茶马公司最终支付的许可使用费没有按照茶马公司的门票收入金额进行计算，但该许可使用费的计算方式和最终金额均可以在计算该案侵权获利时，作为茶马公司使用音乐作品应支出成本和实际支出成本的参考因素。因此，法院认为，结合百慕公司的举证能力及其举证情况，该案可以以宋城公司、茶马公司的财务数据为依据，结合其缴纳的音乐作品许可使用费情况，按照侵权获利方式确定赔偿数额。

2. 该案如何确定赔偿数额和维权合理费用

法院认为，基于企业营业利润影响因素的复杂性以及知识产权价值的无形性，在著作权案件中以侵权获利方式计算赔偿数额时，主要需依据权利人提交的侵权方获利证据，从侵权行为的具体样态出发，区分涉案知识产权要素创造的价值和不可归因于该要素的其他价值，在利润中析出专属于具体被侵权作品贡献的专有价值。但著作权案件中侵权获利的计算不仅仅是单纯的事实认定，

而是需叠加对难以量化的作品价值等因素进行评估确定，因此可在着重考虑给予权利人充分救济的情况下，从有利于维权、制止侵权等损害赔偿的预防功能角度，合理确定利润总额和利润贡献率。

在该案中，考虑到《丽江千古情》演出对于该景区营业收入的重要性以及现场长期常态化演出这一事实，可以将其在年报中的相应营业收入和营业利润作为计算该案侵权获利的依据。考虑到涉案音乐作品占该演出中包含的 13 首歌曲的一首，将音乐作品对应的茶马公司利润总和均摊于 13 首音乐作品之后所得，即为茶马公司使用涉案音乐作品的侵权获利。

宋城公司、茶马公司对丽江千古情景区的宣传及其门票定价机制可以证明《丽江千古情》演出系丽江千古情景区的主要收入来源，其使用音乐作品亦涵盖了整个主题公园，故茶马公司 2014～2019 年的主营业务利润总额可以作为基数计算侵权获利。结合该案宋城公司、茶马公司使用部分音乐作品已向中国音乐著作权协会缴纳许可使用费的情况，考虑到缴纳的许可使用费与门票收入之间存在一定的正向比例对应关系，通过计算支出的音乐作品许可使用费在支出成本中的比例，进而计算出该部分成本所对应的营业收入，再根据利润率计算出音乐作品相应的营业利润，从而以该营业利润在总营业利润的占比确定利润贡献率，系一种较为合理的推算音乐作品利润贡献率的方法。

此外，还需要考虑涉案音乐作品的知名度，侵权行为的性质、情节等因素后酌情确定。涉案音乐作品在丽江千古情景区因知识产权因素获得的利润中具有重要作用。纵观《丽江千古情》整场演出使用的音乐作品，《纳西情歌》在序幕之后第一幕《泸沽女儿国》开场表演使用，时长 2 分 23 秒，占整场演出时长的比例为 3.97%，且系唯一较完整、全词曲使用的作品。同时，涉案音乐作品结合了丽江的风土人情与纳西族青年的爱情故事，具有鲜明的丽江地域特色以及一定的传唱度和影响力；并与丽江千古情景区契合度较高，较完美地烘托《泸沽女儿国》章节的主题气氛。宋城公司系多年专业经营主题乐园的上市公司，茶马公司系其全资子公司，两者均负有较高的知识产权保护的注意义务，理应在使用音乐作品前履行相应审查义务和办理许可手续，确保该些作品得到权利人的许可。但该案中，宋城公司、茶马公司在明知与中国音乐著作权协会签署的协议清单中并不包含涉案音乐作品的情况下，仍长期持续非法使用涉案音乐作品，且期间从未与权利人联系商洽授权事宜，侵权主观恶意强。

同时，宋城公司、茶马公司经营丽江千古情景区的利润亦较高，平均利润率达71.97%，其于2014～2019年持续在现场演出及背景音乐中非法使用涉案音乐作品，且并未提交证据证明其已停止侵权。

因此，结合上述因素，兼顾促进作品传播与保护权利人之间的利益平衡，并考量给予权利人充分救济和鼓励海量使用者与著作权集体管理组织签订许可协议，从而更好地促进音乐作品传播等因素，法院最终确定宋城公司、茶马公司使用涉案音乐作品的侵权获利为70万元。

该案中，百慕公司提交了公证费、律师费、差旅费发票等证据证明其因该案支出了律师费8万元、公证费2.3万元及其他差旅费用，根据法院查明的事实，百慕公司确系为该案诉讼支出了上述费用，考虑到该案中律师的工作量等实际因素，法院对百慕公司关于维权合理费用11万元的主张予以支持。

【裁判要旨】

对于知识产权案件的损害赔偿，要在查明具体案件事实基础上坚持侵权赔偿的市场价值导向，尽可能细化并阐明赔偿数额的计算方法，实现侵权损害赔偿与知识产权市场价值的协调性和相称性，保障权利人的权利恢复到无侵权行为时其应有的市场利益状态。

【案号】

（2020）浙民终301号

三、确定损害赔偿数额的基本原则

【基本案情】

《中国好声音》（第三季）是一档热播的综艺节目。2014年6月30日，腾讯公司经灿星公司授权享有该节目在中国（港澳台除外）的独占信息网络传播权。2014年7月，暴风集团公司未经许可，通过暴风影音播放器在线播放《中国好声音》（第三季）第二期节目。腾讯公司认为，暴风集团公司的盗播行为严重侵害腾讯公司的合法权益，于是向法院提起诉讼。

【争议焦点】

（1）暴风集团公司是否实施侵权行为；

（2）暴风集团公司赔偿数额的确定。

【裁判推理】

（1）暴风集团公司是否实施侵权行为

我国《著作权法》规定，如无相反证明，在作品上署名的公民、法人或者其他组织为作者。著作权人可以自己行使著作权，也可以授权他人行使著作财产权。该案中，根据涉案节目片尾署名，其著作权人为灿星公司，灿星公司出具授权书，将综艺节目《中国好声音》（第三季）的独家信息网络传播权及维权权利授予腾讯公司，因此腾讯公司具有请求保护涉案节目信息网络传播权的权利基础。

暴风集团公司未经腾讯公司许可，在其经营的暴风影音客户端提供涉案节目在线播放服务，已构成对涉案节目信息网络传播权的侵犯，依法应承担相应的法律责任。

关于暴风集团公司抗辩称腾讯公司证据保全过程存在严重瑕疵，不能证明该暴风影音客户端是其经营管理，以及暴风集团公司有证据证明其网站曾有多次被他人仿效的主张，法院认为，首先，该公证是在公证员的全程监督下使用公证处的计算机和网络完成，且湖北省武汉市洪兴公证处已经就取证程序是否清洁的问题出具书面回函；其次，根据谁主张谁举证的原则，暴风集团公司就其主张并未提交有效证据加以证明，故一审法院对暴风集团公司的上述主张不予采纳。

（2）暴风集团公司赔偿数额的确定

首先，侵害著作权损害赔偿的目的既包括弥补权利人的损失，也包括制止侵权人再次侵权，还包括有效遏制未来潜在侵权行为的普遍发生；在确定损害赔偿数额时，应当根据案件的具体情况，既考虑个案中权利人的实际损失、侵权人的违法所得，也考虑同一侵权人类似侵权行为被起诉的概率，综合确定损害赔偿的数额。确定损害赔偿数额的基本原则是：加大对于侵害著作权行为的惩治力度，提高侵害著作权赔偿数额；对于以恶意侵权为代表的情节严重的侵权行为实施惩罚性赔偿；由侵权人承担权利人为制止侵权行为所支付的合理开支，提高侵权成本。

其次，确定侵害著作权损害赔偿数额的基本方法：根据该案应适用的2010年《著作权法》及相关司法解释，侵犯著作权或者与著作权有关的权利的，侵权人应当按照权利人的实际损失给予赔偿；实际损失难以计算的，可以按照侵权人的违法所得给予赔偿。赔偿数额还应当包括权利人为制止侵权行为所支付的合理开支。权利人的实际损失或者侵权人的违法所得不能确定的，由人民法院根据侵权行为的情节，判决给予五十万元以下的赔偿。在确定侵权损害赔偿数额时，要善于运用根据具体证据酌定实际损失或侵权所得的裁量性赔偿方法，引导当事人对于损害赔偿问题积极举证，进一步提高损害赔偿计算的合理性。权利人提供用以证明其实际损失或者侵权人违法所得的部分证据，足以认定计算赔偿所需的部分数据的，应当尽量选择运用酌定赔偿方法确定损害赔偿数额。

根据上文所述的确定侵害著作权损害赔偿的原则与方法，该案法院考量的因素包括以下三点。

其一，正常许可费是确定权利人损失的重要参考。

腾讯公司并非涉案作品的著作权人，而是涉案作品信息网络传播权独占许可使用合同的被许可人，腾讯公司虽然没有将涉案作品许可他人进行信息网络传播，但其获得许可的对价即是正常许可费的重要参考。

现有证据证明，腾讯公司实际履行许可使用合同的付款义务，其取得涉案作品独占许可使用权的正常许可费为 750 万元/期，授权期限为 3 年。暴风集团公司认为上述采购金额应该均摊到 3 年授权期间内，但法院认为，许可费用分摊的时间因素并不是平均的，因为此类系列综艺节目在首轮播出时价值最高，此后随播出次数的增加和时间的推移而价值递减。暴风集团公司播出涉案节目的时间正处于涉案节目首轮播出并且还是热播期间，致使腾讯公司事实上未能够享有独家播出权利，造成其独家采购协议目的落空。因此暴风集团公司主张的计算方式不能成立。

其二，涉案作品的商业模式具有极高商业价值。

涉案作品进行信息网络传播的模式为"网民免费 + 广告收费"，这种经营模式具有正当性，应当受到法律保护。在案证据显示，涉案节目的信息网络传播产生了极高的广告收益，该节目具有极高的商业价值。

其三，暴风集团公司的侵权行为具有明显恶意。

腾讯公司在涉案作品播出前，曾特意告知暴风集团公司采取措施，避免侵害涉案作品的信息网络传播权。在腾讯公司播出涉案作品后不久，国家版权局亦公布包含涉案作品的重点影视作品预警名单，要求包括暴风集团公司在内的相关网站采取措施。综合上述情况,暴风集团公司的传播行为明显属于明知故犯,且系进行大规模侵权,行为性质恶劣。

其四,暴风集团公司的侵权行为持续时间长、影响范围广。

暴风集团公司主张其侵权期间仅为 2014 年 8 月 29 日至 2014 年 8 月 30 日,侵权行为持续时间非常短暂。对此,法院认为,关于节目上线时间,腾讯公司提交的公证书显示,根据节目下方网友评论的时间可以推断,节目的上传时间至少在 2014 年 7 月 24 日之前。

关于节目下线时间,首先,现有证据不足以充分证明其将涉案节目下线的时间为 2014 年 8 月 30 日;其次,即使涉案节目确系在 2014 年 8 月 30 日下线,暴风集团公司的侵权时间也应该为涉案节目上线之日即 2014 年 7 月 24 日至 2014 年 8 月 30 日,侵权期间持续长达一个月以上,且上述侵权期间恰好处于涉案节目的热播期间,话题度、点击率均处于较高水平,由此可见,暴风集团公司的侵权行为给深圳腾讯公司造成了严重的经济损失。

综上所述,腾讯公司因暴风集团公司涉案行为所遭受的经济损失明显超出 2010 年《著作权法》规定的 50 万法定赔偿额的上限。法院判定暴风集团公司赔偿腾讯公司经济损失 100 万元及诉讼合理支出 1 万元。

【裁判要旨】

确定损害赔偿数额的基本原则是:加大对于侵害著作权行为的惩治力度,提高侵害著作权赔偿数额;对于以恶意侵权为代表的情节严重的侵权行为实施惩罚性赔偿;由侵权人承担权利人为制止侵权行为所支付的合理开支,提高侵权成本。

【案号】

(2017)京 73 民终 1258 号

四、法理分析

本节选取的 3 个案例,反映了文娱综艺领域著作权侵权案件中民事责任的承担方式和损害赔偿数额的确定方式。

根据 2020 年《著作权法》第 52 条的规定,侵犯著作权和邻接权的民事责任承担方式包括停止侵害、消除影响、赔礼道歉、赔偿损失等。其中赔礼道歉适用于侵犯著作人身权纠纷，比如，在文娱节目中歪曲他人作品、使用他人作品却未予署名等情形。在诉讼判决作出时，如果涉案侵权行为已经停止，则法院不再判令停止侵权。

实践中的难点在于侵权损害赔偿数额的确定。鉴于权利人的实际损失、侵权人的违法所得通常难以举证，实践中常以酌定的方式来确定赔偿数额。此时，法院会考虑节目知名度与影响力、原告作品类型与独创性程度、被告侵权行为的方式与侵权持续时间、被告侵权行为的范围与影响、被告主观过错程度、被告商业性使用原告作品的程度和比例、被告重复侵权情况等因素。

著作权侵权损害赔偿的目的是弥补权利人的损失，制止侵权人再次侵权，有效遏制未来潜在的侵权行为。损害赔偿数额的确定既要考虑个案中权利人的实际损失，侵权人的违法所得，也要考虑同一侵权人类似侵权行为被起诉的概率。赔偿数额确定的基本原则是：加大惩治力度，提高赔偿数额；对于以恶意侵权为代表的、大规模侵权及重复侵权等情节严重的侵权行为实施惩罚性赔偿；由侵权人承担权利人为制止侵权行为所支付的合理开支，提高侵权成本。其中，合理开支的范围包括律师费、公证费、调查费、交通费等。

在著作权领域，过去一直存在"守法成本高，违法成本低"的问题。为此，《中共中央 国务院关于完善产权保护制度依法保护产权的意见》提出"加大知识产权侵权行为惩治力度，提高知识产权侵权法定赔偿上限，探索建立对专利权、著作权等知识产权侵权惩罚性赔偿制度，对情节严重的恶意侵权行为实施惩罚性赔偿"。2020年《著作权法》调整了侵权损害赔偿基础的计算方法适用顺序，提高了法定赔偿上限，增加了惩罚性赔偿制度。

虽然2020年《著作权法》完善了法定赔偿规则，但是在具体司法实践中，司法机关不应当过于依赖法定赔偿，而应通过各种方法尽量查明权利人的损失、侵权人的获利、权利许可使用费等情况，准确计算侵权损害赔偿数额，切实有效保护权利人的合法权益。因此，本节案例对司法实践中确定著作权侵权类型和损害赔偿数额具有参考价值。

本章结语

　　本章共包括七类与文娱节目相关的传统著作权纠纷，主要可以分为两大类，一类是综艺节目制作环节应当避免对他人著作权和相关权的侵犯；另一类是综艺节目制作者应当注意他人侵犯其著作权的情形。通过对每个案例的基本案情、争议焦点、裁判推理和裁判要旨进行梳理，不仅让我们清楚地看到在文娱节目的制作、使用和传播等环节中可能出现的法律风险和纠纷，而且让我们了解到司法实践中对于各类与文娱节目相关的传统著作权纠纷的裁判思路。

　　在多数著作权侵权纠纷中，需要解决的首要问题是原告是否具有权利基础。具体而言，原告主张保护的文娱节目模式、节目策划案、节目元素、节目视频、节目片段等是否构成作品以及属于何种作品。在可版权性问题上，应当遵循"思想与表达二分法"，运用"混同原则"与"场景原则"，具有独创性并能以一定形式表现的智力成果，受《著作权法》保护。对于文娱节目的视频，一般来说，其是否构成作品需要结合节目的制作过程、基本结构和核心内容进行判断。在具有独创性的情况下，整体上可以作为视听作品获得保护，著作权归属于制片方，视听作品中的音乐、戏剧等可以单独使用的作品的作者有权单独行使其著作权。2020年《著作权法》以"视听作品"代替了"电影作品和以类似摄制电影的方法创作的作品"，这次修改对体育赛事节目、文化综艺节目相关的著作权保护具有积极意义。

　　除著作权人主张权利保护之外，原告还可以是表演者、录音录像制作者、广播组织等邻接权人。判断是否具有权利基础时，考察的是其是否有表演作品的活动、是否首次制作了录音录像制品、是否播放了广播电视。立法对著作权和邻接权的保护程度和保护范围不同。

　　著作权侵权纠纷的第二个考察要点是被诉行为是否落入著作权的控制范围内。著作权人根据2020年《著作权法》第10条的规定享有著作人身权和著作财产权。未经著作权人许可，在不构成"合理使用""法定许可"等特殊情形时，他人不得实施著作权控制的行为。具体侵犯何种著作权，需要结合涉案作品的传播、利用方式来认定。在认定涉案作品是否侵犯复制权、改编权时，应当按照"接触＋实质性相似"的方法进行判断。文娱节目使用他人作品时，节目制作者应当取得作品著作权人的许可，并支付报酬。使用改编、翻译已有作品而产生的作品进行演出和制作录音录像制品，应当取得该作品的著作权人和原作品的著作权人许可，并支付报酬。使用他人作品演出，表演者应当取得著作权人许可，并支付报酬。演出组织者组织演出，由该组织者取得著作权人许可，并支付报酬。录音录像制作者使用他人作品制作录音录像制品、广播电台、电视台播放他人未发表的作品，应当取得著作权人许可，并支付报酬。

《著作权法》规定了合理使用和法定许可情形，但需要严格符合法律规定的要件。在法定许可方面，需要注意，虽然《著作权法》第46条第2款规定"广播电台、电视台播放他人已发表的作品，可以不经著作权人许可，但应当按照规定支付报酬"，但是，该条指的是电视台直接播出录音制品的情形，而非电视台播出其参与制作的综艺节目中使用录音制品作为背景音乐的情形。而且，表演者、录音录像制作者、广播电台、电视台等依照著作权法有关规定使用他人作品的，不得侵犯作者的署名权、修改权、保护作品完整权和获得报酬的权利。

关于著作权侵权的民事责任问题，2020年《著作权法》通过调整侵权损害赔偿基础的计算方法适用顺序、增加惩罚性赔偿制度、完善法定赔偿制度等明显加大了侵权损害赔偿力度。在确定判赔数额时，应当考虑节目知名度与影响力、原告作品类型与独创性程度、被告侵权行为的方式与侵权持续时间、被告侵权行为的范围与影响、被告主观过错程度、被告商业性使用原告作品的程度和比例、被告重复侵权情况等因素。

文娱综艺产业的从业者，应当关注文娱节目中的著作权法律保护与侵权风险，共同致力于文娱节目产业的健康有序发展。由于篇幅限制，本章内容无法覆盖所有文娱节目的著作权侵权类型，仅对该领域的典型纠纷进行了分析，为文娱节目著作权保护实务提供参考。本章案例主要涉及文娱节目相关的传统著作权法律问题，随着互联网技术的迅猛发展，新业态下的文娱行业著作权法律问题将在第二章详细阐述。

第二章　互联网时代文娱行业新兴法律问题

引　言

　　近年来，随着科技的发展和国家政策的支持，移动通信技术和互联网行业得到突飞猛进的发展，文娱行业的各类作品开始从传统平台转向网络平台。文娱作品进入互联网时代后，传播速度更快、传播范围更广。由于互联网的优势明显，文娱市场经营者纷纷入驻互联网平台，抢占文娱市场和用户。同时，互联网时代下文娱行业中的相关侵权纠纷也随之产生，出现一些新兴法律问题，其中不乏具有理论争议和实务困境的难题，需要文娱法律研究和实务工作者共同关注。

　　随着互联网行业的兴起，人们越来越习惯于通过互联网观看娱乐节目。在互联网行业出现之前，人们通过接受广播信号在传播者指定的时间或地点观看节目，这是一种单向传播的过程。但互联网行业兴起之后，互联网电视随之出现，人们可以随时随地观看自己想要观看的节目，实现一种交互式传播。互联网电视是指以传统互联网或移动互联网为传输网络，以电视机为接收终端，向用户提供视频及图文信息内容等服务的电视形态。与之相关的概念是为交互式网络电视（IPTV），是由电信运营商负责业务运营，由广播电台、电视台提供内容，利用宽带传送电视信息实现直播、点播和时移的服务。互联网电视利用的技术方式主要包括两种模式：一种是"智能电视＋机顶盒"模式，通过机顶盒的内置软件或者链接为用户提供视频播放服务；另一种是"电视一体机"模式，不需要借助机顶盒，通过专门的智能电视就可以单独完成。在互联网电视模式下，IPTV 点播和回放的性质如何认定，是否存在合理使用，相关运营商与设备制造商的责任如何分配，都是需要我们重点关注的问题。

　　互联网技术的进步和通信技术的发展，文娱领域的作品传播速度飞速提升，全民直播时代来临。网络实时直播或转播是指将电视台或广播台直播的节目信号采集、转换为数字信息后通过网络服务器实时提供给网络用户观看。与信息网络传播权所控制的行为不同，网络实时转播采用非交互式的传播方式，用户无法在个人选定的时间或地点获得作品，而只能在网络服务提供者指定的某个特定时间内获得作品。对于网络实时直播或者转播娱乐节目的行为，在《著作权法》上应该如何认定、对其采取何种保护方式，对行业的发展具有重要影响。尤其是 2020 年修改的《著作权法》对广播权、信息网络传播权的规定进行扩展和完善，网络实时直播和转播娱乐节目的行为都将落入传播权的控制范围内。

　　在上述法律问题中，网络服务提供者扮演着重要的角色。网络服务提供者包括网络内容服务提供者和网络技术服务提供者，网络服务提供者不仅对自己的直接侵权行为承担责任，还可能为用户的行为承担间接侵权责任。网络平台用户未经权利人许可，将娱乐节目视频上传至网站的行为，构成对权利人信息网络传播权的侵犯。此类侵权纠纷的特殊之处在于涉及三方主体——用户、权利人和网站经营者。网站经营者即网络服务提供者，是指通过信息网络向公众提供信息或者为获取网络信息等目的提供服务的机构，它们虽不是直接上传视频的主体，但通过提供视频上传和传播平台，客观上可以便利侵权行为、扩大侵权范围，其自身也会从中获取经济利益，因此，网络服务提供者是否应当为此承担责任，承担何种法律责任，亦需明确。

　　当前，文娱行业处在高速发展的互联网时代，在法律规定不明确或者不具体的情况下，既有的司法裁判可以在一定程度上承担确立基本规则的角色。根据互联网时代文娱行业出现的新兴法律问题，本章共选取四类案例进行介绍和分析，第一节为机顶盒等设备提供侵权视频的责任认定；第二节为互联网电视模式下娱乐节目权利方的维护；第三节为网络实时直播或者转播娱乐节目的法律问题；第四节为网络服务提供者直接侵权与间接侵权的认定。

第一节　机顶盒提供侵权视频的责任认定

随着互联网、电信网和广播电视网三网融合技术的发展，电视机顶盒逐渐成为一种给人们生活带来巨大影响的终端硬件。近年来，电视机顶盒的普及程度越来越高，电视观众不再依赖传统的单向电视节目播放模式，能够以"交互式"点播的方式观看各种电视节目。人们的文化娱乐生活方式变得更加便利的同时，一系列由生产、销售机顶盒而引发的著作权侵权纠纷也随之而来。

根据电视机顶盒提供视频的技术方式不同，可以将其进一步分为以下三类：其一，由电视机顶盒直接提供视频内容。此种情况下，电视机顶盒的生产商通过合作经营关系，直接将视频嵌入机顶盒中，向用户提供。其二，电视机顶盒提供视频在线检索服务。此种情况下，电视机顶盒生产商会在机顶盒中内置第三方应用程序，用户可以通过第三方应用程序搜索视频观看。实际上，第三方应用程序主要体现为视频聚合软件，通过技术手段将各大主要视频网站的播放地址集中在一起，用户通过点击相应链接便可以观看视频。其三，电视机顶盒直接提供在线播放界面，用户点击链接后，可以在机顶盒自身页面在线观看视频。这种类型与第二种类型的技术方式类似，都是通过在机顶盒中内置链接的方式，区别在于这种类型的视频播放界面和播放网址不发生跳转，表面上用户还是在观看机顶盒提供的视频，实际上观看的是其他链接上的视频。

在对机顶盒提供视频侵犯著作权的侵权行为类型、责任主体以及责任承担方式进行认定时，主要存在"服务器标准"和"用户感知标准"两种判断模式。具体而言，根据"服务器标准"，在判断机顶盒提供视频播放的行为属于网络技术服务提供行为还是属于网络内容服务提供行为时，应当判断机顶盒提供的视频是否存在于机顶盒本身。如果视频存在于机顶盒上，则属于网络内容服务提供者；反之，则属于网络技术服务提供者。而根据"用户感知标准"，则应当根据用户对机顶盒提供视频播放服务的外在表现来判断，如果机顶盒生产商提供的是网络技术服务，但用户根据观看视频的外在表现有理由误认为视频是由机顶盒本身提供时，同样认为机顶盒生产商属于网络内容服务提供者。

除上述两个标准之外，理论上还有"实质替代标准""新公众标准"等判断模式。

机顶盒生产商提供的是网络内容服务还是网络技术服务，直接影响对其责任的认定。如果机顶盒生产商属于网络内容服务提供者，将承担信息网络传播权的直接侵权责任；如果机顶盒生产商属于网络技术服务提供者，主要根据机顶盒生产商对侵权事实是否存在主观过错，再进一步判断其是否与直接侵权人构成共同侵权。根据《最高人民法院关于审理侵害信息网络传播权民事纠纷案件适用法律若干问题的规定》第 10 条的规定："网络服务提供者在提供网络服务时，对热播影视作品等以设置榜单、目录、索引、描述性段落、内容简介等方式进行推荐，且公众可以在其网页上直接以下载、浏览或者其他方式获得的，人民法院可以认定其应知网络用户侵害信息网络传播权。"根据第 11 条第 1 款的规定："网络服务提供者从网络用户提供的作品、表演、录音录像制品中直接获得经济利益的，人民法院应当认定其对该网络用户侵害信息网络传播权的行为负有较高的注意义务。"实践中，部分机顶盒生产商仅从事生产业务，也有部分机顶盒生产商同时也是销售商，需要结合具体案件事实区别对待。

本节精选 4 个机顶盒侵权纠纷的案例，从不同角度分析机顶盒侵权纠纷中的问题。其中，包括机顶盒内置应用提供侵权视频的责任认定、机顶盒内置应用链接提供侵权视频的责任认定、分别生产销售机顶盒侵权案件中责任主体的认定以及共同生产销售机顶盒侵权案件中责任主体的认定等问题。当然，机顶盒只是该类硬件中的一种，其他硬件同样可以通过内置应用程序或者链接的方式提供视频，但本质相同，如投影仪等。

一、内置应用软件开发者的直接侵权

【基本案情】

《快乐大本营》是一档广受喜爱的综艺节目，其著作权人湖南广播电视台将其信息网络传播权独家授权给快乐阳光公司，期限为 2006 年 6 月 30 日至 2016 年 6 月 30 日。丽彩云投公司在其生产、销售的投影仪（以下简称"涉案产品"）中选择魔力视频作为预置的视频软件，并在涉案产品的宣传推广中以提供海量影视大片资源作为宣传卖点。通过魔力视频软件可以观看《快乐大本营》节目。快乐阳光公司认为，该行为侵害了快乐阳光公司对涉案作品享有的信息网络传播权。丽彩云投公司应知魔力视频的侵权情况，未尽到合理的注意义务，存在过错，其行为构成帮助侵权，故诉至法院请求被告停止侵权并赔偿损失。

【争议焦点】

丽彩云投公司的行为是否构成帮助侵权。

【裁判梳理】

丽彩云投公司系涉案产品的生产者和销售者，其行为若构成帮助侵权需要符合如下要件：一是存在直接侵权行为；二是存在帮助行为；三是帮助行为客观上使直接侵权行为易于实施。

关于是否存在直接侵权的问题，魔力视频未经许可将涉案作品上传至信息网络中，使用户在个人选定的时间和地点获得涉案作品系直接侵害涉案作品信息网络传播权的行为属于直接侵权。

关于丽彩云投公司是否存在帮助行为的问题，丽彩云投公司在其生产、销售的涉案产品中预置魔力视频软件，并以"海量影视大片资源内置安卓4.2智能操作系统，十余万部影视资源随时心看"作为其宣传点，可见其知晓涉案产品中预置的魔力视频提供海量视频资源，对相关软件提供作品的内容负有高度的注意义务。故丽彩云投公司虽未直接提供涉案作品，但其应知涉案侵权行为存在的情况下予以放任，主观上具有过错，属于帮助他人实施侵害信息网络传播权行为。

关于丽彩云投公司的行为是否客观上使直接侵权行为易于实施的问题，丽彩云投公司在其生产、销售的涉案产品中预置魔力视频软件并宣传的行为，客观上使得魔力视频软件的侵权范围扩大，通过其对涉案产品的销售使得魔力视频软件对涉案作品的侵权行为易于实施。

综上，丽彩云投公司的行为构成帮助侵权，应当承担连带责任。关于具体赔偿数额，法院综合考虑快乐阳光公司获得涉案作品信息网络传播权的授权期限、涉案作品的知名度、丽彩云投公司的侵权情节、侵权行为持续的时间等因素酌情判定，并根据案件难易程度及律师出庭情况酌情确定原告维权支出。

【裁判要旨】

机顶盒生产者在产品中预置软件，如果其应知软件中包含侵权内容，却予以放任，那么该行为客观上使侵权范围扩大、侵权行为易于实施，构成帮助侵权。

【案号】

（2019）京 73 民终 3330 号

相似案例： "电视猫视频" 软件提供在线播放服务：《非常靠谱》侵权纠纷案。

【基本案情】

《非常靠谱》系由隶属于湖南广播电视台的湖南卫视打造的一档节目，以趣味解读姓氏文化为内容，一经播出广受好评。2011 年，上海千杉公司经营的"电视猫视频"机顶盒端未经许可提供《非常靠谱》第 20121021 期的在线播放服务，湖南广播电视台认为该行为侵害其作品信息网络传播权，以千杉公司为被告提起诉讼，要求被告立即停止侵权并赔偿损失。

【争议焦点】

千杉公司的被诉侵权行为是否侵害湖南广播电视台的信息网络传播权。

【裁判梳理】

涉案作品片尾载明"湖南卫视版权所有"字样，被告未提供足以反驳的相反证明，故原告湖南广播电视台依法对涉案节目享有包括信息网络传播权在内的著作权。原告有公证书等证明千杉公司通过信息网络提供涉案作品，千杉公司主张其仅提供单纯的搜索和链接服务，播放页面虽显示有第三方标识，但点击播放时未见网页跳转或网页地址变更，千杉公司亦未提交证据证明涉案作品播放页面的网页地址和涉案作品的真实播放源，即未能证明涉案作品是链接于第三方网站。网络用户通过"电视猫视频"软件，可以实现涉案作品的正常观看，该软件为网络用户提供除权利人许可的播放渠道外的另一个效果完全相同的获得作品的渠道，使作品脱离权利人的控制，是未经权利人许可而向网络用户提供作品的行为。故被告未经许可通过信息网络提供原告享有信息网络传播权的涉案作品的行为侵害原告的信息网络传播权。

【裁判要旨】

网络用户通过涉案软件，可以实现涉案作品的正常观看，该软件为网络用户提供除权利人许可的播放渠道外的另一个效果完全相同的获得作品的渠道，使作品脱离权利人的控制，是未经权利人许可而向网络用户提供作品的行为，侵害原告的信息网络传播权。

【案号】

（2019）湘知民终 467 号

二、机顶盒内置应用链接侵权视频的责任认定

【基本案情】

快乐阳光公司经授权获得综艺节目《天天向上》的独家信息网络传播权。同方公司生产了"清华同方灵悦 3 智能电视宝"机顶盒，该机顶盒中内置的兔子视频平台，可实现影视点播功能，用户可以通过该机顶盒点播《天天向上》节目。快乐阳光公司认为，同方公司的上述行为未经授权，侵犯其合法权益，于是以侵犯信息网络传播权为由向法院提起诉讼，请求法院判令同方公司停止侵权并赔偿经济损失。

【争议焦点】

同方公司是否应当对兔子视频平台提供涉案节目的行为承担责任。

【裁判梳理】

首先，该案被诉行为是同方公司在其机顶盒上绑定兔子视频软件以向用户提供被诉内容的行为，而兔子视频平台提供被诉内容的行为构成侵权是被诉行为构成侵权的前提。对于信息网络传播行为标准的确定，应以其文字含义及立法渊源为基础，在法律无明确规定的情况下，对于法律规定的具体理解，可参考该规定的立法渊源。法院认为，无论是基于对《著作权法》第 10 条第 12 项立法渊源的理解，还是基于司法实践中的做法，对于信息网络传播行为的理解均应采用服务器标准，而非用户感知标准。

其次，判断兔子视频平台提供被诉内容的行为是否属于信息网络传播行为，关键因素在于被诉内容是否存储于兔子视频平台的服务器中。该案中，虽然用户通过点击兔子视频平台页面中的相关图标即可进入播放页面，该播放页面系全屏显示，并未被嵌入在被链接网站的页面下，但不可忽视的是，在这一过程中，存在一个跳转页面，该页面中显示有被链接网页。故法院认为兔子视

频平台提供的被诉内容系来源于其他网站，而非来源于兔子视频平台的服务器。据此，兔子视频平台提供被诉内容的行为属于链接服务，而非信息网络传播行为。

最后，兔子视频平台提供的链接服务虽并不构成直接侵犯信息网络传播权的行为，但因其客观上对于被链接网站内容的传播起到帮助作用，故依据上述规定，该行为将可能构成共同侵权行为。鉴于兔子视频平台提供者知晓被链接网站中存在被诉内容，其对于该内容是否为合法传播负有认知义务，因此，在被诉内容系未经快乐阳光公司许可而传播的情况下，兔子视频平台提供者应对此有所认知，但却仍然提供被诉内容的链接服务，其主观状态属于应知，故该行为构成共同侵权行为。

同方公司生产的涉案机顶盒中的标注字样表明，同方公司向社会公众公示其系兔子视频平台的开发者。即便上诉人并非开发提供者，法院足以认定上诉人与兔子视频平台提供者就传播内容方面具有密切合作关系。因此，同方公司构成共同侵权行为。

【裁判要旨】

机顶盒制造者是否构成共同侵权，要以其内置软件中提供的内容是否侵权为前提。对于信息网络传播行为的理解应采用服务器标准，当内置软件提供视频的行为侵犯著作权方权利时，机顶盒制造者若为内置软件的开发者或者与其内置软件的提供者有密切合作关系，则共同侵权应成立。

【案号】

（2015）京知民终字第 559 号

三、宽带服务提供商的角色与侵权认定

【基本案情】

《爸爸去哪儿》是湖南卫视推出的一档热播综艺节目，快乐阳光公司对该节目享有开发经营权。"大麦极清盒"是时代宏远公司生产，并提供给长城公司和长城公司长沙分公司捆绑销售的电视机顶盒。2015 年 1 月，"大麦极清盒"提供涉案作品《爸爸去哪儿》第一季共 12 期的点播服务。

快乐阳光公司认为，时代宏远公司、长城公司和长城公司长沙分公司未经许可，通过其向用户提供的"大麦极清盒"，提供涉案作品的在线播放服务，使公众能够在个人选定的时间和地点以点击播放的方式获得涉案作品，侵犯其享有的信息网络传播权，于是将上述三公司诉至法院。

【争议焦点】

三被告是否实施侵害《爸爸去哪儿》第一季信息网络传播权的行为。

【裁判推理】

法院认为，长城公司与长城公司长沙分公司之间系共同的业务分工关系，长城公司长沙分公司接受长城公司指派所进行的安装调试及收款行为，系代长城公司履行合同，其行为后果应由该行为的组织管理者即长城公司承担。

快乐阳光公司公证保全的"大麦极清盒"的购买、安装操作等行为表明，"大麦极清盒"在不转移所有权的情况下，由长城公司交付宽带用户使用，长城公司还负责保证"大麦极清盒"的正常使用和维修。"大麦极清盒"内嵌视频软件，用户通过"大麦极清盒"及其内嵌的视频软件，可搜索、观看涉案作品。

被告依据其提供的合作协议主张涉案作品系案外人银河互联网电视有限公司提供，有合法来源。对此，法院认为，著作权法意义上的"合法来源"，指的是作品著作权人授权及许可。合作协议未具体涉及《爸爸去哪儿》第一季的权利来源，故而不构成合法来源的依据。此外，现有证据显示，该案中由时代宏远公司生产、长城公司所有的"大麦极清盒"，系内嵌播放平台软件和内容平台软件的互联网电视终端设备，用户通过"大麦极清盒"可获得涉案作品。

虽然时代宏远公司没有提交与长城公司之间合作模式的相关证据，但是现有证据可以证明两被告通过经营"大麦极清盒"获得互联网电视信息服务费、终端开机广告的经营权等直接利益，以及促进其宽带业务的销售等间接利益。故长城公司以及时代宏远公司均系"大麦极清盒"的所有者和经营者，其应对通过"大麦极清盒"传播的作品承担相应的法律责任。

综上，长城公司、时代宏远公司在未经快乐阳光公司许可的情况下，通过其向用户提供的"大麦极清盒"，提供涉案作品的在线播放服务，使公众能够在个人选定的时间和地点以点击播放的方式获得涉案作品，构成对涉案作品的信息网络传播权的侵害。

【裁判要旨】

机顶盒的生产者和经营者均应对传播侵权作品承担相应的法律责任。未经许可提供涉案作品的在线播放服务，使公众能够在个人选定的时间和地点以点击播放的方式获得的涉案作品，构成对涉案作品的信息网络传播权的侵害。

【案号】

（2017）湘民终 48 号

四、机顶盒生产商和销售商的侵权责任

【基本案情】

央视国际公司发现，金亚太公司及美如画公司生产、销售的"美如画 V8 机顶盒"通过互联网向用户提供电视"直播""回播"服务，涉及的电视频道有 CCTV－1、CCTV－2 等共计 24 套。涉及的电视节目有 2010 年春节联欢晚会、中国新闻、精彩音乐汇等。央视国际公司称，其经中央电视台授权，取得以上所有电视频道电视节目之独占性的通过信息网络向公众传播、广播、提供之权利。央视国际公司认为，金亚太公司、美如画公司未经授权即进行以上电视频道和电视节目的"直播""回播"服务，是对其公司著作权及相关权利的故意侵害，于是，以侵犯著作权和不正当竞争为由，请求被告立即停止侵权并赔偿经济损失。

【争议焦点】

金亚太公司、美如画公司是否构成共同侵权。

【裁判推理】

金亚太公司主张其仅生产高清电视机顶盒的硬件，出厂时并未加装侵权软件，涉案机顶盒是美如画公司加装第三方软件导致侵权，金亚太公司并未实施侵权行为。

法院认为，金亚太公司与美如画公司签订的品牌经营委托协议中载明，"甲（金亚太公司）乙（美如画公司）双方本着互利互惠、真诚合作的原则，甲方委托乙方承担起 MYGICA 美如画商标品牌产品及服务的策划、推广和销售等整体品牌经营工作""本协议生效后，由甲乙双方共同对美如画产品进行

选型、开发；由乙方负责美如画产品的市场策划、推广，并由乙方向其直接客户销售美如画产品""产品的选型根据市场、销售期、销售量等因素由乙方负责制定，经甲方最终确认后定案和执行。甲乙任何一方均有权行使否决权""产品的规格、包装、说明书、光盘版面等由乙方负责设计、撰写、制定，经甲方最终确认后定案和执行。甲乙任何一方均有权行使否决权"，金亚太公司与美如画公司合作，委托美如画公司对涉案机顶盒进行策划、推广和销售。

在合作过程中，金亚太公司主要负责生产开发涉案机顶盒，而美如画公司进行协助并策划推广销售涉案机顶盒，双方共同对涉案机顶盒进行选型、开发，金亚太公司对此拥有最终确认权，双方均可以行使否决权，且金亚太公司和美如画公司对销售涉案机顶盒共同进行利益分成。由此可见，金亚太公司与美如画公司合作共同生产、销售涉案机顶盒。

此外，通过 ICP/IP 备案系统查询可知，美如画公司销售涉案机顶盒网站的备案企业为金亚太公司，金亚太公司亦注册"美如画"商标并使用在涉案机顶盒外包装上，金亚太公司授权美如画公司其 MYGICA 美如画商标品牌产品独家经营权。可见，金亚太公司与美如画公司关系密切，对外亦不刻意区分彼此。

通过上述事实可以认定，金亚太公司与美如画公司合作共同生产、销售涉案机顶盒，该产品在接入互联网后自动实现同步直播电视功能及回看电视功能，构成共同侵权，应当承担连带赔偿责任。

【裁判要旨】

被告两公司合作共同生产、销售涉案机顶盒，该产品在接入互联网后自动实现同步直播电视功能及回看电视功能，构成共同侵权。

【案号】

（2015）京知民终字第 1324 号

五、法理分析

本节案例从不同角度梳理和分析了机顶盒提供视频引发的著作权侵权纠纷。从案件的审理思路来看，针对机顶盒提供视频侵权案件的裁判思路主要有以下三个要点：其一，若机顶盒生产商提供的是网络内容服务，直接侵犯视频权利人的信息网络传播权；其二，在对责任承担形式进行认定时，基本形成以"服务器标准"为主、以"用户感知标准"为辅的认定模式；其三，判断机顶盒生产商是否存在共同侵权行为时，证据规则发挥十分重要的作用，机顶盒生产商一般很难提交证据证明所提供视频的原地址和真实播放源。以上思路是相辅相成、互相关联的。

司法裁判中基本以"服务器标准"来认定机顶盒生产商的侵权责任，因为"服务器标准"相比"用户感知标准"而言，是更加客观的侵权责任认定标准，也是知识产权法律中"技术中立"原则的要求。该点在《最高人民法院关于审理侵害信息网络传播权民事纠纷案件适用法律若干问题的规定》中也有所体现。但有一种情形比较特殊，即机顶盒生产商采取的是特殊链接的方式提供视频播放服务，此种情况下，虽然用户观看的是其他播放源播放的视频，但显示的链接和地址没有变化，如果机顶盒生产商不能提出相反证据，将认定其承担直接侵权责任。伴随着商业模式的不断创新，互联网上的作品的传播方式不断推陈出新。针对信息网络传播行为的判断，应当考虑技术革新这一因素，以服务器标准为主，以用户感知标准和实质替代标准为辅。

当符合直接侵权责任的前提条件时，具体的侵权类型应当为信息网络传播权侵权。网络用户通过机顶盒中的内置应用程序或者链接，可以实现涉案视频的正常观看。该应用程序或者链接为机顶盒用户提供除权利人许可的视频播放渠道外的另一个获得视频的渠道，使视频脱离权利人的控制，属于未经权利人许可而向网络用户提供视频的行为，使公众能够在个人选定的时间和地点以点击播放的方式获得的涉案作品，构成对涉案作品的信息网络传播权的侵害。

当不符合直接侵权责任的前提条件时，需要判断机顶盒生产者是否构成共同侵权，此时要以机顶盒内置应用程序或者链接中提供的内容是否侵权为前提。当内置软件提供视频的行为侵犯著作权方权利时，机顶盒生产者如果为内置应用程序的开发者或者与其内置应用程序的提供者有密切合作关系，则共同侵权应成立。成立共同侵权要求机顶盒生产者对侵权事实具有主观过错，主要通过机顶盒生产者的注意义务来判断，应当与其对播放内容的控制力、基于播放内容的获利、制止侵权的措施等相适应。而且，机顶盒的生产者和销售者均应当对传播侵权作品承担相应的法律责任。如果生产者和销售者是以合作的形式共同生产、销售涉案机顶盒，该产品在接入互联网后自动实现同步直播电视功能及回看电视功能等，构成共同侵权。

　　通过分析本节案例我们可以发现，司法实践大多以机顶盒生产者不能举证证明视频来源于第三方网站为由，认定机顶盒生产者属于网络内容提供者，而非网络技术提供者。如何依据举证规则判定机顶盒提供的是搜索链接服务，机顶盒的哪种技术模式可以被认定为搜索链接服务，将成为影响裁判结果的关键性问题。

　　总而言之，机顶盒内置的视频聚合软件和链接指向的视频资源浩如烟海，可以为用户节省很多的检索时间。但是，由于各大视频网站购买视频资源需花费较大的经济成本，机顶盒在给用户带来便利的同时，其生产者对内置应用程序和链接应当尽到审慎的注意义务，避免内嵌软件或者链接中有如"红旗"一样明显的侵权栏目。若需播放其他网站的视频，应当经过其许可及付费。另外，根据我国广播电视总局的要求，通过机顶盒向电视机终端用户提供视听节目服务，必须取得《信息网络传播视听节目许可证》。

第二节　三网融合背景下点播与回看的行为性质

　　在三网融合的时代，互联网和多媒体技术的发展催生互联网电视的出现，互联网电视是集计算机互联网、广播电视传输网、电信传输网于一体的新型传播技术，其给用户带来便利的同时也会引发相关著作权侵权纠纷。因此，亟须对互联网电视相关著作权法律问题进行深入研究，以维护娱乐节目权利方的合法权益。

　　与传统电视模式不同，互联网电视是指以传统互联网或移动互联网为传输网络，以电视机为接收终端，向用户提供视频及图文信息内容等服务的电视形态；与之相关的概念，交互式网络电视（IPTV），是由电信运营商负责业务运营，由广播电台、电视台提供内容，利用宽带传送电视信息实现直播、点播和回看的服务。从互联网电视利用的技术方式来看，主要包括两种模式：第一种是"智能电视＋机顶盒"模式，通过机顶盒的内置软件或者链接为用户提供视频播放服务，此种模式下的著作权侵权法律问题在本章第一节中已经详细介绍，本节虽然也有涉案行为使用机顶盒，但更侧重通过机顶盒点播 IPTV 电视节目；第二种是"电视一体机"模式，不需要借助机顶盒，通过专门的智能电视就可以单独完成。这两种模式的技术手段虽有不同，但在认定行为侵权的问题上并无差异。

互联网电视模式下娱乐节目著作权方的维权中主要存在以下难点：被互联网电视技术传播的娱乐节目视频是否属于受《著作权法》保护的作品；IPTV 业务模式是否侵犯娱乐节目著作权方的权利，其"回看"服务能否构成合理使用；利用 IPTV 业务模式对娱乐节目进行"点播"的行为是信息网络传播行为还是广播行为，侵犯的是信息网络传播权还是广播权；IPTV 业务的运营商、机顶盒的生产商和销售商以及相关合作方分别属于直接侵权还是间接侵权，各自的侵权责任应当如何认定；等等。这些问题关乎着互联网电视模式下娱乐节目著作权方的合法权益能否得到维护，部分难点在理论界尚存在较大争议，这在实务中也有所体现。

IPTV 回看模式与点播模式在技术上有所差别。IPTV 回看模式是对电视近期内播出的直播节目，由用户通过向服务器发出指令来实现选择性收看。IPTV 回看模式一般具有比较严格的时间限制，用户只能在一定且较短的期限内选择观看曾经播出的直播节目。而 IPTV 点播模式是事先将节目录制并存储在服务器中，提供影视剧或其他各种节目供用户选择性收看，点播节目的数据信息长期存储在网络服务器上，用户可以随时随地进行点播。无论是回看模式还是点播模式，都可能引发侵权纠纷。

本节精选 2 个案例，对案件事实、争议焦点以及裁判思路进行介绍，并对其进行详细梳理与分析。

一、IPTV 点播与回看的行为性质

【基本案情】

长江龙公司是江苏卫视旗下知名综艺节目《非诚勿扰》的著作权人。2011 年，在电信广东分公司、电信广州分公司开展的互联网宽带业务中，宽带用户可用配送专用机顶盒收看并点播 IPTV 电视节目。在未经长江龙公司授权许可的情况下，机顶盒在节目栏中提供《非诚勿扰》节目的点播及播放。

据查，上述 IPTV 业务系由百视通公司运营。长江龙公司认为，该行为严重侵害其信息网络传播权。于是以侵害信息网络传播权为由向法院提起诉讼，请求法院判令电信广东分公司、电信广州分公司、百视通公司连带赔偿经济损失。

【争议焦点】

（1）综艺节目《非诚勿扰》是否构成作品；

（2）IPTV"点播"服务是否侵害长江龙公司的权利。

【裁判推理】

（1）综艺节目《非诚勿扰》是否构成作品

首先，以类似摄制电影的方法创作的作品，是指摄制在一定介质上，由一系列有伴音或者无伴音的画面组成，并且借助适当装置放映或者以其他方式传播的作品。该案中，涉案电视节目《非诚勿扰》以婚恋交友为主题，经过节目环节的策划和编排，选定导演、主持人、男女嘉宾。虽然过程和结果都是开放式的，但制作方配备制作团队，选择拍摄场地，通过摄影、录音、剪辑、合成等创作活动，制作各具特色的 VCR。涉案电视节目是在介质上制成的一系列有伴音的相关画面，凝聚多方面的创造性劳动，具有一定的独创性，是能以有形形式复制的智力成果。涉案电视节目的制作和播放与电影的摄制过程相似，可以认定涉案电视节目《非诚勿扰》属于以类似摄制电影的方法创作的作品。

其次，作品的著作权属于作者，如无相反证明，在作品上署名的自然人、法人或者其他组织为作者；以类似摄制电影的方法创作的作品的著作权由制作者享有；著作权自作品创作完成之日起产生。该案中，根据涉案电视节目片尾署名及江苏省广播电视总台所出具的证明，在被告没有提交相反证据的情况下，可以认定长江龙公司为涉案电视节目的著作权人，系该案适格的原告。

（2）IPTV"回看"服务是否侵害长江龙公司的权利

电信广州分公司的 IPTV 客户在机顶盒接入互联网后，通过遥控操作，可在线以点播的方式收看涉案《非诚勿扰》节目，该行为属于长江龙公司对该节目所享有的信息网络传播权控制的范围。百视通公司经过原国家广播电影电视总局（现为国家广播电视总局）的批准，取得以电视机为接收终端的信息网络传播视听节目业务。而电信广州分公司经过原国家广播电影电视总局的批准，取得 IPTV 的传输服务。百事通公司与电信广东分公司通过履行关于 IPTV

业务的合作协议和 IPTV 业务合作补充协议而合作共同经营 IPTV 业务，具体表现为，IPTV 平台架构主要分为"内容运营平台"和"媒体传输平台"，两者通过对接而实现 IPTV 业务功能。内容运营平台完成电子节目导视系统制作和管理、内容处理与发布；媒体传输平台完成用户身份识别、流量结算、信号分发、网络运维支撑等功能。百事通公司经原国家广播电影电视总局批复具备集成播控平台资质，负责 IPTV 内容运营平台管理和经营业务。电信广东分公司、广州分公司作为 IPTV 业务的网络运营商负责 IPTV 媒体传输平台业务。两公司提供的媒体传输平台与百事通公司提供的内容运营平台对接，该对接并非一般意义上的自动接入、自动传输服务。IPTV 业务的具体运营由电信广州分公司与用户签订 IPTV 使用合同，并向 IPTV 用户收取使用费。IPTV 用户收看视频节目的具体流程为，在设备处于开机状态下，用户操作遥控器，遥控器控制机顶盒，机顶盒通过电信宽带网络线路将指令发到 IPTV 媒体传输平台的页面服务器，页面服务器根据指令搜索节目，接收内容运营平台信号，并向机顶盒下发相关的页面代码，通过机顶盒解码后在电视机上播出视频节目。据此，法院认定百事通公司与电信广东分公司通过分工合作，共同经营 IPTV 业务，共同获取并分配由此获得的经济利益。电信广州分公司未经长江龙公司许可，向 IPTV 用户提供涉案节目在线点播观赏服务。百事通公司与电信广东分公司、广州分公司共同侵犯权利人对涉案节目所享有的信息网络传播权。

根据 2018 年修改的《公司法》第 14 条的规定，"分公司不具有法人资格，其民事责任由公司承担"，故电信广东分公司、广州分公司的赔偿责任应由中国电信股份有限公司承担，经法院释明，长江龙公司明确表示不追加中国电信股份有限公司为被告，故法院仅判令百事通公司承担赔偿责任，百事通公司承责后，可依该判决另行向中国电信股份有限公司主张权利。

【裁判要旨】

IPTV 用户在机顶盒接入互联网后，通过遥控操作，可以在线点播的方式收看视听作品，该行为属于著作权人信息网络传播权控制的范围。

【案号】

（2014）穗中法知民初字第 133 号

二、电信运营商共同侵权的判断

【基本案情】

《综艺盛典》是中央电视台综艺频道在 2012 年 9 月推出的一档大型直播综艺栏目，由张蕾主持。中央电视台作为涉案作品《综艺盛典：这箱有礼特别节目》的出品方，依法享有涉案作品的完整著作权，未来电视公司经合法授权取得涉案作品的信息网络传播权，并有权以自己名义进行维权诉讼。

未来电视公司发现银河公司、大象公司、河南移动公司联合运营的互联网电视平台上，通过浪潮公司生产制造的"inspur 浪潮"设备（型号为 IPBS7200 的"高清网络电视机顶盒"）向公众提供涉案作品。因此，未来电视公司认为，上述 4 家公司的侵权行为不仅严重侵害其合法权益，更对涉案作品的社会传播带来严重的不良影响，因此诉至法院并要求上述 4 家被告赔偿经济损失。

【争议焦点】

（1）被诉侵权行为是否落入原告主张的权利范围；

（2）涉案节目的性质；

（3）被告是否构成共同侵权。

【裁判推理】

（1）被诉侵权行为是否落入原告主张的权利范围

根据中央电视台及央视国际公司出具的相关的授权书，原告未来电视公司对于涉案节目享有互联网电视端的信息网络传播权。被告主张，目前互联网电视业务并未取得直播权限，其提供的"直播 + 回看"模式属于 IPTV 业务，原告授权范围并不包括 IPTV，故该案被控侵权行为所涉及的业务不在原告授权范围内。

对此法院认为，三被告的该抗辩主张不能成立，理由如下。

首先，IPTV 业务的开展应当取得 IPTV 集成播控平台、IPTV 内容服务平台和 IPTV 传输服务三项许可，即三方均需取得相应许可后方可对接开展该项业务。

其次，虽涉案业务既能提供点播内容也能实现对电视节目的直播及回看，但对于该业务是否属于IPTV，应结合相关政策法规及该业务的具体模式加以认定。

最后，是否存在直播也不是划分互联网电视业务和IPTV业务的依据，原告有权以被诉侵权行为主张权利，是源于央视国际公司的授权。综上，被告提出被诉侵权行为所涉及的业务未落入原告的权利范围的主张，不能成立。

（2）涉案节目的性质

涉案节目《综艺盛典：这箱有礼特别节目》系对舞台表演进行录制，导演、摄像对素材的选择、拍摄、编排等方面的个性化选择有限，该节目所体现的独创性尚不足以达到《著作权法》规定的以类似摄制电影的方法创作的作品的程度。录像制品，是指电影作品和以类似摄制电影的方法创作的作品以外的任何有伴音或者无伴音的连续相关形象、图像的录制品，故涉案节目应认定为录像制品。依据我国《著作权法》的相关规定，录音录像制品是信息网络传播权保护的客体。中央电视台是涉案节目的制作者，原告在提起诉讼时已取得涉案节目的有效授权，享有涉案节目的信息网络传播权。

（3）被告是否构成共同侵权

原告主张被告构成以分工合作的方式共同提供涉案节目，系共同侵权，应承担连带责任。根据《最高人民法院关于审理侵害信息网络传播权民事纠纷案件适用法律若干问题的规定》的规定，网络服务提供者，与他人以分工合作等方式共同提供作品、表演、录音录像制品，构成共同侵权行为的，人民法院应当判令其承担连带责任。涉案节目的提供并非由被告大象公司独立完成，而是由被告河南移动公司与银河公司、大象公司以分工合作的方式共同完成，理由如下。

首先，被告虽未共同签订合同，各方在合同中约定的权利义务也不尽相同，但对于河南移动公司开展的业务所涉内容及业务性质，三方理应知晓并从中获益。同时，河南移动公司所负的义务显然并非其所主张仅提供网络传输服务；银河公司在提供视频点播内容及服务之外亦负有对点播节目的集成播控及互联网电视业务EPG界面的设计、制作、管理、发布等义务。

其次，涉案业务本身既包括直播内容也包括点播内容，该项业务作为整体不可分割，其对用户的吸引及利益获取亦源于此。同时，银河公司、大象公司与河南移动公司均参与平台运营并从该业务分享利益，可以认定，三被告不仅存在分工合作的主观意思，且在内容合作与审核、利益共享与分配等方面有着紧密的联系，通过分工合作，实现涉案作品的提供。

综上，三被告未经许可，以分工合作的方式，通过播放平台，向公众提供涉案节目的在线播放，构成共同侵权，故应依法承担连带责任。被告浪潮公司是机顶盒生产方，原告没有证据证明浪潮公司参与平台运营、获得利益分成，因此被告浪潮公司不承担责任。

【裁判要旨】

网络服务提供者，与他人以分工合作等方式共同提供作品、表演、录音录像制品，构成共同侵权行为的，人民法院应当判令其承担连带责任。该案中的三被告不仅存在分工合作的主观意思，且在内容合作与审核、利益共享与分配等方面有着紧密的联系，通过分工合作，实现涉案作品的提供，构成共同侵权。

【案号】

（2017）津 0116 民初 1592 号

三、法理分析

本节 2 个案例都是互联网电视模式下娱乐节目权利方维权的典型案例，分别涉及 IPTV 点播业务的性质、IPTV 回看模式是否侵权以及互联网电视案件中共同侵权的认定。

IPTV 点播业务构成信息网络传播权的控制范围，直播业务属于广播权的控制范围。但是，"限时回看"服务不同于直播和点播，它为用户提供一种回溯式、可重复的观看体验，用户通过点击"回看"按钮即可在相应时间段内按照其选定的时间和地点在线观看侵权作品，虽然该行为与信息网络传播行为的特征更加接近，但也应同时注意到，IPTV 模式下的回看具有"限时""限网络""限地域"的特征，就现有产业实践来看，一般 IPTV 运营商提供的回看时长为节目播出后的 36～72 小时，限 IPTV 专网用户在指定的省份范围内。IPTV 限时回看业务与通常的内容服务提供者所提供的在线播放服务有所区别。司法实践中，部分法院将"限时回看"认定为信息网络传播权的控制范围，但也有部分法院认为"限时回看"应为广播权的延伸，回看的内容与服务器中的缓存文件具有相似性质。考虑到我国"三网融合"的战略背景以及 IPTV

业务对社会公众的价值，将"限时回看"认定为广播权的延伸更有利于三网融合相关产业的发展。但是，行政监管部门有必要在推动 IPTV 业务发展的同时，通过行政规章来限定 IPTV 运营商提供回看业务的时长，避免回看时间过长而影响到其他权利主体的利益。

关于娱乐节目性质的认定以及其是否属于《著作权法》规定的作品，涉案娱乐节目需要经过节目环节的策划和编排，选定演员，配备制作团队，选择拍摄场地，以及摄影、录音、剪辑、合成等创作活动，凝聚多方面的创造性劳动，具有一定的独创性，且是能以有形形式复制的智力成果。此点已在本书第一章中详细介绍过，不再赘言。依据《著作权法》的基本原理，如果行为人在未经著作权人的许可和缺乏法律依据的情况下实施受著作权专有权利控制的行为，即构成对著作权的直接侵权。

对于 IPTV 点播业务在未获得任何授权即向用户传播视频作品的行为侵害著作权人何种权利的问题，在理论上存在较大争议。但通过本节案例的裁判思路来看，根据信息网络传播权没有时间和地域限定的特征，如果 IPTV 供用户回看、点播的内容是没有被著作权人许可的作品内容的话，则有可能落入信息网络传播权的调整范畴，构成侵害信息网络传播权。主要依据是现行《著作权法》第 10 条第 12 项的规定："信息网络传播权，即以有线或者无线方式向公众提供作品，使公众可以在其个人选定的时间和地点获得作品的权利。"《最高人民法院关于审理侵害信息网络传播权民事纠纷案件适用法律若干问题的规定》第 2 条规定："本规定所称信息网络，包括以计算机、电视机、固定电话机、移动电话机等电子设备为终端的计算机互联网、广播电视网、固定通信网、移动通信网等信息网络，以及向公众开放的局域网络。"

若在软件播放页面中，存在跳转页面且显示有被链接网页，可以认定软件所提供的是链接服务，不构成直接侵权，进而根据是否具有主观过错认定是否构成帮助侵权。互联网电视设备生产者至少应当尽到以下三个方面的审查和注意义务：播放软件明示运营者身份、联系方式及网络地址；播放软件片源或原始播放地址有明确的标识；播放软件内无明显侵权的栏目或明显能实现侵权的功能。在认定共同侵权时，在软件开发者构成直接侵权行为的情况下，若机顶盒制造者有预置软件并宣传软件的行为，应视为其"主观上应知侵权行为存在却予以放任"，构成帮助侵权；若机顶盒制造者与内置软件开发者或者提供者有密切合作关系，则应成立共同侵权。网络服务提供者与他人以分工合作等方式共同提供作品、表演、录音录像制品，且在内容合作与审核、利益共享与分配等方面有着紧密的联系，构成共同侵权。

互联网电视模式下娱乐节目侵权纠纷较传统著作权纠纷更复杂，涉及信息网络传播权、帮助侵权、共同侵权的认定。实践中，机顶盒内置软件未经许可对娱乐节目的点播、回放服务广泛存在，因此，对互联网电视模式下娱乐节目知识产权的保护十分必要。分析和研究既有案例的成熟裁判经验，对于推动我国互联网电视法律保护问题的研究具有重要意义。希望本节内容对于互联网电视法律风险防范机制的建立、促进我国互联网电视产业的繁荣和新传媒产业的发展有所增益。

第三节　网络实时直播或转播娱乐节目

近年来，流媒体技术、互联网技术以及其他硬件技术发展迅速，加之国家政策的大力支持，对人们的文化娱乐生活产生各种各样的影响。网络实时直播和转播的出现，深刻地改变着人们观看娱乐节目的方式，但同时，一些未经授权或者授权不完整的网络实时直播和转播娱乐节目引发一系列著作权侵权纠纷。长期以来，对于网络实时直播或者转播娱乐节目的行为，《著作权法》应该如何认定、对其采取何种保护方式，一直存在争议。

2020 年《著作权法》完成第三次修改，新修改的《著作权法》回应由于传播技术的发展给作品利用方式带来的变化。其中，关于广播权的修改，对规制网络实时直播或者转播娱乐节目的行为具有重要意义。

2010 年《著作权法》中关于广播权的规定来源于《伯尔尼公约》，根据原有规定，广播权所控制的行为只有三种：一是无线广播；二是以有线或者无线的方式对无线广播进行转播；三是公开播放接收到的广播。可见，2010 年《著作权法》中对广播权规定的是初始传播为无线广播的传播行为，对于网络直播或者转播等初始传播不属于无线广播的传播行为无法规制。此外，《著作权法》中规定的信息网络传播权规制的是交互式传播行为，要求用户能够在自己选择的时间和地点获得娱乐节目作品。但通过网络直播或者转播的方式获取娱乐节目作品，显然也不属于信息网络传播权控制的行为。

司法实践中，对网络直播或转播行为的判决依据是 2010 年《著作权法》第 10 条第（17）项"其他权利"的兜底性规定。北京市高院人民法院于 2016 年发布的《北京市高级人民法院关于涉及网络知识产权案件的审理指南》第 15 条规定对此也进行规定，"被告未经许可实施网络实时转播行为，原告依据著作权法第十条第一款第（十七）项主张追究被告侵权责任的，应予支持。"由于本节案例发生在 2020 年《著作权法》生效之前，故法院采取上述裁判思路。

2020 年修改的《著作权法》第 10 条第（11）项规定："广播权，即以有线或者无线方式公开传播或者转播作品，以及通过扩音器或者其他传送符号、声音、图像的类似工具向公众传播广播的作品的权利，但不包括本款第十二项规定的权利。"值得注意的是，2020 年《著作权法》中规定的广播权采取"以有线或者无线方式"的概括性规定，不再局限于初始传播为无线广播的行为，而是覆盖所有的单向传播行为。鉴于此，信息网络传播权与广播权的区别也显而易见，即信息网络传播权控制的是交互式传播行为，广播权控制的是非交互式传播行为。因此，在 2020 年修改的《著作权法》的框架下，如果未经节目权利方授权，采取网络直播或者转播的方式传播娱乐节目，构成侵犯作品广播权。

另外，应明确广播权与广播组织权的区别与联系。广播权属于著作权，广播组织权属于邻接权。前者保护的是作品，权利人是作品的著作权人，后者保护的是作品转播权益，权利人是广播组织。例如，电视台播放自己享有著作权的春节晚会，如果未经其允许被网络转播或者直播，电视台同时主张自己的广播权和广播组织权。而如果电视台播放的娱乐节目有其他人享有著作权，电视台仅可以主张其广播组织权受到侵害。

作为文娱行业的工作人员，了解网络直播或转播娱乐节目的行为性质，清晰界定何种行为侵犯节目著作权人的权利，不仅能够保护所制作节目的合法权益不被侵犯，而且能够在工作中避免不必要的著作权侵权纠纷发生。本节针对在互联网平台中进行网络实时直播或转播娱乐节目的纠纷，精选 5 个案例进行分析，供研究和参考。

一、移动应用实时转播作品的行为定性

【基本案情】

2016 年中央电视台春节联欢晚会（以下简称"央视春晚"）由中央电视台制作，并于 2016 年 2 月 7 日晚播出。央视国际公司经中央电视台授权，获得该节目的著作权。2016 年 2 月 7 日，央视国际公司发现，新感易搜公司开发的"云图 TV"应用程序中提供 2016 年央视春晚的播放服务。央视国际公司认为，新感易搜公司的上述行为侵犯其合法权益，遂以侵犯节目广播权为由，将新感易搜公司诉至法院。

【争议焦点】

云图 TV 提供的是否属于搜索链接服务？

【裁判推理】

首先，新感易搜公司的行为发生在 2016 年春节联欢晚会直播期间，通过网络播放的方式转播晚会。新感易搜公司虽主张其提供的是搜索链接服务，但其公司经营的"云图 TV"手机电视直播主动对涉案作品进行推荐，并非用户进行主动搜索的结果。

其次，在播放涉案作品时，显示来源网页地址并不完整，且在视频播放过程中，视频的来源网址发生变化。新感易搜公司既不能举证证明直接点击前述两个不完整网页地址可以播放涉案作品，也不能对视频播放中网页来源地址发生自动跳转进行合理解释，因此，新感易搜公司关于其提供的是搜索链接服务的抗辩意见不能成立。

最后，广播权是指以无线方式公开广播或传播作品，以有线传播或者转播的方式向公众传播广播的作品，以及通过扩音器或者其他传送符号、声音、图像的类似工具向公众传播广播的作品的权利。广播权的表现形式分为无线广播或传播行为、有线传播或转播行为、公开广播三种。该案中，涉案节目来源于中央电视台提供的信号源，涉案节目的初始传播为中央电视台的无线广播行为。新感易搜公司对涉案节目进行网络实时转播行为，属于广播权的调整范围，侵犯央视国际公司继受取得的广播权。

【裁判要旨】

如果被告以搜索链接服务作为抗辩事由，那么，应当提供证据予以证明。应当综合考虑播放作品时的来源网页地址、自动跳转情况、作品是用户主动搜索而呈现还是网络推荐呈现等多个因素予以确定。

【案号】

（2017）粤 03 民终 20760 号

二、广播权对网络直播行为的规制

【基本案情】

2012 年央视春晚由中央电视台制作完成，央视国际公司称其经中央电视台授权，取得了中央电视台所有电视频道电视节目之独占性的通过信息网络向公众传播、广播、提供之权利。2012 年 1 月 22 日，央视国际公司发现百度公司在其经营的百度网站（www.baidu.com）中，通过信息网络向用户提供中央电视台"CCTV-1 综合"之 2012 年央视春晚的网络在线直播。百度公司提供该服务并未取得央视国际公司的授权，央视国际公司认为，涉案节目是中央电视台和其花费巨大人力、物力和财力制作摄制并传播的，百度公司的行为侵犯其公司合法权益，故诉至法院要求判令百度公司赔偿经济损失。

【争议焦点】

（1）央视国际公司是否有权禁止他人对 2012 年央视春晚进行网络实时转播；

（2）涉案 2012 年央视春晚网络实时转播行为是否构成对央视国际公司著作权的侵犯，是否应承担赔偿责任。

【裁判梳理】

（1）央视国际公司是否有权禁止他人对 2012 年央视春晚进行网络实时转播

鉴于双方当事人对于涉案 2012 年央视春晚构成汇编作品并无异议，故应该判断网络实时转播行为是否属于该案适用的 2010 年《著作权法》第 10 条中相关权项的调整范围。

第一，鉴于网络实时转播行为不具有交互式特点，网络用户不能按照其所选定的时间或地点获得该转播内容，故其不属于信息网络传播权的调整范围。广播权调整三种行为——无线广播行为、有线转播行为以及公开播放广播的行为。其中无线广播为初始广播行为，后两种行为均是在接收到无线信号后对无线广播的转播。如其初始传播采用的是无线广播方式，则其属于广播权的调整范围；如果采用的是有线方式，则不属于广播权的调整范围。

第二，鉴于初始传播采用有线方式的网络实时转播行为无法采用广播权与信息网络传播权调整，故该行为是否属于《著作权法》第 10 条第（17）项控制的行为是该案中应予探讨的问题。通常而言，只有在对相关行为不予禁止将明显有失公平的情况下，才可以适用该条款。如果仅因该网络实时转播行为的初始传播行为采用的是有线方式，而非广播权中所规定的无线广播方式，从而认定此种网络实时转播行为不属于著作权法的调整范围，将意味着完全相同的两个传播行为仅因其采用的技术手段有所不同，而对侵权与否得出不同结论，这一结果显然有失公平。

第三，为尽量弥补广播权的立法缺陷，法院认为，对于网络实时转播行为而言，如果其所转播内容的初始传播行为采用的是无线方式，应适用《著作权法》第 10 条第（11）项的广播权予以调整；如其采用的是有线方式，则应适用《著作权法》第 10 条第（17）项的兜底条款予以调整。

综上所述，央视国际公司有权依据《著作权法》第 10 条第（12）项的规定，禁止他人实施对 2012 年央视春晚的信息网络传播行为，依据《著作权法》第 10 条第（11）项和第（17）项的规定，禁止他人实施对 2012 年央视春晚的网络实时转播行为。

（2）涉案 2012 年央视春晚网络实时转播行为是否构成对央视国际公司著作权的侵犯，是否应承担赔偿责任

百度公司主张该实时转播内容系来源于与其在百度应用平台项下合作的搜狐网站，其仅为搜狐网站的实时转播行为提供搜索链接服务。但是，现有证据无法证明涉案节目网络实时转播系源于百度公司与搜狐公司合作的百度应用平台，也无法证明百度公司仅对涉案节目实时转播行为提供了搜索链接服务。从对涉案节目的搜索到播放的整个过程中，网络用户均无须进入搜狐网站的相应页面即可观看视频，且无论在"搜索结果"中还是"播放界面"中均未标注涉案节目在搜狐网站中的"网络绝对地址"，故无从验证百度网站是否仅是对

搜狐网站中节目的实时转播提供了链接服务。

鉴于百度公司提供网络实时转播的涉案节目的数据流来源于搜狐网站，故其实施的网络实时转播行为的"初始传播"为中央电视台的"广播"，属于广播权的调整范围，在百度公司无证据证明其已获得著作权人许可的情况下，其实施的上述网络实时转播行为构成对央视国际公司广播权的侵犯。

【裁判要旨】

对于网络实时转播行为而言，如果其所转播内容的初始传播行为采用的是无线方式，应适用《著作权法》第 10 条第（11）项的广播权予以调整。初始传播采用有线方式的网络实时转播行为无法采用广播权与信息网络传播权调整，应适用《著作权法》第 10 条第（17）项的兜底条款予以调整。

【案号】

（2013）一中民终字第 3142 号

【拓展案例】

在央视国际公司诉天翼视讯侵犯 2011 年央视春晚著作权纠纷案中，天翼视讯和浙江卫视签订有网络合作协议，约定天翼视讯可以在其经营的网站设立"浙江卫视"节目频道，但是，双方合作的内容仅限于"浙江卫视自制类节目"。天翼视讯通过其网站实时播放浙江卫视频道转播的春节联欢晚会节目，这不属于浙江卫视自己制作播放的节目，因此其行为已构成侵权，应承担停止侵权、赔偿损失的法律责任。

三、《著作权法》第 10 条兜底条款的适用

【基本案情】

2015 年春晚由中央电视台制作完成。2015 年央视春晚光盘显示"2015 年春节联欢晚会节目版权由中央电视台所有"。央视国际公司经中央电视台授权，享有 2015 年央视春晚的著作权及相关权利。

2015 年 2 月 18 日 21：30，打开乐视网站，依次点击页面上的"直播""卫视台""内蒙古卫视"，显示正在直播 2015 年央视春晚，视频左上角 LOGO 为 CCTV - 1 综合和内蒙古卫视。2015 年 2 月 18 日 21：12，使用 Coolpad 8736 手机，在对该手机进行恢复出厂设置及清理后，下载乐视视频 HD 客户端，在

运行的客户端中点击"直播""江西卫视"，显示正在直播 2015 年央视春晚，视频左上角的 LOGO 为 CCTV - 1 综合和江西卫视。两者的经营者乐视公司并未获得相关授权。

央视国际公司认为乐视公司在其经营的乐视网及手机客户端"乐视视频 HD"的直播频道中向用户提供中央电视台拍摄制作的 2015 年央视春晚的网络实时直播行为严重侵犯央视国际公司的合法权益，极大贬损了 2015 年央视春晚的正版授权价值，给央视国际公司造成重大的经济损失，故诉至北京市海淀区人民法院，乐视公司不服一审判决诉至北京知识产权法院。

【争议焦点】

（1）被诉行为是否落入央视国际公司经授权获得的著作权范围；

（2）如果被诉行为确实侵犯著作权，则其具体侵犯著作权中的何种权项。

【裁判推理】

（1）被诉行为是否落入央视国际公司经授权获得的著作权范围

央视国际公司主张权利的客体为 2015 年央视春晚影像节目，该影像节目符合 2013 年修改的《著作权法实施条例》第 4 条第（11）项规定的相关定义，属于以类似摄制电影的方法创作的作品，依法受到保护。

被诉行为是乐视公司未经许可，在其网站中实时转播中央电视台定时播放的 2015 年央视春晚影像节目。依据 2015 年央视春晚著作权人中央电视台的授权，央视国际公司享有对于 2015 年央视春晚的独占的包括实时信息网络传播和转播的权利。乐视公司的上述涉案行为落入央视国际公司的上述权利范围之内。

如果被央视国际公司获得的上述权利不是我国著作权法规定的内容，而仅是中央电视台与央视国际公司自行设定的合同权利，则该合同权利的效力仅限于合同当事人之间，无论针对中央电视台还是针对央视国际公司，即使可能构成侵害债权等违法行为，但都不会构成侵害著作权。我国《著作权法》虽未明确规定上述权利，但《世界知识产权组织版权条约》（WCT）第 8 条规定了广义的"向公众传播的权利"，我国作为 WCT 的缔约国，当然应当履行国际条约规定的义务，达到 WCT 第 8 条要求的保护水平，因此，定时转播行为应当属于我国《著作权法》规定的专有权保护的行为。法院据此认定被诉行为属于著作专有权利控制的范围。乐视公司未经许可实施被诉行为，侵害央视国际公司享有的著作权。

（2）如果被诉行为确实侵犯著作权，则其具体侵犯著作权中的何种权项

在我国现行《著作权法》规定的权项中，与被诉行为可能有关联的是"信息网络传播权""广播权""表演权""放映权"和"其他权"。被诉行为系定时转播行为，不满足信息网络传播行为中"个人选定的时间和地点"（即"交互性"）的构成要件；被诉行为系直接以有线方式传播作品的行为，不符合广播行为中仅仅指以有线方式转播无线广播的"有线传播"；主张被诉行为属于表演行为或放映行为的观点否定我国《著作权法》中将"信息网络传播权""广播权""机械表演权""放映权"等权项进行并列规定的立法模式；鉴于我国《著作权法》中明确列出的权项均无法规制定时转播行为，因此应当适用现行《著作权法》第 10 条第（17）项"其他权利"这一兜底规定认定被诉行为的性质。

【裁判要旨】

定时转播行为，不满足信息网络传播行为中"个人选定的时间和地点"（即"交互性"）的构成要件，亦不符合 2010 年《著作权法》规定的广播行为。鉴于我国《著作权法》中规定的"有名"权项均无法控制定时转播行为，应当适用现行《著作权法》第 10 条第（17）项这一兜底规定认定被诉行为的性质。

【案号】

（2017）京 73 民终 840 号

【相似案例】

以软件和信息网络实时转播体育赛事节目：北京我爱聊公司与央视国际公司侵害著作权纠纷、不正当竞争纠纷案

【基本案情】 央视国际公司是中央电视台的网络传播中心以及官方网站（域名 cctv. com 和 cntv. cn）的运营机构，经中央电视台授权，独占享有通过信息网络向公众转播中央电视台的全部频道及提供各频道播出的电视节目的权利。央视国际公司发现，我爱聊公司未经许可擅自通过其提供的名为"电视粉"的软件和信息网络，向用户实时转播中央电视台的电视频道。同时，在前述软件中设置"2012 伦敦奥运专区"页面，向用户实时转播中央电视台播出的大量伦敦奥运会比赛的电视节目，并在歌华高清交互数字电视平台投放的

开机广告中，对前述侵权行为进行持续推广。

央视国际公司认为，我爱聊公司的行为严重侵犯其依法享有的广播组织者权，亦是违反公平原则和诚实信用原则的不正当竞争行为，给其造成巨大的经济损失，故起诉至法院请求赔偿。

【争议焦点】我爱聊公司在互联网环境下通过其运营的"电视粉"客户端转播中央电视台节目的行为是否侵犯广播组织权，以及是否构成不正当竞争。

【裁判推理】我爱聊公司在互联网环境下通过其运营的"电视粉"客户端转播中央电视台节目。我爱聊公司与央视国际公司作为同行业的竞争主体，均需依照《反不正当竞争法》的规定，遵循自愿、平等、公平、诚实信用的原则，遵守公认的商业道德，共同维护正常的市场经济竞争秩序。

根据《反不正当竞争法》的规定，经营者在生产经营活动中，应当遵循自愿、平等、公平、诚实的原则，遵守法律和商业道德。该款可以作为《反不正当竞争法》的一般条款，对不属于该法具体列举的市场竞争行为予以调整，以保障公平的市场竞争秩序。同时，法院认为，适用该原则条款认定涉案竞争行为是否构成不正当竞争应当同时具备以下条件：一是法律对该种竞争行为未作特别规定；二是其他经营者的合法权益确因该竞争行为而受到实际损害；三是该种竞争行为因确属违反诚实信用原则和公认的商业道德而具有不正当性或可责性。

该案中，我爱聊公司的行为并不属于《反不正当竞争法》中所具体列举的市场竞争行为，故应适用《反不正当竞争法》第2条第1款来判断其行为是否构成不正当竞争。我爱聊公司的行为客观上减少了央视国际公司的网站访问量，使得目标群体无须登录央视国际公司的网站或者使用其客户端即可通过互联网观看中央电视台的节目，这在一定程度上替代了央视国际公司的类似网络服务。因此，我爱聊公司的行为明显有违公平竞争的市场原则，恶化正常的市场竞争秩序，违反诚实信用原则和公认的商业道德，具有不正当性，属于《反不正当竞争法》第2条第1款规定的不正当竞争行为。

【裁判要旨】

作为同行业的竞争主体，需依照《反不正当竞争法》的规定，遵循自愿、平等、公平、诚实信用的原则，遵守公认的商业道德，共同维护正常的市场经济竞争秩序。

【案号】

（2014）一中民终字第 3199 号

四、设链网站不构成侵权的情形

【基本案情】

2015 年央视春晚由中央电视台拍摄制作，央视国际公司称其经中央电视台授权，享有 2015 年央视春晚的著作权及其相关权利。2015 年 2 月 18 日，央视国际公司发现暴风公司在其经营的"暴风影音"手机客户端的春节特供栏目中向用户提供 2015 年央视春晚的网络实时直播。央视国际公司认为，暴风公司的行为严重侵犯其公司的合法权益，极大贬损涉案春晚的正版授权价值，造成重大的经济损失，于是向法院提起诉讼，请求法院判令被告暴风公司停止侵权并赔偿原告经济损失。

【争议焦点】

（1）涉案节目是否构成作品；

（2）暴风公司的行为是否侵权。

【裁判推理】

（1）涉案节目是否构成作品

央视国际公司主张的 2015 年央视春晚系观众通过互联网看到的央视春晚，与现场舞台演出不同，该画面系中央电视台对春晚现场摄制并经过一定编辑后形成的影像。因春晚现场拍摄并非对现场表演进行简单的机械录制，而是经过事先缜密设计和编排。整个过程通常由总导演、总摄像、总编导统一指挥，按照事先拟定的脚本，由各个机位通过不同角度对现场表演进行多角度拍摄，同时，编导现场对摄制画面进行取舍、编排，插入字幕、事先录制的短片及外景等形成。因此，从独创性的角度分析，通过互联网呈现给观众的涉案春晚，既非对现场表演活动的简单、机械录制，亦非仅对机位设置、场景选择、镜头切换等的简单调整，其所呈现的连续画面恰恰反映制片者的构思，融入创作者的创造性智力劳动，因此，较录像制品，春晚具有更高的独创性特征，应当认定为系以类似摄制电影的方法创作的作品。

该案中，中央电视台已将涉案春晚通过信息网络向公众传播、广播（包括实时转播）的权利授予央视国际公司独占享有，因此，央视国际公司有权就其所获得的授权提起诉讼。

（2）暴风公司的行为是否侵权

网络实时转播是将电视台或广播台直播的节目信号进行采集并转换为数字信号后，通过网络服务器实时提供给网络用户观看的行为。与信息网络传播权所控制的行为不同，网络实时转播行为采用非交互式的传播方式，用户只能在网络服务提供者指定的某个特定时间内获得作品，而无法基于个人意愿自由选择获得作品的时间。同时，该行为的传播途径并非我国现行广播权所控制的无线广播、有线转播及公开播放广播等方式，亦无法为广播权调整。鉴于该行为无法通过 2010 年《著作权法》规定的某个具体权项进行调整或扩大解释进行适用，而出于保护权利人利益，该种行为确有必要予以规制，故应适用《著作权法》第 10 条第 1 款第 17 项的规定对央视国际公司进行保护。

鉴于涉案侵权公证书记载的播放过程出现跳转，且爱奇艺公司作为被链接网站亦认可暴风公司链接的是其直播页面，故可以认定暴风公司就涉案直播提供指向爱奇艺网站的链接。根据现有证据尚无法证明暴风公司提供链接系建立在破坏他人技术保护措施等盗链基础上。爱奇艺公司直播涉案春晚已获得原告授权，系有权播放，故暴风公司针对爱奇艺播放页面提供链接，不属于侵犯央视国际公司著作权其他权利的行为。

【裁判要旨】

如果根据现有证据无法证明设链网站提供链接系建立在破坏他人技术保护措施等盗链基础上，若被链网站就涉案节目已获得授权，系有权播放，则设链网站提供链接不属于侵犯著作权及其他权利的行为。

【案号】

（2016）京 0108 民初 29557 号

五、直播平台提供信号端口的责任承担

【基本案情】

《奔跑吧！兄弟》系浙江广播电视集团制作并在自有频道浙江卫视播放的大型明星真人秀综艺节目。广州华多公司未经原告授权擅自在其经营的视频网

站虎牙直播网提供"浙江卫视高清频道""浙江卫视频道"2个24小时不间断直播信号，全程播放《奔跑吧！兄弟》。浙江广播电视集团认为，虎牙直播网未经授权擅自开启24小时直播信号端口播放涉案节目的行为属于严重侵权行为，对原告造成巨大的经济损失。因此，浙江广播电视集团以侵犯著作权为由诉至法院，请求判令被告停止侵权并赔偿经济损失。

【争议焦点】

直播平台是否应对直播频道创建者发布的侵权内容承担责任。

【裁判推理】

首先，公证书证实，涉案网站提供《奔跑吧！兄弟》的播放服务，广州华多公司确认该网站播放的涉案节目内容与浙江广播电视集团主张权利的同名综艺节目内容一致，浙江广播电视集团提交的节目表、电视广告监测报告、节目串联单显示涉案电视综艺节目在浙江卫视电视台的播放时间与上述节目在涉案网站的播放时间一致，故应认定该网站就《奔跑吧！兄弟》提供的是实况转播服务，该提供在线实况转播服务的行为并未经原告或其他权利人的准许，侵犯了浙江广播电视集团就以类似摄制电影的方法创作的作品《奔跑吧！兄弟》享有的著作权。

其次，广州华多公司辩称涉案直播频道系由案外人广州悦创公司创建，涉案电视节目亦由其提供直播信号，广州华多公司仅系网络服务提供者，但广州华多公司提供的广州悦创公司出具的授权书以及广州悦创公司与广州华多公司签订的补充协议可以证明，广州华多公司与广州悦创公司就涉案电视节目的直播存在合作关系，且合作的形式系广州悦创公司授权广州华多公司在其网站转播，上述授权书及补充协议区别于普通网络注册用户与网络服务提供者之间常见的协议形式，浙江广播电视集团提供的公证书亦无法证明该直播频道系由网络用户注册并提供直播内容。

综上，应认定涉案电视节目的实况转播系由虎牙直播网与该网站上的直播频道提供，广州华多公司应承担赔偿损失的民事责任。由于浙江广播电视集团没有提供证据证明其实际损失和侵权人的违法所得的情况，法院在综合考虑涉案作品的类型、知名度、影响力、制作成本、市场播放情况、浙江广播电视集团的举证情况、浙江广播电视集团制止侵权的情况与广州华多公司的经营规模、侵权行为发生的时间、侵权的持续情况、侵权的方式、侵权的性质、侵权的过错程度、侵权行为的影响程度、直播是否有收取点播费用等因素，考虑费用支出的必要性、合理性，酌情确定经济损失和合理费用支出的数额，酌定广州华多公司赔偿浙江广播电视集团经济损失及合理费用支出合计人民币 140 万元。

【裁判要旨】

如果直播平台与直播频道创建者对涉案电视节目的直播存在合作关系，并区别于普通网络注册用户与网络服务提供者之间常见的协议形式时，若直播平台无法证明该直播频道系由网络用户注册并提供直播内容，则应该认定直播平台与直播频道创建者构成共同侵权。

【案号】

（2017）粤 73 民终 370 号

六、法理分析

本节选取 5 个案例，通过分析网络实时直播或转播娱乐节目行为的性质、提供实时直播或转播服务行为侵犯的权利，从而为文娱行业从业人员提供保护自身著作权与避免著作权侵权的范例。

网络实时转播是将电视台或广播台直播的节目信号进行采集并转换为数字信号后，通过网络服务器实时提供给网络用户观看的行为。用户虽然可以通过网络直接观看节目，但与信息网络传播权所控制的行为不同，网络实时转播行为采用非交互式的传播方式，用户只能在网络服务提供者指定的某个特定时间内获得作品，而无法基于个人意愿自由选择获得作品的时间。本节案例发生在 2020 年《著作权法》颁布之前，人民法院的裁判依据是 2010 年《著作权法》，所以在认定网络实时直播和转播娱乐节目的具体侵权类型时存在困境，只能适用第 10 条第 1 款兜底性规定"应当由著作权人享有的其他权利"。而 2020 年《著作权法》于 2021 年 6 月 1 日起施行，其规定网络实时直播和转播娱乐节目属于广播行为，落入广播权的控制范围内。因此利用网络实时直播或者转播娱乐节目，应当经过节目权利方的授权，否则将侵犯节目权利方的广播权。如果娱乐节目的著作权属于电视台，电视台可以同时主张广播权和广播组织权。

另外，实践中也存在用户在网络平台上直播未取得授权的娱乐节目的情形。如果网络平台不能提出证据证明直播频道系由网络用户注册并提供直播内容，则应该认定平台侵犯权利人享有的著作权。利用手机电视应用软件进行直播与在网站上进行直播，行为性质没有区别。

实践中，《反不正当竞争法》扮演着对知识产权进行补充保护的功能。在2020年《著作权法》生效之前，有的法院依当事人的诉讼请求，适用《反不正当竞争法》第2条来认定网络实时直播或者转播娱乐节目的行为性质。在2020年《著作权法》已经对广播权、信息网络传播权等概念进行修订和完善后，可以直接通过《著作权法》进行裁判，而无须适用《反不正当竞争法》一般条款。本节内容为产业实践提供指引，避免网络实时直播和转播中不断发生的侵权现象以及各种潜在侵权风险，保护节目权利方的著作权，促进网络直播和转播行业健康、有序、快速发展。

第四节　网络服务提供者传播文娱节目的责任认定

网络服务提供者在网络空间起着十分重要的作用。网络侵权案件发生后，网络服务提供者的责任如何认定，网络服务提供者是否应当为网络用户的侵权行为承担责任以及承担怎样的责任等，对于著作权人维护自身权利来说至关重要。鉴于此，本节结合相关案例对网络服务提供者的责任认定路径进行分析。

在理论上，关于网络服务提供者的责任，分为网络服务提供者直接侵权和间接侵权两种类型。《民法典》和《信息网络传播权保护条例》是解决网络著作权侵权纠纷的主要依据，其中体现出理论界所提出的避风港原则、红旗标准和通知删除规则的适用。避风港原则旨在为网络服务提供者豁免对网络用户侵权行为的共同侵权责任，避免加重网站经营者在人力和财力上的负担从而阻碍互联网行业的发展。红旗标准指的是在一般情况下，网络服务提供者不对用户发布的侵犯他人著作权的信息承担侵权责任，但是当侵权行为像红旗一样高高飘扬之时，则不能免责。通知删除规则指的是网络服务提供者接到权利人的通知之后应在合理时间内删除侵权内容。通知删除规则下的"删除"，是网络服务提供者需要采取的必要措施的一种。具体采取什么样的措施，需要综合考量网络服务提供者提供服务的性质、形式、种类，侵权行为的表现形式、特点、严重程度等具体因素，以技术上能够实现，合理且不超必要限度为宜，以期能够更好地实现权利人、网络服务提供者、网络用户之间的利益平衡。

《信息网络传播权保护条例》将网络服务提供者的责任区分为提供信息存储空间、搜索、链接服务和提供网络自动接入、自动传输服务及自动存储两种情况。第一，网络服务提供者为服务对象提供信息存储空间，供服务对象通过信息网络向公众提供作品、表演、录音录像制品，并具备下列条件的，不承担赔偿责任：（1）明确标示该信息存储空间是为服务对象所提供，并公开网络服务提供者的名称、联系人、网络地址；（2）未改变服务对象所提供的作品、表演、录音录像制品；（3）不知道也没有合理的理由应当知道服务对象提供的作品、表演、录音录像制品侵权；（4）未从服务对象提供作品、表演、录音录像制品中直接获得经济利益；（5）在接到权利人的通知后，根据该条例规定删除权利人认为侵权的作品、表演、录音录像制品。网络服务提供者为服务对象提供搜索或者链接服务，在接到权利人的通知后，根据该条例规定断开与侵权的作品、表演、录音录像制品的链接的，不承担赔偿责任。但是，明知或者应知所链接的作品、表演、录音录像制品侵权的，应当承担共同侵权责任。第二，网络服务提供者为提高网络传输效率，自动存储从其他网络服务提供者获得的作品、表演、录音录像制品，根据技术安排自动向服务对象提供，并具备下列条件的，不承担赔偿责任：（1）未改变自动存储的作品、表演、录音录像制品；（2）不影响提供作品、表演、录音录像制品的原网络服务提供者掌握服务对象获取该作品、表演、录音录像制品的情况；（3）在原网络服务提供者修改、删除或者屏蔽该作品、表演、录音录像制品时，根据技术安排自动予以修改、删除或者屏蔽。

网络服务提供者根据服务对象的指令提供网络自动接入服务，或者对服务对象提供的作品、表演、录音录像制品提供自动传输服务，并具备下列条件的，不承担赔偿责任：（1）未选择并且未改变所传输的作品、表演、录音录像制品；（2）向指定的服务对象提供该作品、表演、录音录像制品，并防止指定的服务对象以外的其他人获得。

《民法典》第 1194～1197 条是在《侵权责任法》的基础上，对网络服务提供者责任规则进行了优化和完善。根据《民法典》的规定，网络用户、网络服务提供者利用网络侵害他人民事权益的，应当承担侵权责任。法律另有规定的，依照其规定。网络用户利用网络服务实施侵权行为的，权利人有权通知网络服务提供者采取删除、屏蔽、断开链接等必要措施。通知应当包括构成侵权的初步证据及权利人的真实身份信息。网络服务提供者接到通知后，应当及时将该通知转送相关网络用户，并根据构成侵权的初步证据和服务类型采取必要措施；未及时采取必要措施的，对损害的扩大部分与该网络用户承担连带责任。权利人因错误通知造成网络用户或者网络服务提供者损害的，应当承担侵权责任。法律另有规定的，依照其规定。网络用户接到转送的通知后，可以向网络服务提供者提交不存在侵权行为的声明。声明应当包括不存在侵权行为的初步证据及网络用户的真实身份信息。网络服务提供者接到声明后，应当将该声明转送发出通知的权利人，并告知其可以向有关部门投诉或者向人民法院提起诉讼。网络服务提供者在转送声明到达权利人后的合理期限内，未收到权利人已经投诉或者提起诉讼通知的，应当及时终止所采取的措施。网络服务提供者知道或者应当知道网络用户利用其网络服务侵害他人民事权益，未采取必要措施的，与该网络用户承担连带责任。

本节针对文娱行业中网络服务提供者的侵权纠纷，从不同角度选取 5 个典型案例，介绍案件事实，分析裁判思路，将网络服务提供者侵权责任的具体认定标准与文娱行业的特点相结合，为理论研究和司法实践提供参考。

一、提供在线播放服务与链接服务的区分

【基本案情】

《舌尖上的中国》第二季是中央电视台出品的电视系列节目，中央电视台授予央视国际公司该作品的独占信息网络传播权。豆果信息公司开发的手机应用软件"舌尖上的中国 2"，通过信息网络向公众提供该节目的在线播放服务。央视国际公司将豆果信息公司诉至法院。

【争议焦点】

豆果信息公司通过涉案软件向网络用户提供的是涉案节目的在线播放还是仅提供涉案节目的链接服务。

【裁判梳理】

在侵害信息网络传播权纠纷案件中，原告有初步证据证明网络服务提供者提供相关作品、表演、录音录像制品，但网络服务提供者能够证明其仅提供网络服务，且无过错的，法院不应认定为构成侵权。民事诉讼证明标准实行明显优势证据规则下，该案中原告已经提交初步证据证明被告提供相关作品，被告主张仅提供网络服务，对此负有举证义务。被告主张涉案软件仅提供搜索链接功能，在涉案节目点击播放过程中可以看到播放页面跳转至搜狐视频网站，但未提交证据予以证明。

而央视国际公司提交的公证书显示，涉案节目在点击播放过程中未离开过涉案软件，亦未显示有跳转至搜狐视频网站的绝对网络地址。虽然涉案节目播放视频画面显示"搜狐视频"的水印，但仅凭水印并不足以证明涉案节目系链接自"搜狐视频"。同时在案证据还显示，"搜狐视频"网站未将涉案作品的信息网络传播权进行转授权。

故法院认定豆果信息公司通过涉案软件提供涉案节目的在线播放服务，侵害央视国际公司对涉案节目所享有的独占信息网络传播权，应当承担停止侵害、赔偿损失的民事责任。

【裁判要旨】

根据民事诉讼证明标准，原告提交初步证据证明被告提供相关作品，被告网络服务提供者如认为自己仅提供网络链接服务，对此负有举证义务。仅凭作品上的水印信息，不足以证明涉案作品系链接自该第三方网站。

【案号】

（2015）京知民终字第 1444 号

二、视频平台的著作权注意义务

【基本案情】

《天天向上》是湖南卫视制作播出的一档电视节目，爱奇艺公司经湖南卫视授权独占性地享有该节目的著作权。幻电科技有限公司经营哔哩哔哩网站"Bilibili"及安卓手机端"哔哩哔哩动画"。

2014 年，爱奇艺公司发现，"天天向上×××期" 5 个视频由网站用户提供，上传至网站 Bilibili 并通过网站审核，观众可以在任意时间自由观看该涉案节目。爱奇艺公司认为，幻电科技有限公司的行为侵犯其信息网络传播权，于是向法院提起诉讼。

【争议焦点】

幻电科技有限公司的行为是否构成信息网络传播权侵权。

【裁判推理】

幻电科技有限公司在其"哔哩哔哩动画"手机客户端提供视频播放时并未对其提供不同服务的视频内容予以区分，网络用户亦无法对此予以区分，对于所链接的涉案视频播放未进行网页跳转以指引用户在被链网站上观看，亦未向用户提示涉案视频源自其他网站。一方面，该种经营模式使其网站具有更大的用户黏性，进而为其带来更多的经济利益；另一方面，亦会在所存储内容或链接内容涉及侵权的情况下，对权利人造成更大的损害，故对该种网络服务提供者应当苛以较高的注意义务。

涉案节目作品《天天向上》系存在年限较长的国内知名综艺节目，从幻电科技有限公司涉案网站上 5 个视频标注的名称已能知晓其系《天天向上》综艺节目，且大部分上传时间均与视频名称标注的首播日期较近，幻电科技有限公司主观上应当知道该上传的视频内容或链接具有较大侵权可能性，客观上对于未经授权的涉案视频未采取任何预防或者避免侵权发生的措施，从而帮助涉案视频节目侵权后果的扩大。因此，幻电科技有限公司的行为侵犯了爱奇艺公司的信息网络传播权，构成侵权。

【裁判要旨】

如果网络平台主观上应当知道该上传的视频内容或链接具有较大侵权可能性，客观上对于未经授权的涉案内容未采取任何预防或者避免侵权发生的措施，从而帮助侵权后果的扩大，则应承担连带责任。

【案号】

（2016）沪 73 民终 134 号

三、视频平台无法举证证明视频由用户上传应负连带责任

【基本案情】

《中国梦想秀》是浙江广播电视集团制作的真人秀内容的录播电视节目。在我乐公司经营的我乐网上，浙江广播电视集团发现《中国梦想秀》第七季第 20140410 期、第 20140411 期、第 20140418 期节目能够被点击播放。浙江广播电视集团认为我乐公司侵犯其著作权，将我乐公司和我乐网诉至法院。

【争议焦点】

我乐公司是否应对涉案 3 期电视节目的传播承担侵权责任。

【裁判梳理】

《中国梦想秀》电视节目属于以类似摄制电影的方法创作的作品。根据涉案节目的电视上星综合频道节目备案表、浙江省机构编制委员会文件、落款"所属电视台盖章"处盖章等，在无相反证据的情况下，足以证明涉案节目的权利归属于浙江广播电视集团。

关于我乐公司是否应对涉案 3 期电视节目的传播承担侵权责任。我乐公司认为，我乐网仅提供信息存储空间服务，涉案视频均系网络用户上传，其不应承担侵权责任。对此，我乐公司应当承担举证责任，但其并未就此提供证据予以证明。故在现有证据下，我乐公司应对涉案 3 期电视节目的传播承担侵权责任。

【裁判要旨】

网络服务提供者主张其仅提供信息存储空间服务，涉案视频均系网络用户上传，其不应承担侵权责任，对此应当承担举证责任。未提供证据支持该主张的，法院不予采纳。

【案号】

（2015）京知民终字第 1759 号

四、网络平台传播节目音频的行为定性

【基本案情】

综艺节目《奇葩说》第三季是爱奇艺公司制作的一档互联网说话达人秀

节目。天翼阅读公司是网站及应用软件"氧气听书"的所有者和运营商。爱奇艺公司认为，天翼阅读公司未经授权在安卓平板电脑端应用软件"氧气听书"上为用户提供在线播放《奇葩说》第三季音频及下载服务的行为，侵害其享有的信息网络传播权。故爱奇艺公司诉至法院，要求赔偿。

【争议焦点】

天翼阅读公司的行为是否侵犯爱奇艺公司对涉案作品的信息网络传播权。

【裁判推理】

第一，涉案节目与侵权节目具有音源一致性。爱奇艺公司制作的《奇葩说》第三季以视频形式呈现，天翼阅读公司播放的《奇葩说》第三季侵权作品以音频形式呈现。天翼阅读公司未提供证据证明其网站播出的侵权作品音频与爱奇艺公司享有著作权的《奇葩说》第三季在音源内容上不一致，故根据在案证据可以认定上述作品具有音源一致性。第二，涉案节目的语言表述彰显其独创性。涉案作品作为一档语言类脱口秀节目，相比于视觉影像，表演者的语言表述是节目的核心，更能彰显节目的独创性。因此，未经爱奇艺公司许可将涉案作品以音频形式通过应用软件为用户提供在线收听及下载服务，使用户可以在选定时间地点获取涉案作品，该行为已经构成对爱奇艺公司享有的信息网络传播权的侵犯。

用户通过下载天翼阅读公司运营的应用软件能够直接搜索收听侵权音频完整节目，且节目有完整编辑列表及简介，天翼阅读公司虽辩称侵权作品是网络用户上传，但未提供证据对此予以证明。因此，天翼阅读公司应承担直接侵权责任。

法院综合考虑涉案作品知名度、市场影响力及数量、涉案作品是否处于热播期、天翼阅读公司的主观过错程度及其对涉案作品的使用方式等因素确定赔偿损失数额40000元。

【裁判要旨】

未经制片方许可，将综艺节目以音频形式通过应用软件为用户提供在线收听及下载服务，使用户可以在选定时间地点获取涉案作品，该行为已经构成对制片方享有的信息网络传播权的侵犯。

【案号】

（2020）京73民终235号

五、提供定向链接是否构成帮助侵权

【基本案情】

快乐阳光公司独家享有综艺节目《我是歌手》的信息网络传播权。盘多多网站的运营商内聚公司，对分享百度网盘资源的链接提供搜索服务。在盘多多网站页面搜索框中输入并查找"歌手 2019"资源，页面右侧显示"相关百度云盘资源推荐"，推荐列表中的内容均与搜索关键词相关。再点击"去百度云盘下载资源"，进入百度网盘资源分享页面，点击涉案视频，可播放完整涉案视频。

快乐阳光公司认为，内聚公司向用户提供涉案节目的定向链接服务，可引导用户直接链接至百度网盘中的侵权作品，客观上扩大侵权后果，构成帮助侵权，故诉至法院。

【争议焦点】

内聚公司对分享百度网盘及微盘资源的链接提供搜索服务，是否构成帮助侵权，是否应承担侵权责任。

【裁判推理】

内聚公司运营的盘多多网站系针对百度网盘及微盘资源的分享链接提供搜索服务的网站，根据《信息网络传播权保护条例》第 23 条的规定，如果其明知或者应知所链接的作品侵权的，应当承担共同侵权责任。

第一，根据快乐阳光公司提交的可信时间戳及公证书显示，在盘多多网站首页输入与涉案节目相关的搜索关键词，出现搜索结果列表，点击该列表其中一个搜索结果，不同于一般搜索引擎，并不直接跳转至第三方网页展示搜索内容，而是仍停留在盘多多网站页面。该页面右侧显示"相关百度云盘资源推荐"，其下有推荐列表，内容均与搜索关键词相关。这足以证明内聚公司针对搜索结果对网盘资源链接进行推荐、选择和编辑。

第二，盘多多网站的搜索范围并非直接针对百度网盘的内容，而是针对百度网盘用户在互联网上分享的网盘文件链接。百度网盘为封闭性私人空间，并非用于公共分享。虽然网盘用户可以分享链接，但出于保护知识产权和网络用户隐私的考量，包括百度搜索引擎在内的通用搜索引擎并不对网盘用户放置在第三方站点的分享链接提供信息定位服务。

内聚公司作为相关搜索业务的从业者，对百度公司及其他通用搜索引擎不提供前述信息定位服务的原因应当知晓。其运营的盘多多网站，对发布在第三方平台的网盘资源链接及标题进行全网抓取，客观上汇总侵权链接，并会导致侵权范围进一步扩大的法律后果。如果对内聚公司这种搜索链接服务不予以制止，将会使百度网盘成为侵权作品存储和分享的"乐园"，极大地损害著作权人的合法权利。

因此，内聚公司作为搜索服务提供者，具有过错，违反《信息网络传播权保护条例》第 23 条之规定，构成帮助侵权，应当承担侵权责任。

【裁判要旨】

从事相关搜索服务的从业者，对发布在第三方平台的网盘资源链接及标题进行全网抓取，汇总侵权链接，导致侵权范围进一步扩大的法律后果，构成帮助侵权。

【案号】

（2019）京 0491 民初 2826 号

六、法理分析

本节案例对文娱行业中网络服务提供者侵权的认定作了比较全面的介绍和分析，包括提供在线播放服务与链接服务的区别、平台对明显侵权的视频注意义务有何不同、平台无法举证证明视频由用户上传时责任如何分配以及为网盘资源分享提供搜索服务的行为应如何定性等具体问题，基本囊括实践中常见的网络服务提供者侵权责任纠纷的案例类型。因此，这些成熟的裁判经验可以为司法实践中的同类案件提供有益参考。

网络用户未经权利人许可上传娱乐节目的情形下，网站经营者不存在提供作品的行为，故不构成直接侵权。对于用户实施的侵害信息网络传播权行为，网络服务提供者在提供网络服务时对其教唆或者帮助的，构成教唆或者帮助侵权。其中教唆侵权指的是以言语、推介技术支持、奖励积分等方式诱导、鼓励网络用户实施侵害信息网络传播权行为；帮助侵权指的是明知或者应知网络用户利用网络服务侵害信息网络传播权，未采取删除、屏蔽、断开链接等必要措施，或者提供技术支持等帮助行为。

网站经营者主张其仅为服务对象提供信息存储空间、已尽到合理必要的注意义务，符合《信息网络传播权保护条例》第 23 条中规定的免责条件的，对此应负举证责任。法院对网站经营者主观上是否明知或应知的审查，应结合其所具有的认知能力、所负有的注意义务，以及客观上采取的预防或避免侵权发生的措施等认定。对用户侵权行为认知能力的大小和注意义务的高低，应根据不同网站经营模式所存在的侵权风险来确定。比如，在提供视频播放时并未对其不同服务的视频内容予以区分，或对所链接的视频播放未进行网页跳转以指引用户在被链网站上观看等，此类侵权行为会使网络经营者具有更大的用户黏性，从而获取更多经济利益，故苛以较高的注意义务。再如，在网站中设立"影视"频道栏目，支持用户上传较大侵权风险的影视作品，此类网站经营模式应具有更高的注意义务。对于用户上传侵权作品的行为，网站经营者在采取特定经营模式（如设置"影视"频道栏目）时往往已有预见，在网站设置的热搜关键字等功能也说明经营者对侵权行为的已知和默许，应将这些作为判断网站经营者主观过错的参考因素。

根据《信息网络传播权保护条例》第 21 条、第 22 条的规定，信息网络服务提供者为提高网络传输效率，在不改变作品、不影响原网络服务提供者掌握用户获取作品的情况下，配合原网络服务提供者修改、删除、屏蔽作品时，自动存储从其他网络服务提供者获得的作品，不承担赔偿责任。而信息存储空间的服务提供者，在明确标示信息存储空间是为用户所提供并公开其信息，未改变用户提供的作品，不知道也不应当知道用户提供的作品侵权，未从用户提供的作品中直接获得经济利益的情况下，在接到权利人通知后删除侵权作品的，不承担赔偿责任。对于提供链接服务产生的著作权纠纷，根据《信息网络传播权保护条例》第 23 条的规定，网络服务提供者为用户提供链接服务，在接到权利人的通知书后，及时断开与侵权作品的链接的，不承担赔偿责任。

总而言之，我国不仅规定网络服务者的直接侵权责任，也对其间接侵权责任进行详细规定。相关法律法规为网络服务提供者提供明确的避风港原则。为规避风险，网络服务提供者应严格按照规定，尽到《民法典》第 1195 条和第

1196 条中规定的义务。在文娱行业实践中，需注意结合《民法典》中的一般规定与《著作权法》《信息网络传播权保护条例》中的特别规定，平衡网络服务提供者、权利人与用户三方的利益，保障互联网秩序的正常运行。

本章结语

本章共包括四类互联网时代文娱行业的新兴法律问题，通过对相关案例的基本案情、争议焦点进行梳理和比较，对人民法院的裁判推理和裁判要旨进行分析和探究，不仅可以让我们了解包括机顶盒和 IPTV 业务在内的互联网电视模式，通过软件或者网站对娱乐节目进行网络实时直播和转播，以及网络服务提供者提供视频播放服务、存储服务、下载服务等过程中可能出现的法律风险和侵权纠纷，而且能让我们掌握司法实践对于这些新兴法律问题的裁判思路和主要依据。

首先，本章涉及的娱乐节目构成视听作品，受《著作权法》保护。认定娱乐节目是否具有独创性，应从以下几点进行考虑：对表演的录制是否事先拟定脚本、分镜头剧本，现场是否有设计和编排，编导是否对摄制的画面作出取舍和编排，是否插入字幕、事先录制的短片及外景等，镜头转换、画面选取和剪辑是否具有一定的独创性等。如果行为人在未经著作权人许可和缺乏法律依据的情况下实施受著作权专有权利控制的行为，构成对著作权的直接侵权。

其次，关于互联网电视点播、回看娱乐节目涉及的法律问题，通过本章梳理案例的裁判思路来看，根据信息网络传播权没有时间和地域限定的特征，如果 IPTV 供用户"点播"的内容没有被著作权人许可，则可能落入信息网络传播权的调整范畴，构成侵害信息网络传播权。若在软件播放页面中存在跳转页面，且显示被链接网页，就可以认定软件所提供的是链接服务，不构成直接侵权，进而根据是否具有主观过错认定是否构成帮助侵权行为。关于注意义务的判断，应当与其对播放内容的控制力、基于播放内容的获利、制止侵权的措施等相适应。我国的 IPTV 产业尚未完全成熟，在市场运作过程中还处于逐步摸索阶段，针对 IPTV 业务传播娱乐节目的法律规定不够健全。通过本章案例也可以看出，目前司法实践中争议比较集中的问题是 IPTV "限时回看"服务应被定性为信息网络传播行为还是广播行为。但对于 IPTV 业务的运营商而言，目的是规避侵权风险，无论限时回看服务是受信息网络传播权规制还是广播权规制，都应当经过娱乐节目权利方的授权，并根据约定共享利益，这对于以"内容为王"的 IPTV 产业是必然趋势。出于三网融合的发展背景，如果允许 IPTV 运营商开展"限时回看"业务，将其作为广播权的延伸，行政监管部门有必要通过行政规章来限定 IPTV 运营商提供回看业务的时长，避免回看时间过长而影响到其他权利主体的利益。

再次，关于网络实时直播或者转播娱乐节目涉及的法律问题，在 2020 年《著作权法》修改后，此问题解决路径已经相对清晰。网络实时直播和转播娱乐节目将属于广播行为，落入广播权的控制范围内。与信息网络传播权所控制的行为不同，网络实时转播行为采用非交互式的传播方式，用户只能在网络服务提供者指定的某个特定时间内获得作品，而无法基于个人意愿自由选择获得作品的时间。因此，利用网络实时直播或者转播娱乐节目，应当经过节目权利方的授权，否则将侵犯节目权利方的广播权。当然，如果娱乐节目的著作权属于电视台，电视台可以同时主张广播权和广播组织权。

最后，关于网络服务提供者间接侵权责任的认定，主要依据的是红旗规则和避风港原则，网络用户未经权利人许可上传娱乐节目的情况下，网站经营者由于不存在提供作品的行为，故不构成直接侵权。对于用户实施的侵害信息网络传播权行为，网络服务提供者提供网络服务时对其有教唆或者帮助行为的，构成教唆或者帮助侵权。网络服务提供者主张其仅为服务对象提供信息存储空间、已尽到合理必要的注意义务的，对此应负举证责任。法院对网络服务提供者主观是否明知或应知用户提供的涉案视频系侵权作品的审查，应结合其所应具有的认知能力、所负有的注意义务，以及客观上是否采取预防或者避免侵权发生的措施等认定。网络服务提供者为用户提供链接服务，在接到权利人的通知书后，及时断开与侵权作品的链接的，不承担赔偿责任。

总而言之，随着科技发展和互联网时代的来临，大众观看或收听娱乐节目的渠道也从电视、现场表演等方式拓展到网站、移动应用、网络电视等方式，不可避免地会带来新型知识产权侵权问题。面对互联网时代文娱行业的新兴法律问题，文娱市场相关主体应当严格遵守法律规定，取得应有授权，尽到注意义务，吸取既往司法实践中的成熟经验，平衡好保护著作权与发展新技术之间的利益，使新兴技术成为文娱行业发展的催化剂，促进互联网时代文娱行业的健康发展。

第三章　文娱综艺行业的不正当竞争法律问题

引　言

竞争是市场主体争取交易机会、获取交易优势的活动，是市场经济的本质属性。随着文娱综艺行业的快速发展，文娱综艺行业经营者之间的竞争愈发激烈，个别经营者为了扩大市场、提高自身商品或者服务的竞争力，采取欺骗、威胁、利诱以及其他违背诚信原则的手段来经营，导致文娱综艺行业的不正当竞争纠纷时有发生。

不正当竞争行为是指经营者在生产经营活动中，违反法律规定，扰乱市场竞争秩序，损害其他经营者或消费者的合法权益的行为。在文娱综艺行业中，常见的不正当竞争行为包括传统的虚假宣传、商业诋毁、"搭便车"以及新兴的破坏网站经营模式等。一方面，这些不正当竞争行为不仅会损害文娱综艺行业合法经营者的权益，也会直接或者间接损害文娱综艺行业消费者的正当权益。另一方面，文娱综艺行业内部的不正当竞争行为会破坏文娱综艺行业的正常竞争秩序，进而损害社会的整体利益。因此，准确理解和适用《反不正当竞争法》十分重要。我国《反不正当竞争法》于1993年9月通过，之后分别在2017年11月和2019年4月进行修改。2019年《反不正当竞争法》对以上不正当竞争行为作了明确的禁止性规定，充分体现了鼓励和保护公平竞争、制止不正当竞争行为、保护经营者和消费者合法权益的立法目的。而且，2019年《反不正当竞争法》体现一般条款与具体条款的结合、传统不正当竞争行为与新型不正当竞争行为的结合、维护竞争秩序与尊重竞争自由的结合。

《反不正当竞争法》第6～12条分别针对混淆行为、商业贿赂行为、虚假宣传行为、侵犯商业秘密行为、不正当有奖销售行为、商业诋毁行为和破坏网站经营模式的行为作了具体的禁止性规定。而第2条属于一般条款，也被称为概括条款，其规定"经营者在生产经营活动中，应当遵循自愿、平等、公平、诚信的原则，遵守法律和商业道德"。从司法实践来看，人民法院可以根据《反不正当竞争法》第2条的规定来认定以上7种不正当竞争行为以外的其他不正当竞争行为，并追究法律责任。在7种具体不正当竞争行为中，第6～11条为对传统不正当竞争行为的规制，第12条为对互联网领域新型不正当竞争行为的规制。互联网技术的迅猛发展，催生新的竞争手段和竞争方式，近年来更是出现一系列对用户、企业和互联网经济秩序均产生深远影响并在社会上引起重大反响的不正当竞争纠纷，对我国不正当竞争法律制度提出巨大挑战。

法律对利益的分配影响着行业的发展方向，应当厘清文娱综艺行业正当竞争行为的合法边界，更好地解决其中的利益分歧，维护文娱综艺行业竞争秩序，促进文娱综艺行业经济的繁荣发展。本章将对相关案件裁判、推理进行梳理归纳，为文娱综艺行业应对不正当竞争法律问题提供有益参考。本章内容分为四节：第一节为虚假宣传行为引发的不正当竞争纠纷；第二节为商业诋毁引发的不正当竞争纠纷；第三节为"搭便车"行为引发的不正当竞争纠纷；第四节为破坏网站经营模式引发的不正当竞争纠纷。

本章通过对相关案例的分析，帮助读者厘清所涉几类不正当竞争行为的含义、构成要件以及具体的司法适用规则等，同时明晰法律为市场主体设定一定的权利与义务。通过规范其行为，促进合法、诚信经营，避免虚假宣传、商业诋毁、"搭便车"以及破坏网站经营模式等不正当竞争行为，促使文娱综艺行业内形成尊重知识产权、公平开展竞争行为的良好氛围，实现行业的可持续发展。

第一节　文娱综艺行业的虚假宣传行为

虚假宣传是文娱综艺行业常见的一类不正当竞争行为。近年来，文娱综艺行业中出现"唯流量"的不正确观念，盲目攀比播放量给文娱综艺行业带来相应的负面效应。有的娱乐节目的制作方为吸引观众眼球、提高收视率和点击量，偏离创作和宣传的初心，甚至采用极为夸张的宣传方式对节目进行推广，这就导致一系列由虚假宣传引发的不正当竞争纠纷。当然，娱乐节目自身也会成为虚假宣传行为的"受害者"，一些市场经营者蹭知名节目热度的现象也经常发生。

依据 1993 年颁布的《反不正当竞争法》第 9 条第 1 款的规定，虚假宣传行为的本质是通过广告或者其他方法对商品作引人误解的虚假陈述，从而不正当损害了竞争对手的利益或者获取竞争优势。认定虚假宣传行为主要在于陈述的虚假或者不当，以及这种虚假或不当是否引人误解。

2019 年《反不正当竞争法》第 8 条和第 20 条分别规定了虚假宣传行为的界定和法律责任，相比之前的规定有较大的改动。2019 年《反不正当竞争法》第 8 条规定："经营者不得对其商品的性能、功能、质量、销售状况、用户评价、曾获荣誉等作虚假或者引人误解的商业宣传，欺骗、误导消费者。经营者不得通过组织虚假交易等方式，帮助其他经营者进行虚假或者引人误解的商业宣传。"可见，此类不正当竞争行为包括"虚假的商业宣传"和"引人误解的商业宣传"两种形式，将"虚假表示"和"虚假宣传"合并，实际上可以更清晰地区分混淆行为引起的不正当竞争和虚假宣传引起的不正当竞争。而且，2019 年《反不正当竞争法》中明确规定了"欺骗、误导消费者"后果要件。

在判断某一宣传行为是否属于 2019 年《反不正当竞争法》第 8 条规定的虚假宣传行为时，需要判断该行为是否同时满足"虚假或者引人误解的商业宣传"和"欺骗、误导消费者"两个构成要件。根据 2020 年修正的《最高人民法院关于审理不正当竞争民事案件应用法律若干问题的解释》第 8 条第 1 款的规定："经营者具有下列行为之一，足以造成相关公众误解的，可以认定为引人误解的虚假宣传行为：（一）对商品作片面的宣传或者对比的；（二）将科学上未定论的观点、现象等当作定论的事实用于商品宣传的；（三）以歧义性语言或者其他引人误解的方式进行商品宣传的。"如何判断"欺骗、误导消费者"是司法实践中需要解决的关键问题，《最高人民法院关于审理不正当竞争民事案件应用法律若干问题的解释》第 8 条第 2 款和第 3 款规定："以明显的夸张方式宣传商品，不足以造成相关公众误解的，不属于引人误解的虚假宣传行为。""人民法院应当根据日常生活经验、相关公众一般注意力、发生误解的事实和被宣传对象的实际情况等因素，对引人误解的虚假宣传行为进行认定。"这一规定可以视为认定"欺骗、误导消费者"的一般性原则。

虚假宣传行为主要包括以下类型：①虚假或引人误解的广告宣传行为；②对商品或服务价格的虚假或引人误解的宣传行为；③对商品质量的虚假或引人误解的宣传行为；④对商品产地的虚假或引人误解的宣传行为；⑤对评价状况的虚假或引人误解的宣传行为；⑥误导性宣传的帮助行为。在文娱综艺节目中，主要涉及的是第①种、第②和第⑥种的虚假宣传行为引发的不正当竞争纠纷，通过本节选取案例的介绍，可以了解司法实践中对此类不正当纠纷的认定思路。

一、演艺活动中的虚假宣传

【基本案情】

《中国好声音》为一档拍摄现场音乐真人秀的视频节目，由经过挑选的学员在舞台上演唱歌曲，导师点评学员表演。该节目还包括了观众互动、现场灯光、乐队演奏等内容。灿星公司与浙江广播电视集团为涉案节目的制片者及著作权人。

湖南亚马逊公司于2018年举办了"平江白鹭湖炊烟里首届电音节"活动。其中一个活动名称为"中国好声音专场"，并邀请了张某（中国好声音学员）、姚某（中国新歌声学员）等多位涉案节目学员参演，另有田某等非涉案节目学员参演。湖南亚马逊公司在其微信公众号中使用"中国好声音""中国新歌声"对前述活动进行了宣传。2019年，灿星公司以湖南亚马逊公司擅自使用有一定影响的商品名称、虚假宣传为由，将其告上法庭。

【争议焦点】

（1）被告的行为是否构成不正当竞争；

（2）如果构成不正当竞争，被告需要承担的责任。

【裁判推理】

涉案节目《中国好声音》为2010年《著作权法》规定的以类似摄制电影方法创作的作品，内容为包括歌曲演唱、导师点评、现场灯光、乐队演奏的音乐真人秀。涉案节目经过多年的播放及运营，具有较高的知名度及商业价值，故其所用名称"中国好声音""中国新歌声"具有区别商品来源的显著特征，属于有一定影响的商品名称。

被控侵权行为发生于2018年，应适用2017年修改的《反不正当竞争法》。

根据 2017 年《反不正当竞争法》规定，擅自使用与他人有一定影响的商品名称相同或者近似的标识，引人误认为是他人商品或者与他人存在特定联系的，属于不正当竞争行为。

被告湖南亚马逊公司举办的"中国好声音专场"现场演唱会，与涉案节目名称相同，且均为现场演唱活动，易使相关公众认为是涉案节目或者与涉案节目存在特定联系。被告湖南亚马逊公司的上述行为及其在微信公众号宣传该活动使用"中国好声音""中国新歌声"的行为，属于刻意攀附涉案节目的商誉，不正当地利用了原属于原告的竞争优势，构成不正当竞争。

另外，湖南亚马逊公司在其微信公众号宣传其活动时，配有一张与涉案节目无关的歌手图片下标注"中国新歌声"；在另一篇公众号文章中，配有露天现场演出图片及与涉案节目无关的歌手的图片。鉴于"中国好声音专场"现场演唱会中有部分歌手并非涉案节目学员，被告湖南亚马逊公司的相关宣传行为亦构成了虚假宣传的不正当竞争行为。

关于消除影响，鉴于涉案节目知名度较高，被告湖南亚马逊公司对其侵权行为已在一定范围内进行了宣传，故法院对原告要求被告湖南亚马逊公司在其微信公众号上消除不良影响的诉讼请求予以支持。

关于赔偿额，由于原告因侵权所受到的实际损失、被告因侵权所获得的利益难以确定，法院综合考虑涉案节目知名度、商业运营利润、被告的主观过错程度、侵权行为影响力、侵权行为规模及合理利润、侵权持续时间等酌定赔偿数额。

【裁判要旨】

演艺活动前期宣传中，使用与实际内容不相符的虚假信息，导致消费者误解的，构成虚假宣传。

【案号】

（2019）沪 0104 民初 15258 号

二、攀附他人商誉的宣传行为的不正当性

【基本案情】

2005 年，原告东方风行公司完成"美丽俏佳人"艺术字创作设计，并完

成《美丽俏佳人》节目样片制作，该节目以介绍推荐化妆品、美容技巧等为主。2006年1月，原告在全国范围内首播《美丽俏佳人》节目，并在节目中使用"美丽俏佳人"艺术字。2007年12月11日，茗诗公司向商标局申请注册"美丽俏佳人"商标，注册日期为2013年5月7日，核定使用商品为第三类，即口红、洗澡用化妆品等。该商标与东方风行公司节目中的艺术字外观相同。

原告发现，被告茗诗公司与华煜公司未经其许可，在其生产、销售的化妆品上、外包装上均突出使用与原告享有著作权的美术作品完全相同的"美丽俏佳人"文字，且通过"美丽俏佳人"公众号进行大量宣传。被告施某红在其微信朋友圈中大量使用"美丽俏佳人品牌推荐""美丽俏佳人美妆推荐"字样和《美丽俏佳人》节目主持人李静图片及与节目相关的宣传内容。原告认为，上述行为已构成不正当竞争行为，于是提起诉讼，请求判令被告立即停止侵害原告享有的美术作品著作权及不正当竞争行为。

【争议焦点】

被告的行为是否构成不正当竞争。

【裁判推理】

法院认为，《反不正当竞争法》对不正当竞争行为进行列举式的规定，对于没有在具体条文中规定的行为，法院可以适用《反不正当竞争法》第2条原则性规定予以判断和规范，即经营者在生产经营活动中，应当遵守自愿、平等、公平、诚实的原则，遵守法律和商业道德。

判断该案中施某红、茗诗公司、华煜公司的行为是否构成不正当竞争，应当具备以下要件：首先，该行为的实施者是否是反不正当竞争法意义上的经营者；其次，经营者在从事商业行为时，是否遵循自愿、平等、公平、诚实原则，违反法律和商业道德；最后，经营者的不正当竞争行为给正当经营者是否造成经济损失。

依上述的判断顺序，茗诗公司作为化妆品行业的生产销售商，正是看中《美丽俏佳人》节目在相关消费者群体中的影响力，通过微信公众号使用"美丽俏佳人品牌推荐""美丽俏佳人美妆推荐"，并采用东方风行公司的"美丽俏佳人"美术字，误导消费者认为茗诗公司生产、销售的化妆品是经过东方风行公司《美丽俏佳人》节目推荐的，以期获得消费者认可，从而获得市场竞争优势。茗诗公司的上述行为，是典型的"搭便车"行为，为了达到商业目的，利用东方风行公司的商业声誉，误导消费者认为茗诗公司生产、销售的化妆品获得《美丽俏佳人》节目的认可，从而谋取更大的商业利益，侵权主观恶意明显。茗诗公司的行为违背了民事活动应当遵循的公平、诚实原则以及法律和商业道德，损害了东方风行公司的合法权益，破坏了公平的竞争秩序，构成对东方风行公司的不正当竞争。

关于茗诗公司辩称，其使用"美丽俏佳人品牌推荐""美丽俏佳人美妆推荐"是对其拥有的商标"美丽俏佳人"的合理使用。法院认为，茗诗公司拥有的"美丽俏佳人"商标，晚于东方风行公司享有著作权的"美丽俏佳人"美术作品的发表时间，且其商标与东方风行公司享有著作权的美术作品构成完全相同，茗诗公司利用东方风行公司商誉主观故意明显，且茗诗公司辩称其使用商标的行为，也不符合通常商标的使用方式，其本意是为了突出其产品得到第三方的认可，向消费者传达其产品是由第三方向公众介绍并希望公众进行购买。因此，对于茗诗公司的辩称，法院未予认可。

华煜公司在其生产的涉案产品包装上印刷有"美丽俏佳人"公众号的二维码，消费者通过手机扫描二维码进入茗诗公司运营的"美丽俏佳人"公众号，因此，法院认定，华煜公司提供侵权链接的行为，也构成对东方风行公司的不正当竞争。

最后，关于施某红是否构成对东方风行公司的不正当竞争行为。法院认为，施某红在其个人朋友圈发布与《美丽俏佳人》节目主持人相关的图片以及节目相关的宣传内容等行为，存在主观恶意，施某红作为茗诗公司、华煜公司的法定代表人，理应知晓其注册"美丽俏佳人"商标的有关情况，且其明知"美丽俏佳人"商标与东方风行公司《美丽俏佳人》节目没有任何关联，故意在个人朋友圈发布《美丽俏佳人》节目活动及节目主持人的相关图片，容易使消费者产生误认，认为该产品由相关节目进行推荐，具有品牌保证；从经营职权来看，茗诗公司、华煜公司的法定代表人均为施某红，且施某红分别是两家公司的股东之一，可见茗诗公司、华煜公司受施某红影响的程度较高，而且，在东方风行公司提供的电话录音公证中可知，施某红控制着产品宣传、定价、发货等公司经营的各个环节。上述分析足以认定施某红通过控制两公司实施侵权行为，其个人对全案侵权行为起重要作用，应认定其实施了不正当竞争行为。

【裁判要旨】

生产销售企业为了达到商业目的，利用娱乐节目在相关消费者群体中的影响力，误导消费者认为其生产、销售的产品是经过节目推荐的，以期获得消费者认可，从而获得市场竞争优势，属于不正当竞争。

【案号】

（2017）沪 73 民终 282 号

三、"引人误解的虚假宣传"的认定

【基本案情】

2005 年，联盟影业公司为拍摄电视剧《武林外传》，聘用陈某宁担任该剧编剧。2012 年，壹影视公司委托陈某宁创作电视剧《龙门镖局》剧本，并参加电视剧的开机仪式、首播仪式以及其他宣传活动。

联盟影业公司认为，电视剧《龙门镖局》的制作单位壹影视公司与小马奔腾公司、安徽广电公司等合作单位在宣传推介过程中明示或暗示《武林外传》与《龙门镖局》存在前世今生的关系、陈某宁宣称《龙门镖局》系《武林外传》的升级版、《龙门镖局》能完胜之前的《武林外传》，构成虚假宣传行为和商业诋毁行为，而且使用"武林外传"字样进行宣传构成擅自使用知名商品特有名称的不正当竞争行为。联盟影业公司遂向法院起诉，请求判令壹影视公司与其合作单位连带赔偿经济损失 3000 万元及合理支出 1 万元。

【争议焦点】

壹影视公司与其合作单位、陈某宁的宣传推介行为是否构成虚假宣传行为。

【裁判推理】

该案应适用 1993 年施行的《反不正当竞争法》进行审理，其中第 9 条第 1 款规定，经营者不得利用广告或者其他方法，对商品的质量、制作成分、性能、用途、生产者、有效期限、产地等作引人误解的虚假宣传。《最高人民法院关于审理不正当竞争民事案件应用法律若干问题的解释》第 8 条第 1 款规定，经营者具有下列行为之一，足以造成相关公众误解的，可以认定为《反不正当竞争法》第 9 条第 1 款规定的引人误解的虚假宣传行为：（1）对商品作片面的宣传或者对比的；（2）将科学上未定论的观点、现象等当作定论的事实用于商品宣传的；（3）以歧义性语言或者其他引人误解的方式进行商品宣传的。该条第 3 款规定，人民法院应当根据日常生活经验、相关公众一般注意力、发生误解的事实和被宣传对象的实际情况等因素，对引人误解的虚假宣传行为进行认定。

根据上述规定，虚假宣传行为的本质在于引人误解。真实是诚实商业行为的主要原则之一，禁止欺骗是公平竞争观念的应有之义。虚假宣传会使诚实的竞争对手失掉客户，会使消费者受错误信息的引导而花费更多的选择成本，会减少市场的透明度，最终会对整个社会经济发展带来不利后果。经营者应当对一般消费者的普遍理解予以足够注意，尤其是在涉及他人商业信誉或商品声誉时，应当对相关事实作全面、客观的介绍，并采取适当措施避免使消费者产生歧义进而造成误认。

同时，在认定某一宣传行为是否构成虚假宣传行为时，不仅要对宣传内容的真实性、客观性进行分析，也要关注宣传行为的后果是否导致相关公众的误认，造成引人误解的实际后果或者可能性。

从新闻报道的内容来看，与陈某宁宣称"《龙门镖局》系《武林外传》的升级版"表述相关的新闻报道中同时包含新闻媒体等第三方有关两剧的比对，包括"电视里没有情景喜剧的那种局促感，也不是横店那些熟悉的布景，原来《龙门镖局》剧组的确耗资在丽江束河古镇旁建造了一座占地 20 亩的实景镖局""《武林外传》只是录影棚搭建的小客栈，80 集里 80% 的戏份都是围绕着那张木饭桌，而《龙门镖局》不仅在丽江搭了真实的镖局，甚至平地建造了一个真实的小镇""从制作角度上，《龙门镖局》显然不能按照《武林外传》2.0 来理解，无论是布景、摄像、服装都升级了好几个级别。看来，一次成功很重要，至少它会是下一个作品的基础，有了投资，什么装备就都不是问题，而装备升级了，看起来总是容光焕发。在内核上，《龙门镖局》跟《武林外传》倒是很相似，不过叙事从原来的单元结构变成了线性结构，这算是宁财神升级了吧"。

根据上述内容可知，《龙门镖局》和《武林外传》至少存在剧情元素、拍摄场地、制作、叙事结构等方面的改变或提升。由于艺术作品本身的特性，以及观众欣赏需求的多样性，其水平和质量的高低往往缺乏客观的标准，相关公众对于一部影视剧的质量评判通常也不会仅依赖他人的推介。

单就观众这一市场受众而言，不会因为观看一部被宣传为好的电视剧而当然地不再观看另一部被对比宣传为不好的电视剧，即观众不会像购买商品的公众那样，基于某一产品系另一产品的升级版的表述就选择一个产品而当然地放弃另一产品。

就版权交易市场而言，涉案证据无法证明上述宣传内容对联盟影业公司《武林外传》电视剧的版权授权市场带来负面影响。此外，虽然有新闻报道提到"曾投资《武林外传》的那家公司（指小马奔腾公司）上市对赌失败要赔建银文化6亿元"。

综上，涉案证据不足以证明陈某宁有关《龙门镖局》是《武林外传》升级版的表述构成该案适用的1993年《反不正当竞争法》规定的虚假宣传行为。该案中明示或暗示《武林外传》与《龙门镖局》存在前世今生关系的宣传，不会引人误解，相关宣传不构成虚假宣传。

【裁判要旨】

虚假宣传行为的本质在于引人误解，在认定某一宣传行为是否构成虚假宣传行为时，不仅要对宣传内容的真实性、客观性进行分析，也要关注宣传行为的后果是否导致相关公众的误认，造成引人误解的实际后果或者可能性。

【案号】

（2019）京民终229号

四、法理分析

本节精选3个涉及文娱综艺行业虚假宣传行为引发的不正当纠纷案例，通过梳理和分析这些案例的裁判路径，可以对《反不正当竞争法》中虚假宣传条款在司法实务中的理解和适用有更深入的认识。

从本节案例可以看出，人民法院判定某一宣传行为是否构成不正当竞争时，需要判断涉案宣传行为是否属于经营者的商业宣传活动，若不属于，便不在《反不正当竞争法》规制的范围内。而从本节文娱节目中的不正当竞争纠纷中可以看出，涉案当事人都是文娱节目制作方或者相关产品的生产销售方，涉案行为都是文娱节目制作方或者相关产品的生产销售方以营利为目的进行的商业宣传活动。需要注意的是，商业宣传包括商业广告，但商业广告已有专门的《广告法》规制，2019 年修正的《反不正当竞争法》第 20 条对此也已明确。明确《广告法》优先适用的原则，在一定程度上可以避免司法实践中"同案不同判"现象的发生。

司法实践中对于虚假宣传的认定包括形式和效果两个方面。形式上，虚假宣传的内容或是虚假或是引人误解，内容虚假即内容不真实，与实际情况不符，内容引人误解即内容中使用含混不清、多重语义的表述，让人引发错误联想。效果上，虚假宣传行为的本质在于引人误解，在认定某一宣传行为是否构成虚假宣传行为时，不仅要对宣传内容的真实性、客观性进行分析，也要关注宣传行为的后果是否导致相关公众的误认，造成引人误解的实际后果或者可能性。对于文娱节目而言，当文娱节目的名称与他人作品或者商标的名称相同或者近似时，如果要判断此类行为是否属于虚假或者引人误解的商业宣传行为，应当优先考虑此种行为是否属于通过广告或者其他方法，对节目的质量、制作者、内容、来源等进行虚假陈述以及是否会引发相关公众的误解。若并非这种情形，则难以认定是虚假宣传。例如，娱乐节目名称与书名具有一定的近似性，宣传短片和海报中出现与涉案漫画图书的引言近似的内容。但这些行为并不属于通过广告或者其他方法对节目的质量、制作者、内容、来源等进行虚假陈述，难以认定是虚假宣传行为。若生产销售商为了达到商业目的，利用文娱节目在相关消费者群体中的影响力，误导消费者认为其生产、销售的产品是经过节目推荐的，以期获得消费者认可，从而获得市场竞争优势，应认定为不正当竞争行为。

另外，在文娱节目法律实践中应当注意，虽然我国《反不正当竞争法》第 8 条规制的重点是"引人误解"，而非"虚假宣传"。但是，即使节目制作方的虚假宣传行为没有达到引人误解的程度，同样会受到《反不正当竞争法》以外的其他法律的规制。

不可否认，文娱节目的质量确实在一定程度上需要流量的证明，但越是在自由竞争的市场经济中，越需要遵循公平竞争的观念，而禁止虚假宣传是公平竞争观念的应有之义。虚假宣传会使诚实的竞争对手损失客户，会使消费者受错误信息的引导而花费更多的选择成本，会减少市场的透明度，最终会对整个社会经济发展带来不利后果。文娱节目制作者和节目相关产品的生产者、销售者应当吸取已有案例中的教训，对一般消费者的普遍理解予以足够注意，尤其是在涉及他人商业信誉或商品声誉时，应当对相关事实作全面、客观的介绍，并采取适当措施避免引发不正当竞争纠纷，以促进整个娱乐综艺行业的健康发展和进步。

第二节　文娱综艺行业市场经营者的商业诋毁

近年来，随着互联网的普及和发展，互联网已经成为文娱综艺行业竞争最激烈的领域之一。而文娱综艺行业市场主体的数量逐年增加，竞争愈发激烈。文娱综艺行业市场主体通过舆论抹黑、数据造假等恶性竞争手段打压同行对手，获取不正当利益的现象时有发生，导致由商业诋毁引发的不正当竞争纠纷增多。商业信誉和商品声誉是经营者通过投入大量智力、人力和财力而辛苦积累形成的，是吸引消费者的重要途径。文娱节目质量的重要评价指标就是流量的多少，而相关市场主体的商业信誉和商品声誉对流量多少影响很大，因此，商誉对文娱节目的发展具有十分重要的影响。

我国于 2019 年修正的《反不正当竞争法》第 11 条对商业诋毁行为作了明确的禁止性规定，经营者不得编造、传播虚假信息或者误导性信息，损害竞争对手的商业信誉、商品声誉。但是，目前对于文娱综艺行业中商业诋毁行为的认定仍存在争议和困难。一方面，2019 年《反不正当竞争法》第 11 条的规定虽属禁止商业诋毁条款，但法律条文过于简明。2020 年修正的《最高人民法院关于审理不正当竞争民事案件应用法律若干问题的解释》并未对商业诋毁行为的认定进行具体说明，而对市场混淆行为、虚假宣传行为等进行具体说明，导致《反不正当竞争法》第 11 条无法为商业诋毁行为的认定提供清晰的框架。另一方面，由于当前互联网平台是文娱综艺行业尤其是文娱节目的重要依托，而互联网环境具有开放性、瞬时性、隐蔽性等特征，给司法实践中不正当竞争行为的认定带来新的挑战。正因如此，通过分析司法实践中的审理思路，可以为商业诋毁行为的认定提供较为明确的标准。

商业诋毁是法律明确规制的不正当竞争行为，是对竞争对手依法享有的商誉权益的侵犯。该行为不仅违反商业伦理道德和诚实信用原则，而且破坏市场公平竞争的基本秩序。根据 2019 年《反不正当竞争法》第 11 条的规定，结合其属于不正当竞争行为、侵权行为的性质，可知商业诋毁的成立应包含以下要件：第一，行为主体为从事商品生产、经营或者提供服务的经营者，且与被诋毁主体存在竞争关系，包括直接竞争关系和利益相关的间接竞争关系。第二，客观上实施编造、传播虚假信息或者误导性信息的行为，包括仅编造、仅传播和编造兼传播三种行为模式；在 2017 年《反不正当竞争法》中，对于商业诋毁行为对象的规定仅为"虚伪事实"，2019 年《反不正当竞争法》增加了"误导性信息"，体现了对商誉的强化保护。第三，主观上存在故意，以削弱竞争对手竞争能力、为自己谋取竞争优势地位及不当利益为目的，包括主动实施，以及放任且主观上明知信息虚假、误导性，未尽到审慎义务；对于过失行为造成商誉损害的，一般认为即使承担侵权责任也不构成商业诋毁。第四，行为可能造成或已经造成商业信誉、商品声誉损害的结果。

关于商业诋毁的侵权责任承担，依据 2019 年《反不正当竞争法》第 20 条、第 23 条以及《民法典》第 1167 条，主要包括停止侵权，刊登声明消除影响、赔礼道歉、赔偿损失等方式。由于商业诋毁行为多发生于经营者网站、微信公众号等网络平台，在发布虚假或误导性信息的平台刊登声明消除影响较为常见；赔偿损失的赔偿数额的确定，可以参照确定侵犯注册商标专用权的损害赔偿额的方法进行。对商业诋毁引发的不正当竞争纠纷进行统一、准确的性质认定和责任认定，有利于对商誉这一无形财产权益加强保护，规制和促进公平竞争的市场秩序形成。

一、发布声明内容应客观公正

【基本案情】

2013 年 8 月 1 日，风行公司与长江龙公司签订许可合同，约定长江龙公司将江苏卫视电视节目的信息网络传播权以非独家的形式授权给风行公司，授权期限为 2013 年 8 月 1 日至 2014 年 7 月 31 日。在合同履行过程中，因风行公司的工作人员将长江龙公司的账号填错，长江龙公司未收到第二笔许可使用费。2013 年 12 月 20 日，长江龙公司以风行公司违反合同约定为由，向其发出合同终止通知函。风行公司不同意解除合同，故向北京市海淀区人民法院提起诉讼。2014 年 3 月 25 日，法院作出一审判决：根据合同约定长江龙公司有权单方解除合同，许可合同于通知到达风行公司之日（2013 年 12 月 23 日）解除，风行公司立即停止播放授权节目。

长江龙公司于 2013 年 11 月 8 日向聚力公司出具授权书，载明：长江龙公司将其拥有独立著作权并在江苏卫视自 2014 年 1 月 1 日至 12 月 31 日播出的所有电视节目的信息网络传播权独家授予聚力公司；授权期限为 2 年。

2014 年 1 月 14 日，风行公司在其网站上发布严正声明：依据我司与长江龙公司签署的许可合同，风行网自 2013 年 8 月 1 日至 2014 年 7 月 31 日，拥有江苏卫视节目的非独家信息网络传播权。该合同仍处于履约期内，并将继续履行至 2014 年 7 月 31 日为止。长江龙公司与聚力公司之间关于江苏卫视 2014 年所有综艺节目独家信息网络传播权的交易合同无效，PPTV 在 2014 年 8 月 1 日前只能拥有江苏卫视综艺节目的非独家信息网络传播权，因此不得在其招商和节目传播过程中宣传使用"独家"字样，否则将构成对风行公司的侵权和对广告客户和广大观众的欺诈。与此同时，风行公司在各大门户网站、主流新闻网站也发布了相关新闻。

风行公司认为长江龙公司在许可合同有效的情况下，又与聚力公司签订独家信息网络传播权合作协议，构成不正当竞争。聚力公司关于其享有 2014 年度江苏卫视电视节目独家信息网络传播权的宣传系虚假宣传行为，亦构成不正当竞争。故向法院提起诉讼。

聚力公司在一审中提起反诉：长江龙公司于 2013 年 11 月 8 日签署的授权书载明，长江龙公司将江苏卫视自 2014 年 1 月 1 日至 12 月 31 日播出的所有电视节目的信息网络传播权独家授权给聚力公司，授权使用期限自 2014 年 1 月 1 日起至 2015 年 12 月 31 日止。风行公司恶意发布不当言论，损害了聚力公司的商业信誉、企业形象，构成虚假宣传及商业诋毁。

【争议焦点】

（1）长江龙公司和聚力公司是否实施不正当竞争行为；

（2）风行公司是否构成虚假宣传及商业诋毁。

【裁判推理】

（1）长江龙公司和聚力公司是否实施不正当竞争行为

其一，对于长江龙公司。风行公司与长江龙公司之间签订的许可合同表明，风行公司与长江龙公司之间属于江苏卫视相关电视节目信息网络传播权的授权许可的法律关系。故就涉及江苏卫视相关电视节目的信息网络传播而言，风行公司与长江龙公司之间并不存在竞争关系。长江龙公司在履行涉案许可合同的过程中，是否存在违背诚实信用原则、在先违约等情形，显然属于《合同法》的调整范畴，不受《反不正当竞争法》的规制。

其二，关于聚力公司是否实施不正当竞争行为。根据法院查明的事实，聚力公司自 2013 年 11 月开始对外宣称其自 2014 年开始独家播出江苏卫视的相关节目，上述宣传系基于长江龙公司的授权，聚力公司就其上述宣传内容并无虚假或引人误解之处，聚力公司的上述宣传行为系正常的经营行为，并不违背公认的商业道德。

（2）风行公司是否构成虚假宣传及商业诋毁

经营者对涉及自身利益事项所作的陈述，应当以诚实信用、客观公正为限，不得以评论、发表法律观点为由损害其他经营者的合法权益。该案中，风行公司在作出严正声明时，其与长江龙公司就许可合同已经发生争议，风行公司是否还依据上述许可合同享有江苏卫视相关电视节目非独家的信息网络传播权尚处于不确定状态。因此，风行公司在严正声明中，关于"聚力公司与长江龙公司之间的合同无效""聚力公司使用'独家'字样将构成对风行网的侵权以及对广告客户和广大观众的欺诈"等陈述，显然超出诚实信用、客观公正的必要限度，客观上亦向社会公众否定聚力公司相关经营的正当性，损害了聚力公司的商誉，构成对聚力公司的商业诋毁。

【裁判要旨】

经营者对涉及自身利益事项所作的陈述，应当以诚实信用、客观公正为限，不得以评论、发表观点为由损害其他经营者的合法权益。

【案号】

（2015）沪知民终字第 756 号

二、广告内容不当引发的商业诋毁

【基本案情】

"美诺"品牌由美芙诺公司推出，该品牌的主要经营范围是深海鱼胶原蛋白粉等保健品，美芙诺公司注册了名为"MiNOCN"的商标。

《越淘越开心》是快乐淘宝公司制作的综艺节目，每周日晚 12 点在湖南卫视播放，节目主要为其经营的"嗨淘网"中的商品进行广告宣传。在 2013 年 5 月主题为"做辣妈不做大妈"的《越淘越开心》节目中，主持人在对千金公司产品作出原材料非常好、吸收率100%等方面的广告宣传铺垫后，表示要用实验方法对此进行鉴定证明，遂将匿名公司的 A、美芙诺公司的 B、千金公司的 C 品牌胶原蛋白粉产品溶于水中，观察其在水中溶解的情况，在 1 分钟左右的时间内就以溶解率大小、溶解速度快慢等为依据对不同产品的质量作出结论，将被对比的原告产品明确定性为"伪劣产品""有大量的脂肪和杂质""估计纯度不足30%"等。节目仅对产品 A 进行模糊处理，美芙诺公司的产品名称与商标清晰可见。优酷网、土豆网上均有该期节目的视频供用户观看。

节目播出后，美诺品牌的胶原蛋白粉销量明显下降。美芙诺公司认为节目中未打码进行对比实验且任意定性其产品为伪劣产品的行为构成不正当竞争，给美诺品牌产品的良好形象、口碑和商品商誉等造成非常恶劣的影响，严重损害了美芙诺公司的合法权益，于是将快乐淘宝公司、千金公司、湖南卫视、"优酷网"的经营者合一公司、"土豆网"的经营者全土豆公司告上法庭。

【争议焦点】

（1）被控侵权行为是否成立，即涉案视频的相关内容是否构成虚假宣传、商业诋毁的不正当竞争；

（2）如果构成不正当竞争，如何确定实施该侵权行为的主体。

【裁判推理】

（1）被控侵权行为是否成立，即涉案视频的相关内容是否构成虚假宣传、商业诋毁的不正当竞争

原告与被告千金公司均经营胶原蛋白粉商品，双方系相同行业内具有商业竞争关系的经营主体，而该案纠纷系因对上述商品的宣传、对比实验等行为而

引发，故双方可以形成不正当竞争法律关系。被告快乐淘宝公司销售千金公司的胶原蛋白粉商品并对该商品进行相关宣传，亦可以与原告形成不正当竞争法律关系。湖南卫视等其余被告虽与原告无商业上的直接竞争关系，但若参与实施不正当竞争行为，亦可以成为不正当竞争法律关系的主体。

依据我国《反不正当竞争法》的规定，经营者不得利用广告或者其他方法对商品的质量、制作成分、性能、用途、生产者、产地等作出引人误解的虚假宣传，不得捏造、散布虚伪事实，损害竞争对手的商业信誉、商品声誉。依据我国《广告法》的规定，广告应当真实、合法，不得贬低其他生产经营者的商品或者服务。将某个商品定性为"伪劣产品"，是对商品声誉、商家信誉的严重负面评价。在无事实依据、科学依据的前提下，在广告中公开将竞争对手的商品认定为伪劣产品，属于严重贬低竞争对手的商业诋毁行为。

首先，涉案《越淘越开心》节目虽系综艺娱乐类节目，但制作、播放该节目的重要目的之一是宣传推广"嗨淘网"上所销售的商品，节目中明显植入大量商品宣传推广方面的内容，故可以视为商业广告。快乐淘宝公司经营的"嗨淘网"销售千金公司的胶原蛋白粉商品，其制作的涉案《越淘越开心》节目的主题"做辣妈不做大妈"视频对该商品进行广告宣传，故快乐淘宝公司通过涉案视频实施商业广告行为的主观故意明显。

其次，对不同商品的质量优劣采取对比实验的方法进行检验，一般应当由具有相关检验资质的第三方中立机构实施，并应当采用规范、具有科学依据的方法进行，实验或者检验结果应当客观、公正、全面。在广告中，采取将不同商品作对比实验的方法进行广告宣传并公开实验过程、实验结果的，即使相关实验的过程、结果真实、客观，也应当隐去被对比商品上与对方经营者建立联系的生产企业、商标等方面的商业标识信息，否则就可能在宣传自己商品的同时直接产生贬低竞争对手商品的后果，构成侵害他人合法权益。在涉案节目中，主持人在对千金公司产品作出原材料非常好、吸收率100%等方面的广告宣传铺垫后，表示要用实验方法对此进行鉴定证明，遂将A、B、C三个不同公司的胶原蛋白粉产品溶于水中，观察其在水中溶解的情况，在1分钟左右的时间内就以溶解率大小、溶解速度快慢等为依据对不同产品的质量作出结论，将被对比的原告产品明确定性为"伪劣产品""有大量的脂肪和杂质""估计纯度不足30%"等。在无证据证明溶解率大小、溶解速度快慢是检验胶原蛋白粉产品质量优劣的根本标准的情况下，上述实验结论严重缺乏事实依据和科学依据，且上述实验过程、结论即使真实、客观，也不得明示被严重负面评价的产品的相关商业标识信息。因此，涉案节目通过所谓的产品对比实验，公开声称竞争对手的产品为伪劣产品等，明显具有主观过错，属于商业诋毁行为。

涉案节目在对比实验过程中，对不同公司的产品进行明显的差别对待，将原告产品包装上的"MiNOCN"商标等相关信息予以清晰显示，但隐去另一比较对象的同类产品的商标等可以与该产品品牌或者生产企业等产生联系的信息，且刻意在画面显示涉案产品包装信息时予以特写镜头，故涉案节目将原告作为竞争对手进行贬低的主观故意明显。同时，涉案节目在湖南卫视播出，尽管播出时间为凌晨零时左右，涉及产品对比实验的时间也较短，但湖南卫视系在全国范围内具有较大影响力的电视台，该档节目具有较高收视率，且涉案节目在千金公司的网站及其淘宝网旗舰店、"嗨淘网"上均能够播放并有相关链接，在具有较大影响力的视频网站"优酷网""土豆网"上也能够观看到涉案节目，而对比实验具有特殊性，受众会对对比产品的相关信息产生较强的关注度，而且涉案节目的关联商品链接的商品评价中有"是看了越淘越开心才买的，之前服的美诺的，原来有脂肪，怪不得觉得近半年里突然发胖了"等内容，可见消费者因观看到涉案节目而对商品选择产生了实际的影响，故可以认为涉案节目具有较大的受众范围，其中对原告产品严重不当的负面评价内容对原告产生了较大的不良影响，也影响了消费者对原告产品的正常选择。

据上，法院认为，涉案节目中与原告产品相关的对比内容对原告产品的商品声誉和原告的商业信誉造成损害，构成对原告进行商业诋毁的不正当竞争。

至于涉案节目称千金公司产品"原材料非常好，由世界顶尖的原材料供应商法国罗塞洛公司提供""吸收率100%"等，上述宣传广告内容以世界顶尖、100%等为要素，易使消费者产生该产品的原材料世界顶尖、质量非常好，即比其他同类产品优质等方面的认识，并且没有证据可以证明宣传语属实，故上述宣传行为具有引人误解的虚假宣传的表现形式，但由于涉案节目在作出上述宣传时尚未进入所谓的对比实验阶段，尚未针对原告等特定的竞争对手，故不会直接对原告造成损害。该宣传内容系为此后实施的所谓对比实验即针对原告的商业诋毁行为进行铺垫，故可以认为上述虚假宣传行为是商业诋毁行为的组成部分，并不单独构成对原告虚假宣传的不正当竞争。

（2）如果构成不正当竞争，如何确定实施该侵权行为的主体

各被告对涉案节目分别存在制作、传播等行为，涉案节目存在商业诋毁的侵权内容，各被告是否因此都构成对原告的侵权，需结合各被告的具体行为依法进行判断。

其一，被告快乐淘宝公司为销售被告千金公司的产品等，制作含有侵权内容的涉案节目，并通过被告湖南卫视进行播放，还在其经营的"嗨淘网"上发布涉案视频，上述行为在恶意贬低原告产品的同时能够为其更多地销售千金公司的产品带来优势并获得经济利益，具有主观过错，故快乐淘宝公司构成对原告的不正当竞争。

其二，快乐淘宝公司虽确认涉案节目由其独立制作、千金公司并未付费，但涉案广告宣传的是千金公司的产品，千金公司系该广告最大的直接受益者，通过该节目可以获得经济等利益，且其向快乐淘宝公司提供用于发布在"嗨淘网"上的其产品图片、文字说明等广告方面的材料，派人到涉案节目的制作现场，提供其产品用于所谓的对比实验，且不能排除其提供原告产品的可能，并将涉案视频发布在其网站及网络店铺上进行播放并作链接介绍，故结合常识，产品广告的广告主在通常情况下是产品生产商的商业经营，可以认定千金公司是涉案广告的实际广告主或者共同广告主，在制作、传播涉案节目方面与快乐淘宝公司具有共同侵权的意思联络，双方分工合作，共同实施不正当竞争行为，构成共同侵权。

其三，广告发布者应当核实广告内容，不得发布内容不实或者证明文件不全的广告。湖南卫视作为电视广告平台服务的经营者，对通过其发布的广告内容依法负有审查义务，不得播出违反公共利益或者含有商业诋毁等民事侵权内容的广告，如明知或者应知相关广告内容构成侵权而仍然播出，则构成共同侵权。对上述明知或者应知的判断，应当结合电视节目栏目的经营情况，广告的具体内容、时长，审查的能力与难度等进行综合考量。

《越淘越开心》节目虽然由快乐淘宝公司制作，但该节目已经成为湖南卫视的一档长期、固定的电视栏目。湖南卫视作为该档节目的特定播出者，应当对节目内容的合法性负有较高的注意义务，在播出之前进行审查。结合湖南卫视的经营规模等情况，可以认为其有条件、有能力对涉案节目进行全面、审慎的审查。湖南卫视知道或应知涉案节目的播出会损害被对比实验产品的品牌声

誉及其商家的信誉，依然播出该节目，在主观上放任损害后果的发生。因此，可以认定湖南卫视未尽到合理的审查义务，其传播涉案节目的行为系为快乐淘宝公司、千金公司实施不正当竞争行为提供帮助，具有主观过错，构成共同侵权。

其四，被告合一公司经营的"优酷网"系为网络用户提供网络存储空间等服务的视频网站，没有参与涉案节目的制作，且其网站上的涉案视频系由网络用户上传，故合一公司不构成直接侵权。根据我国法律的规定，网络服务提供者只有在知道网络用户利用其网络服务实施侵权行为，未采取必要措施，仍然为侵权行为人提供网络服务的情况下，才应当与网络用户承担共同侵权责任。"优酷网"上的海量视频，从网络技术、管理成本、认知甄别能力等角度出发，其一般仅对含有色情、暴力等内容的上传视频进行主动审查，不能苛求其对网站上的众多视频信息的真实性、合法性等进行全面有效的审核，其在通常情况下对网络用户的侵权行为不具有预见和避免的能力，考虑涉案节目系综艺娱乐类节目，涉及侵权的内容隐蔽在植入性广告中、时长不足 1 分钟等因素，更不能苛求其主动发现涉案视频存在侵权内容，且其通过"版权声明""使用协议"等明确禁止上传的内容、权利救济渠道等，已对预防、避免侵权行为履行较为合理的注意义务，故合一公司不应承担共同侵权责任。同时，原告在该案诉讼前向合一公司发出停止侵权的通知，合一公司在收到该案诉状副本后及时删除了涉案视频。因此，合一公司提供网络服务的行为不构成共同侵权。

其五，被告全土豆文化公司经营的"土豆网"系为网络用户提供网络存储空间等服务的视频网站，没有参与制作涉案节目，但涉案视频系由全土豆文化公司自行上传并进行相应的编辑、介绍，其行为属于主动实施传播涉案视频的内容提供行为。但是，由于涉案节目系综艺娱乐类节目，涉及侵权的内容隐蔽在植入性广告中、时长不足 1 分钟，故难以认定全土豆文化公司在传播涉案节目时知道或者应当知道其中存在侵权内容。由于涉案节目首播于具有较大影响力的湖南卫视，该档节目系湖南卫视的长期的固定节目，全土豆文化公司上传视频的主要目的不是传播其中的广告，故不能要求其承担广告经营者的审查义务。同时，原告在该案诉讼前向全土豆文化公司发出停止侵权的通知，全土豆文化公司在收到该案诉状副本后及时删除涉案视频。因此，全土豆文化公司传播涉案节目的行为在主观上不具有过错，既不构成直接侵权，也不构成共同侵权。

综上，被告快乐淘宝公司、千金公司共同构成对原告商业诋毁的不正当竞争，应当依法共同承担民事责任。被告湖南卫视构成帮助侵权，应当承担连带责任。被告合一公司、全土豆文化公司、全土豆网络公司不构成侵权。

【裁判要旨】

在无事实依据、科学依据的前提下，在广告中公开将竞争对手的商品认定为伪劣产品，属于严重贬低竞争对手的商业诋毁行为。电视广告平台服务的经营者，对通过其发布的广告内容依法负有审查义务，为网络用户提供网络存储空间等服务的视频网站对自行上传并进行相应的编辑、介绍的节目也存在一定的审查义务，不得播出违反公共利益或者含有商业诋毁等民事侵权内容的广告，如明知或者应知相关广告内容构成侵权而仍然播出，则构成共同侵权中的帮助侵权。

【案号】

（2013）浦民三（知）初字第 764 号

三、公众号文章损害节目商誉

【基本案情】

2017 年 7 月 18 日，乐视北京公司所运营的微信公众号"乐视视频"发表《和原版相比，〈中国有嘻哈〉简直就是中国小西瓜》一文，认为《中国有嘻哈》存在黑幕、质疑《中国有嘻哈》的演员水平和层次，《中国有嘻哈》抄袭等。在文章最后，作者称，为了表示对《中国有嘻哈》的尊重，还是决定去乐视视频看看韩国节目《SMTM》第六季，并在文章末尾设置《SMTM》的观看链接。

爱奇艺公司认为乐视北京公司发布的涉案文章内容构成商业诋毁，并利用爱奇艺公司的知名度对乐视北京公司引进的《SMTM》进行推广。故向法院起诉。

【争议焦点】

（1）关于乐视北京公司在微信公众号上发布文章的行为是否构成不正当竞争行为；

（2）关于乐视北京公司在涉案文章末尾设置《SMTM》观看链接的行为是

否构成不正当竞争行为。

【裁判推理】

（1）关于乐视北京公司在微信公众号上发布文章的行为是否构成不正当竞争行为

首先，关于乐视北京公司与爱奇艺公司是否存在竞争关系。从公司经营范围来看，乐视北京公司与爱奇艺公司的经营范围具有较大重合，可以认定两公司之间存在竞争关系。从涉案节目内容来看，爱奇艺公司在2017年制作的《中国有嘻哈》节目与韩国《SMTM》节目同属于嘻哈文化题材的综艺节目，乐视北京公司于2016年购买《SMTM》第五季的版权并上线，更进一步证明两者在经营嘻哈类综艺节目上存在明显且直接的竞争关系。而《中国有嘻哈》与《SMTM》在节目来源、特点等方面的差异，不足以否定乐视北京公司与爱奇艺公司之间的竞争关系。

其次，关于乐视北京公司在微信公众号上发布文章的行为是否构成不正当竞争行为。涉案文章使用《和原版相比，〈中国有嘻哈〉简直就是中国小西瓜》的标题，为行文者自拟，而文章的标题通常具有概括文章内容、提炼文章主旨的作用。涉案文章使用的标题，通过将爱奇艺公司制作的《中国有嘻哈》节目与原版的对比，得出"就是中国小西瓜"的结论，由此概括文章的主要内容，并反映出作者厚此薄彼的主观意图。涉案文章标题容易误导相关公众对爱奇艺公司制作的《中国有嘻哈》节目作出负面评价，进而损害爱奇艺公司的商誉。

涉案文章的正文采用图文撰写的方式，多次引用视频截图、网络照片、网友发布的内容、网络歌曲、豆瓣评论等网络上关于《中国有嘻哈》节目的负面信息。涉案文章在这些负面信息的基础上结合与《SMTM》节目的对比，表达了《中国有嘻哈》节目存在黑幕、抄袭、演员水平低等观点，使用了"中国有嘻哈，不在《中国有嘻哈》""《中国有黑幕》，我是看不下去了"等语言，足以误导相关公众对《中国有嘻哈》产生错误评价。

乐视北京公司在微信公众号上发布涉案文章的行为，主观上具有侵权故意，客观上产生了损害爱奇艺公司的后果，损害了爱奇艺公司的商业信誉及商品声誉，其行为已经构成不正当竞争。

（2）关于乐视北京公司在涉案文章末尾设置《SMTM》观看链接的行为是

否构成不正当竞争行为

涉案文章通过对《中国有嘻哈》和《SMTM》的对比，误导相关公众对爱奇艺公司的《中国有嘻哈》产生负面和错误的评价，然后在文章末尾设置《SMTM》的观看链接，引导相关公众观看乐视北京公司引进版权的《SMTM》。乐视北京公司设置《SMTM》观看链接的行为与文中诋毁行为一脉相承，诱导读者通过点击该链接到达载有《SMTM》第五季链接的页面，进而进入其经营的乐视视频中观看《SMTM》第五季节目，属于违反公平竞争及诚实信用原则的行为，亦构成不正当竞争行为。

【裁判要旨】

在互联网上发布对同行业竞争者产品或服务的负面不实信息，误导公众的，构成商业诋毁。

【案号】

（2018）京 73 民终 2011 号

四、法理分析

本节选取 3 个文娱综艺行业中商业诋毁行为引发的不正当纠纷案例，梳理和分析司法实践的裁判路径，可以为商业诋毁行为的认定提供比较明确的标准，弥补法律规定的简明性，对于惩治文娱综艺行业不正当竞争的乱象、规范文娱综艺行业竞争秩序具有重要意义。

本节 3 个案例都肯定商业诋毁行为的成立，通过案例可知，经营者有权对涉及自身利益的事项陈述有关事实，但违反诚实信用、公正客观原则，在没有足够的事实和法律依据的情况下公开、武断地否定竞争对手合法经营行为的正当性，误导公众、损害商誉，构成商业诋毁。在无事实和科学依据的前提下，在广告中公开将竞争对手的商品认定为伪劣产品，构成商业诋毁。在微信公众号上发表文章，通过对比误导公众对竞争对手的节目作出负面评价，损害商誉，构成商业诋毁。正当宣传、评论与商业诋毁之间的区分，在于是否缺乏相关依据，对竞争对手进行的负面评价是否具有误导性，并损害其商誉。

通过分析本节案例的裁判思路，可以总结出商业诋毁行为认定的构成要件，包括主体要件、行为要件、结果要件和主观要件四个方面：其一，商业诋毁行为是处于竞争关系的竞争者从事的不正当竞争行为。而判断商业诋毁的主体是否属于具有竞争关系的经营者，需要通过经营范围是否重合、受众范围是否重合、运营模式是否相似等多方面综合考量。对于与原告无商业上直接竞争关系的被告，若参与实施不正当竞争行为，如电视台发布含有商业诋毁内容的广告，亦可以成为具有竞争关系的主体。在共同侵权主体的确定中，当商业诋毁是以制作、传播商业广告性质的电视节目形式实施的，涉及广告制作者、传播者和产品生产者等多个主体，产品生产者即使未对广告付费，结合其在广告制作传播中的地位和作用也可以认定为共同实施不正当竞争行为。对于未参与广告制作的传播者，发布广告的电视台系违反审查义务，若明知或者应知侵权内容而播出，则构成共同侵权；对明知或者应知的判断，应当结合节目的经营情况，广告的具体内容、时长，审查的能力与难度等进行综合考量。由用户上传广告的网络服务提供者，只有在知道该侵权内容且未采取必要措施的情况下才构成共同侵权。其二，商业诋毁行为主要表现为通过编造、传播虚假信息或者误导性信息等不正当竞争手段对竞争对手的商誉进行诋毁、贬低。虚假信息是通过无中生有、凭空捏造的方式产生的不真实描述，误导性信息可以理解为恶意评价信息、不完整不准确或难以证实的信息。需要注意的是，如果经营者仅编造虚假信息未进行传播，一般不会对市场竞争造成影响，不构成商业诋毁。关于在实施商业诋毁中进行的对自己商品的虚假宣传、插入链接诱导公众等行为，同样构成不正当竞争。其三，商业诋毁行为已经造成或者可能造成对竞争对手商誉的损害。商业诋毁行为虽然属于侵权行为，但又具有特殊之处，相比而言，其更加注重诋毁事实本身。在对文娱综艺节目中商业诋毁行为认定时，应当综合其行为方式、影响范围以及社会评价等综合判断。其四，商誉诋毁行为的主观方面具有过错。具体到文娱综艺行业，过错应当包括故意和过失。作为文娱综艺行业的专业服务提供者，在面对文娱综艺行业相关信息时，从业者应尽到符合文娱行业标准的审慎义务，不应未经核实即传播有损其他经营者商誉的信息。

一言以蔽之，本节案例对相关市场主体的不正当竞争行为具有警示作用。在对自己的节目或者商品进行宣传的过程中，恶意对其他节目或者商品进行的负面评价和诱导，构成不正当竞争。随着法律加强对商誉权益的保护，只有遵守商业伦理和诚实信用原则，尊重他人合法权益和市场公平竞争秩序，才是文娱综艺行业经营者长远发展之道。

第三节　"搭便车"行为引发的商业混淆

在生产经营活动中，经营者应当努力提高自己商品或者服务的质量，增加影响力和美誉度，从而提高市场竞争力。但是，有的经营者却试图通过"搭便车""傍名牌"的方式，仿冒其他企业的名称、商品标识、包装装潢等，引导消费者将自己的商品误认为是他人商品或者与他人存在特定联系，借用他人商品的影响力、美誉度提高自己和自己商品的市场竞争力。文娱综艺行业也不例外，存在攀附他人有一定影响的节目名称、利用他人娱乐节目商业声誉、使用他人有一定影响的企业名称作为字号宣传等典型的"搭便车"行为。这种行为不但损害被混淆对象的合法权益，欺骗、误导消费者，而且扰乱文娱综艺行业的市场竞争秩序，是一种典型的不正当竞争行为。

我国于 2019 年修正的《反不正当竞争法》第 6 条对禁止商业混淆行为进行明确规定："经营者不得实施下列混淆行为，引人误认为是他人商品或者与他人存在特定联系：（一）擅自使用与他人有一定影响的商品名称、包装、装潢等相同或者近似的标识；（二）擅自使用他人有一定影响的企业名称（包括简称、字号等）、社会组织名称（包括简称等）、姓名（包括笔名、艺名、译名等）；（三）擅自使用他人有一定影响的域名主体部分、网站名称、网页等；（四）其他足以引人误认为是他人商品或者与他人存在特定联系的混淆行为。"随着对"假冒注册商标"和"虚假表示条款"的删除，该条已经成为纯粹的混淆行为条款。在对《反不正当竞争法》第 6 条所禁止的混淆行为进行理解和适用时，应考虑以下几点。

其一，实施混淆行为的主体是经营者，即包括从事商品生产、经营或者提供服务的自然人、法人和非法人组织。其二，被混淆的对象是具有一定影响的标识。这里的标识主要包括商品标识、主体标识和网络活动中的一些特殊标识。受《反不正当竞争法》所保护的标识，应当"具有一定影响"。具有一定的市场知名度并具有区别商品来源的显著特征的标识，人民法院可以认定为

"有一定影响的"标识。在知名度的认定上，应当综合考虑中国境内相关公众的知悉程度，商品销售的时间、区域、数额及对象，宣传的持续时间、程度和地域范围，标识受保护的情况等因素。其三，从事混淆行为的方式是"擅自使用"。在中国境内将有一定影响的标识用于商品、商品包装、商品交易文书或者广告宣传、展览等其他商业活动、识别商品来源的行为，可以认定为《反不正当竞争法》第6条规定的"使用"。其四，混淆结果是引人误认为是他人商品或者与他人存在特定联系。是否混淆，最终要从结果上进行判断。足以使相关公众对商品的来源产生误认，包括误认为与他人具有商业联合、许可使用、商业冠名、广告代言等特定联系的，法院应当认定为"引人误认为是他人商品或者与他人存在特定联系"。其中，"引人误认"一般以相关公众的一般注意力为判断标准，考察其对商品形成的整体印象。相关公众是指相关领域的普通消费者，区别于专业人士和无关人员。混淆的结果包括两种：一种是商品来源混淆，即将经营者的商品误认为是他人商品；另一种是特定联系混淆，即误认为该经营者或者其商品与被混淆对象存在商业联合、许可使用、商业冠名、广告代言等特定关系。

具体到文娱综艺行业，《反不正当竞争法》第6条所禁止的混淆行为有哪些表现形式，可以通过现有案例来总结得出。本节针对性地选取4个案例，将主观与客观两个方面结合起来综合判断，确定被告是否构成"搭便车"的不正当竞争行为，应否承担相应的法律责任。

一、注册企业字号对他人商标的合理避让

【基本案情】

原告上海天娱传媒有限公司（以下简称"上海天娱公司"）成立于2004年，代表作包括《超级女声》等一系列知名娱乐节目，其拥有第4219296号商标"天娱传媒"文字与图形组合的注册商标专用权。该商标注册日期为2008年1月14日。被告中视天娱国际传媒文化（北京）有限公司（以下简称"中视天娱公司"）成立于2014年3月18日，原告认为被告擅自将其商标中的显著性中文部分"天娱"作为其企业名称中的字号进行工商登记和使用，导致公众混淆，构成不正当竞争。故起诉请求判令被告停止侵权、变更企业名称，

禁止将"天娱"作为企业字号、消除影响、赔偿损失。

【争议焦点】

中视天娱公司使用"天娱"作为企业字号注册并用于经营活动的行为是否构成不正当竞争。

【裁判推理】

根据《反不正当竞争法》第6条第4项之规定，经营者实施足以引人误认为是他人商品或者与他人存在特定联系的混淆行为，属于不正当竞争行为。

首先，根据双方的营业执照中的经营范围、该案证据显示双方参与策划的活动、业务及各自对其主营业务的自述，双方业务均涉及节目制作、文娱演出活动等领域，故双方存在竞争关系。

其次，涉案商标的核准注册日期在被告公司成立之前，且涉案商标的中文部分"天娱传媒"中显著性较强的"天娱"文字亦为原告的企业字号。该案证据显示，在中视天娱公司成立时，无论是涉案商标还是上海天娱公司已经在节目制作、文娱演出活动等领域具有一定的知名度，中视天娱公司亦认可涉案商标在文化娱乐领域有一定的影响力。中视天娱公司作为同业经营者，理应知晓上海天娱公司涉案商标的情况，其仍将涉案商标显著性较强的"天娱"注册为企业字号，足以误导公众，存在明显的主观恶意，构成不正当竞争。因此，法院判决被告中视天娱公司停止侵权、变更企业名称并赔偿原告损失。

【裁判要旨】

同业经营者，在理应知悉他人商标的情况下，仍将他人商标中显著性较强的元素注册为企业字号，足以误导公众的，构成不正当竞争。

【案号】

（2019）京73民终3699号

二、竞争关系及正当性判断

【基本案情】

万合天宜公司于2013年制作并推出网络剧《万万没想到》，该剧以"意想不到"为主线贯穿故事始末，讲述由主角王大锤引发的系列搞笑故事。该剧获得2014年国剧盛典最佳网络剧、中国大学生电视节最受大学生瞩目网络剧奖等收视奖项。后来万合天宜公司相继发行《万万没想到》书籍、游戏、优盘等系列衍生作品。

2015年，四川电视台推出大型求真探索类节目《万万没想到》，该节目旨在揭秘科学奇观、发现生活真相，通过现场实验、嘉宾参与等方式展示生活中令人意想不到的现象。四川电视台在其官方微博中链接了万合天宜公司的《万万没想到》微话题，其中一条微博还配有原告《万万没想到》的节目图片及简介。2015年春节期间，四川电视台推出《千万不要笑——"万万没想到"之春节特别节目》，该节目每期都由主持人串场、数个一分钟左右的搞笑短片及主持人参与录制的搞笑短片构成。两者节目中均有佩戴盔甲的古代从军人员形象，有男扮女装的反串形象、"蜘蛛侠"、现代都市男女在外休闲就餐、足球比赛、老板与雇员等创作元素和场景。风行网播放了四川电视台的该节目。

万合天宜公司认为，四川电视台推出《千万不要笑——"万万没想到"之春节特别节目》的主题及创作元素和场景均与其节目构成近似。四川电视台使用与其字体版本相同的名称命名其节目，并采用与其相同主题、风格和创作元素录制春节特别节目，有故意傍其名牌、搭其便车之嫌，其与节目播放网站风行公司的行为均构成不正当竞争，故起诉至法院。

【争议焦点】

四川电视台与风行公司的行为是否构成不正当竞争。

【裁判推理】

万合天宜公司与四川电视台的经营范围虽不完全一致，难以认定两者为直接的同业竞争者，但两者同为视听节目的制作者和经营者，在经营过程中，存在一方"搭便车"模仿、攀附商誉，从而损害另一方竞争利益的可能性，故两者存在竞争关系。

万合天宜公司自推出《万万没想到》网络剧后所获得的用户点击关注及各项荣誉和媒体报道足以证明该剧已经取得一定的市场知名度，为相关公众所知悉，构成该案适用的1993年《反不正当竞争法》规定的知名商品。在此基础上，"万万没想到"作为网络剧名称，已经成为该剧的主要识别部分，相关公众能够通过该名称建立与作品相对应的关系。因此，"万万没想到"的名称具备区别商品来源的显著特征，构成知名商品特有的名称。

四川电视台求真探索类节目《万万没想到》作为推出在后的节目，与原告作品在名称、名称设计的整体视觉效果上均达到相同和高度相似，相关公众难免会误认为两者之间存在许可使用、授权合作等特定的关联联系。四川电视台已知晓万合天宜公司节目推出在先且已经取得一定知名度的情况下，理应对他人的作品名称进行合理避让，采用与在先作品相区别的命名方式，以避免相关公众的混淆或误认。而四川电视台不仅采用与在先知名作品完全相同的作品名称和近似的设计，而且在其官方微博中使用万合天宜公司的海报和微话题对节目进行宣传，明显具有攀附他人商品知名度和"搭便车"的嫌疑，主观上难谓善意，其行为已构成不正当竞争，应当承担相应的法律责任。

四川电视台求真探索类节目《万万没想到》亦采用"万万没想到"的主题，该种创作手法不应为法律所禁止，相反应当得到鼓励。两者节目中虽然都使用类似的创作场景、道具，但两者在使用上述通用元素时，所使用的布景、演员、故事内容、人物设计等均不相同，也未构成近似，且上述元素散落于双方作品数个短剧之中，很难形成双方作品中的显著识别部分，万合天宜公司亦未举证证明上述元素系其《万万没想到》作品中别具一格的表达方式或具有可识别性的显著特征，故相关公众不会因上述创作元素的使用而发生混淆或误认，故法院对于万合天宜公司关于相同主题及类似创作元素的主张不予支持。

风行公司在收到该案的起诉材料之后，即停止播放行为，其行为并未违反诚实信用原则或公认的商业道德，不构成不正当竞争。

【裁判要旨】

竞争关系并不限于同行业经营者之间的直接竞争关系，只要实质上存在违反诚实信用原则，损人利己、"搭便车"模仿等以不正当手段争夺交易机会、损害其他经营者竞争利益的可能性，即可认定经营者之间存在竞争关系。

视听作品的名称经使用后获得显著性，能够起到区别商品或服务来源作用的，构成知名商品的特有名称；对知名度的判断，应当结合作品所获奖项、作品播放时间、收视率、点击率、观众评价、媒体宣传、衍生品的发行等因素综合判断。

法律不禁止经营者使用与他人相同的主题进行节目创作，但经营者对于他人在先使用并具有一定知名度的节目名称应当主动加以避让，以防止发生市场混淆。

【案号】

（2015）京知民终字第 2004 号

三、消费者混淆与不正当竞争的关系

【基本案情】

朱某庸系台湾知名漫画家，2005 年 4 月出版《关于上班这件事》一书。该书第一章引言为"说到每天上班 8 小时这件事，其实是本世纪人类生活史上的最大发明，也是最长一出集体悲喜剧。你可以不上学，你可以不上网，你可以不上当；你就是不能不上班。"2008 年 1 月至 12 月，上海第一财经、上海唯众公司制作了以职场话题为内容的脱口秀节目《上班这点事》，在北京电视台第五频道播出。该节目的标题、宣传海报和短片中，使用了朱某庸书籍《关于上班这件事》第一章引言相同或近似的表述。朱某庸认为，涉案节目使用其作品进行宣传，使公众对两者的关系产生误认，构成不正当竞争。故诉至法院。

【争议焦点】

《上班这点事》节目是否使公众产生误认，进而构成不正当竞争。

【裁判推理】

根据《反不正当竞争法》第 2 条规定，不正当竞争是指经营者违反法律规定，损害其他经营者的合法权益，扰乱社会经济秩序的行为。该法第 9 条规定，经营者不得利用广告或者其他方法，对商品的质量、制作成分、性能、用途、生产者、有效期限、产地等作引人误解的虚假宣传。

该案中，朱某庸主张的不正当竞争行为是，《上班这点事》节目的名称与《关于上班这件事》一书名称具有一定的近似性，宣传短片和海报中出现了与《关于上班这件事》一书第一章引言近似的内容。首先，这些行为根据上述标准并不属于通过广告或者其他方法，对节目的质量、制作者、内容、来源等进行虚假陈述，难以认定是虚假宣传。其次，《关于上班这件事》一书是一部四格漫画作品，而《上班这点事》节目是一档无固定台本的脱口秀节目，两作品表达方式迥异。根据相关公众一般日常生活经验不会认为两者在内容上存在联系，也不会对两者的关系产生误认，事实上《上班这点事》节目的内容也并未涉及《关于上班这件事》一书，因此亦不能证明上述宣传足以造成相关公众误解。最后，"上班"是一种社会现象，也是任何人均可以进行评论的公共话题。《关于上班这件事》一书及《上班这点事》节目存在的关联之处，仅在于其讨论的均是"上班"这一相同的话题。朱某庸不能因为著有《关于上班这件事》一书，就禁止他人就同一题材创作不同内容和形式的作品，否则将会妨碍社会公共利益。

因此，朱某庸主张的被控侵权行为并不具有不正当性，且其不会损害朱某庸基于其作品产生的合法权益，亦不会扰乱社会经济秩序，因此不构成不正当竞争。

【裁判要旨】

判断是否使相关公众对商品的来源产生误认，应当根据相关公众一般日常生活经验进行判断。

【案号】

（2010）一中民终字第 12577 号

四、对知名节目名称的攀附性使用

【基本案情】

《爸爸去哪儿》是湖南电视台制作的一档亲子户外真人秀电视综艺节目，自 2013 年 10 月开始播出。奥洁公司成立于 1996 年 2 月 9 日，经营范围是化妆品生产，生产、加工、销售香皂，销售化妆品、日用化学品等。奥洁公司生产的梦舒宝儿童蜂蜜特润营养霜、梦舒宝儿童植物幼滑热痱粉、梦舒宝儿童祛痱花露水、梦舒宝多效抑菌除螨洗衣液、梦舒宝儿童牛奶沐浴露等商品上标有"爸爸去哪儿"字样。湖南电视台认为：奥洁公司在被诉侵权产品上使用知名电视节目名称《爸爸去哪儿》违反了《反不正当竞争法》第 2 条、第 6 条第（4）项之规定，构成不正当竞争行为，故诉至法院。

【争议焦点】

商品上标注了有一定影响的节目名称，是否构成不正当竞争。

【裁判推理】

湖南电视台的《爸爸去哪儿》电视综艺节目经过制作、播出、宣传推广、授权商业化运作等，已成为具有一定知名度和影响力的电视节目，其节目名称及标识"爸爸去哪儿"具有一定的显著性，是一种可产生商业利益的商业性标识。与一般产品或服务不同，电视产品的特殊性在于它能引起高度关注，触及面广，社会影响力大。如果将这种影响力用于商业活动，作为产品名称或者服务标志，可能使商品或服务更加引人注目，使人感到其质量可信，从而起到促销作用。

由于《爸爸去哪儿》节目知名度的提高，节目运作过程中会伴随广告、赞助、冠名等商业行为，电视观众和普通消费者会将以"爸爸去哪儿"冠名的商品与该《爸爸去哪儿》电视节目联系起来，认为两者之间具有赞助、许可使用等关系，从而导致混淆商品来源的结果的现实可能性也大大增加。

奥洁公司在被诉侵权产品的显眼位置突出使用了"爸爸去哪儿"文字及与湖南电视台电视节目 Logo 相近似的标识，且该标识具有一定的视觉冲击力和可辨识度，足以使社会公众误认为奥洁公司的产品与湖南电视台该电视节目存在特定的联系，不恰当地攫取了依附于该知名电视节目名称所产生的经济利益，构成反不正当竞争法所规制的仿冒混淆行为。

【裁判要旨】

未经许可，在商品包装上使用有一定影响的节目名称，足以使社会公众误认为该产品与该电视节目存在特定的联系，不恰当地攫取了依附于该知名电视节目名称所产生的经济利益，构成反不正当竞争法所规制的仿冒混淆行为。

【案号】

(2019) 粤民终 1728 号

五、法理分析

本节选取 4 个娱乐行业中"搭便车"行为引发的不正当竞争纠纷典型案例，一般情况下可适用《反不正当竞争法》第 6 条"仿冒混淆"进行判断。在司法认定时，应当综合竞争关系、有一定影响、行为违法性、主观过错和损害后果等要素进行判断。

在竞争关系的判断上，"反不正当竞争法不仅应当将违反禁止性竞争法条款的直接竞争关系纳入其规制范围，而且还应当将违反诚实信用原则而以主动进入争夺交易机会、促进他人竞争和直接侵害消费者或公众利益等方式构成的间接竞争关系也纳入其规制范围"。● 最高人民法院在第 30 号指导案例"兰建军、杭州小拇指汽车维修科技股份有限公司诉天津市小拇指汽车维修服务有限公司等侵害商标权及不正当竞争纠纷案"的裁判要点中也指出："反不正当竞争法并未限制经营者之间必须具有直接的竞争关系，也没有要求其从事相同行业。经营者之间具有间接竞争关系，行为人违背反不正当竞争法的规定，损害其他经营者合法权益的，也应当认定为不正当竞争行为。"所以，在不正当竞争案件的审理中，竞争关系不仅限于直接竞争关系，也包括间接竞争关系。如果经营者的行为不仅具有对其他经营者利益造成损害的可能性，且该经营者同时会基于该行为获得现实或潜在的经济利益，则可以认定二者具有竞争关系。在文娱综艺行业中，即使各娱乐节目的内容和形式不同，但根据服务内容的载体、服务的对象以及服务内容的主题，不同类型视听节目的制作者和经营者，也可能构成竞争关系。

在被要求保护的文娱节目相关标识是否"有一定影响"这个问题上，应当结合作品所获奖项、作品播放时间、收视率、点击量、观众评价、媒体宣传、衍生品的发行等因素综合判断。综艺节目的名称经使用后获得显著性，能够起到区别商品或服务来源作用的，构成有一定影响的名称。服务的通用名称不被认定为具有显著性的名称，但是经过使用取得显著特征的，受法律保护。法律并不绝对禁止经营者使用与他人相同的主题进行节目创作，但经营者对于他人在先使用并具有一定知名度的节目名称应当主动加以避让，以防止发生市场混淆。

在行为违法性与主观过错方面，被诉侵权人的行为是擅自使用他人有一定影响的标识，主观上具有攀附他人商誉来获取不正当利益的故意。客观上，被诉侵权行为足以使社会公众产生混淆误认，包括商品来源混淆和特定联系混淆。在文娱节目及相关产业中，经营者在使用相关名称时，对于他人在先使用并具有一定影响的节目名称、商誉、注册商标、企业字号等应当主动加以避让，以防止发生市场混淆。

在文娱产业快速发展背景下，"搭便车"形式呈现多样化、动态化的特点。在涉诉行为不构成《反不正当竞争法》规定的具体行为范式时，《反不正

● 郑友德，杨国云. 现代反不正当竞争法中"竞争关系"之界定 [J]. 法商研究，2002 (6)：64.

当竞争法》第2条也可以适用。《反不正当竞争法》第2条属于原则条款，具有兜底的作用。对于不属于《反不正当竞争法》第二章列举的，但确属违反诚实信用原则和公认的商业道德而具有不正当性的竞争行为，法院可以适用《反不正当竞争法》第2条予以调整，以保障市场的公平竞争。

第四节　破坏网站经营模式引发的不正当竞争

近年来，我国互联网技术发展迅猛，互联网产业规模逐年扩大，其在国民经济中的地位也与日俱增，成为推动国民经济高质量增长的关键动力。互联网领域内的创新非常活跃，新技术和新商业模式层出不穷，行业内的竞争也异常激烈，这自然带来诸多新的竞争法问题。《反不正当竞争法》于2017年进行第一次修改时，第12条专门就规制网络环境下的不正当竞争行为问题作出规定，也被称为"互联网专条"。

与传统不正当竞争纠纷不同的是，互联网行业的不正当竞争行为具有很强的技术性，行业边界不清晰，创新速度快，竞争行为合法性认定变得复杂且难度较大，给司法实践带来许多新的挑战。在文娱综艺行业实践中，视频网站大多采用"免费视频＋广告"和"会员＋免广告"的经营模式，破坏网站经营模式的不正当竞争行为类型主要是，通过浏览器或者软件的方式，屏蔽或者快进视频广告，免费观看付费视频以及分时出租视频网站会员账号等。由于以上行为的实施者多与视频网站拥有相同和相似的用户群，与视频网站有直接或间接的竞争关系，过滤广告等行为或多或少破坏视频网站原有的经营模式，给视频网站造成不小的损失。

《反不正当竞争法》第12条包括两款，第1款规定："经营者利用网络从事生产经营活动，应当遵守本法的各项规定。"该款规制的内容本质上与传统不正当竞争纠纷并无不同，只是不正当竞争行为发生在互联网平台上。第2款规定："经营者不得利用技术手段，通过影响用户选择或者其他方式，实施下列妨碍、破坏其他经营者合法提供的网络产品或者服务正常运行的行为：（一）未经其他经营者同意，在其合法提供的网络产品或者服务中，插入链接、强制进行目标跳转；（二）误导、欺骗、强迫用户修改、关闭、卸载其他经营者合法提供的网络产品或者服务；（三）恶意对其他经营者合法提供的网络产品或者服务实施不兼容；（四）其他妨碍、破坏其他经营者合法提供的网络产品或者服务正常运行的行为。"该款规制的内容主要是破坏网站经营模式引发的不正当竞争纠纷，在具体适用过程中，应当首先判断涉案行为是否属于第 2 款第 1 项至第 3 项中规定的具体行为，如果属于，则直接适用。如果涉案行为不属于前 3 项规定的行为，则适用该款第 4 项中的兜底性规定。

具体认定过程中，双方是否存在竞争关系是首先需要解决的问题，此问题不能仅根据双方经营业务是否相同来判断，而应根据市场竞争关系的本质来判断，不可忽视间接性的竞争关系；其次，网址经营模式是否受保护的问题，应当透过现象看本质，法律保护的是网站经营模式背后的利益，而不是经营模式本身；最后，结合《反不正当竞争法》第 12 条第 2 款的具体规定来认定是否存在不正当竞争行为。

同时，由于文娱综艺行业实践的复杂性和多变性，可能需要配合适用《反不正当竞争法》第 2 条的一般条款，根据涉案行为是否符合自愿、平等、公平、诚实信用的原则，以及是否遵守公认的商业道德，来判断是否存在不正当竞争行为。具体判断时应注意：第一，该行为实施者是反不正当竞争法意义上的经营者；第二，经营者在从事商业行为时，没有遵循自愿、平等、公平、诚实信用原则，违反公认的商业道德；第三，经营者的不正当竞争行为给正当经营者造成经济损失。

本节精选 5 个案例，分析司法实践对于文娱综艺行业中破坏网站经营模式引发的不正当竞争纠纷采取何种态度与裁判思路，为文娱综艺行业中利用网络从事生产经营活动的具体实践提供指引。

一、互联网环境下竞争关系的认定

【基本案情】

搜狐公司是"搜狐视频网"的运营者，该网站经营收入来源模式主要有两种：一是在播放视频节目之前向用户播放广告，据此来收取广告费用；二是用户开通会员，观看无广告的视频节目。2017 年 3 月 15 日，搜狐公司发现，硕文公司开发一款"乐网——广告拦截，视频广告过滤、应用、网页广告屏蔽神器"App（乐网软件），用户安装该软件后，可以完全跳过"搜狐视频网"中节目播放前向用户播放的广告及其他广告。搜狐公司认为，硕文公司的上述行为损害其合法权益，故以不正当竞争为由提起诉讼，要求硕文公司赔偿损失。

【争议焦点】

（1）搜狐公司和硕文公司之间是否存在竞争关系；

（2）硕文公司是否实施不正当竞争行为。

【裁判推理】

（1）搜狐公司和硕文公司之间是否存在竞争关系

虽然双方的主营业务不同，两者之间不存在直接的竞争关系，但是对于竞争关系的考察应当立足于被控侵权行为本身的属性，即是否属于一种为追求个人利益而可能损害他人利益的市场竞争行为。

硕文公司通过开发软件屏蔽视频贴片广告，以此吸引用户进行下载使用，并获取现实或潜在的商业利益，而搜狐公司作为视频网站的经营者，其正是通过视频贴片广告来获取广告收益。由此可见，硕文公司的该种行为存在损人利己的可能性，构成对于搜狐公司的竞争行为，因此需要对其竞争行为的正当性进行进一步的分析。

（2）涉案行为的界定

搜狐公司需要为购买或制作视频资源而支出高额的经营成本，无论是传统的电视台还是现在的视频网站，在视频节目前播出商业广告都属正常的经营活动。硕文公司是涉案广告屏蔽软件的开发者和经营者。在互联网环境下，经营者不得利用技术手段，妨碍、破坏其他经营者合法提供的网络产品或服务的正常运行。硕文公司对于自身业务的开发不应当影响其他互联网经营者在合法商业模式下的正常经营活动，但涉案广告屏蔽软件使得搜狐公司正常播放的视频贴片广告被过滤，无疑破坏了搜狐公司的正常经营活动，在缺乏合理理由的情况下难谓正当。

【裁判要旨】

对于竞争关系的考察应当立足于被控侵权行为本身的属性，即是否属于一种为追求个人利益而可能损害他人利益的市场竞争行为。

【案号】

（2018）浙01民终232号

二、企业商业经营模式的竞争法保护

【基本案情】

爱奇艺公司是视频网站"爱奇艺网"的所有者和经营者，"免费视频＋广告"是其主要的经营模式之一，用户以观看广告为代价获取视频节目满足学习、娱乐等需求，爱奇艺公司从广告主处获得收益弥补经营成本，并获得相应的经济收入。大摩公司开发涉案软件"ADSafe"净网大师，用户使用该软件的"看视频不等待"功能可以跳过原告爱奇艺公司运营的"爱奇艺网"播放的视频广告。爱奇艺公司以不正当竞争为由将大摩公司诉至法院。

【争议焦点】

爱奇艺公司的商业模式是否是《反不正当竞争法》所规定的法定利益。

【裁判推理】

法院认为，"免费视频＋广告"是爱奇艺公司与消费者之间为适应网络环境而逐渐形成的提供服务和消费的有效便捷办法，爱奇艺公司这种经营模式没有法律规定要明确加以保护，非爱奇艺公司所独享，确实没有法定利益。但是它也没有违背法律规定，用户一旦选择"免费视频＋广告"方式观看视频节目，应视为用户与爱奇艺公司达成一份观看视频节目的协议，双方当受约束，爱奇艺公司基于该模式与用户产生的约定利益，他人不得损害。

【裁判要旨】

法律没有明确规定商业模式能否作为权利或权益受到保护，因此不应将"免费视频＋广告"这一商业模式作为一种具体权利或权益单独赋予某个主体享有。即使如此，其他经营者不应为了增加自身的用户资源以违反公认的商业道德的屏蔽行为干扰侵害其他市场主体对于网站内合法经营的广告播放内容的处分权。

【案号】

（2016）沪73民终33号

三、屏蔽视频广告行为的不正当性

【基本案情】

唯思公司是 720 浏览器的开发者，该浏览器以"看视频无广告""独特的广告屏蔽技术让您欣赏视频快人一步"等广告语进行宣传。720 浏览器的广告屏蔽技术通过其内置的 Adblock Plus 插件实现。快乐阳光公司发现 720 浏览器能够过滤其经营的"芒果 TV"视频网站中的商业广告，认为唯思公司的行为侵害了其正当权益，遂将唯思公司诉至法院。

【争议焦点】

（1）唯思公司的被诉行为是否属于违反诚实信用原则和公认的商业道德的行为；

（2）被诉行为对于社会经济秩序产生积极还是消极的效果，是否属于扰乱社会经济秩序的行为。

【裁判推理】

该案中，唯思公司的被诉行为不仅会减少芒果 TV 网站用户观看视频广告的人数，导致芒果 TV 网站视频广告价值下降以及快乐阳光公司的广告收益减少，而且会减少为了免播广告而加入芒果 TV 网站会员的用户数量，从而导致快乐阳光公司的广告费和会员费收益受损。但是，由于双方合法正当的竞争也可能令一方遭受损失，故双方竞争导致快乐阳光公司受损的结果不能直接推导出唯思公司被诉行为的不正当性，仍然应依法审查该种竞争行为是否属于违反诚实信用原则和公认的商业道德的行为，以及评估该种竞争行为对于社会经济秩序产生积极还是消极的效果，是否属于扰乱社会经济秩序的行为。

（1）唯思公司的被诉行为是否属于违反诚实信用原则和公认的商业道德的行为

其一，被诉行为是否违反互联网领域公认的商业道德。

最高人民法院在（2009）民申字第 1065 号（山东省食品进出口公司、山孚集团公司、山孚日水公司与圣克达诚公司、马达庆的不正当竞争案）判决书中认为，在规范市场竞争秩序的反不正当竞争法意义上，诚实信用原则更多的是以公认的商业道德的形式体现出来的；公认的商业道德是指特定商业领域普遍认知和接受的行为标准，具有公认性和一般性。该案中，由于纠纷发生在互联网领域，公认的商业道德应该包括互联网行业惯例、通行做法以及互联网相关公约等表现形式。

根据《互联网广告管理暂行办法》第 16 条的规定，互联网广告活动中不得利用技术和设备对他人正当经营的广告采取拦截、过滤、覆盖、快进等限制措施，也不得破坏正常广告数据传输、篡改或者遮挡他人正当经营的广告，擅自加载广告。根据《互联网终端软件服务行业自律公约》第 3 条的规定，互联网企业能够为用户提供浏览器等软件。第 19 条规定，除恶意广告外，不得针对特定信息服务提供商拦截、屏蔽其合法信息内容及页面；恶意广告包括频繁弹出的对用户造成干扰的广告类信息以及不提供关闭方式的漂浮广告、弹窗广告、视窗广告等。

而根据快乐阳光公司二审提交的证据显示，IE 浏览器、QQ 浏览器、搜狗高速浏览器等国内主要浏览器均不存在直接拦截屏蔽涉案视频广告的功能，因此浏览器包含直接拦截视频广告的功能并非行业惯例。由于被诉行为是唯思公司通过 720 浏览器设置的功能拦截屏蔽了快乐阳光公司的芒果 TV 网站视频中合法经营的广告，从法律性质而言，唯思公司干扰和影响的是快乐阳光公司对于其网站内合法经营的广告播放内容的处分权，属于对他人处分权的侵害行为。

综合以上各方面，根据关于互联网广告的部门规章、互联网的行业公约、互联网的行业惯例以及分析被诉行为的法律性质，唯思公司的被诉行为属于违反互联网领域公认的商业道德的行为。

其二，关于唯思公司的主观过错问题。

根据比例原则，浏览器的经营者在设定浏览器的功能时，应当审慎运用这种特权，履行应尽的注意义务，特别是当浏览器的功能可能对他人经营的互联网商品或服务造成干预和不利影响时，这种不利影响应被限制在尽可能小的恰当范围和限度之内，从而实现法益的均衡。

该案中，唯思公司在其网站以"看视频无广告""独特的广告屏蔽技术让您欣赏视频快人一步"等广告语大肆宣传，可以看出，唯思公司对于 720 浏览器屏蔽广告行为是明知且故意宣传的。唯思公司 720 浏览器使用的 Adblock Plus 插件的过滤规则是可选择、可编辑的，不同浏览器安装 Adblock Plus 插件后对于相同视频网站的片头广告是否产生拦截屏蔽效果存在差异；720浏览器在使用该插件时选择包含针对快乐阳光公司芒果TV网站视频广告的过滤规则却未加以合理排除，因此唯思公司的拦截屏蔽视频广告的涉案行为已包含对于快乐阳光公司的针对性和指向性，唯思公司对于芒果TV网站视频广告的拦截屏蔽后果在主观上至少具有放任的故意。唯思公司在浏览器内置拦截屏蔽广告的功能并且默认开启该功能的方式，相较于由用户自主选择是否开启使用而言，也明显更不恰当、主观过错更大。

综上，唯思公司客观上实施的被诉行为违反互联网领域公认的商业道德，主观上明显具有过错，造成的损害结果一方面减少了快乐阳光公司本应享有的会员用户数量以及会员费，另一方面导致芒果TV网站视频广告价值下降以及快乐阳光公司的广告收益减少，从而使快乐阳光公司利润减少甚至可能无法填补免费播放视频的运营成本而难以为继。据此认定，唯思公司的被诉行为属于违反诚实信用原则和公认的商业道德的行为。

（2）被诉行为对于社会经济秩序产生积极还是消极的效果，是否属于扰乱社会经济秩序的行为

最高人民法院的相关司法政策指出，应从多个角度对竞争行为的正当性进行评估，避免因"泛道德化"而过度限制竞争自由，注意综合评估网络环境下竞争行为对竞争的积极和消极效果，妥善处理好技术创新与竞争秩序维护、竞争者利益保护与消费者福利改善的关系。因此，即使从道德评价的角度而言，被诉行为属于违反诚实信用原则和公认的商业道德的行为，仍然有必要进一步评估被诉行为对于市场竞争乃至社会经济秩序产生积极还是消极的效果，从技术创新与竞争秩序维护、竞争者利益保护与消费者福利改善等方面审查其是否属于扰乱社会经济秩序的行为。

其一，被诉行为是否符合技术中立的原则，以及是否有利于技术创新。

虽然Adblock Plus插件的屏蔽广告技术本身是中立的，但唯思公司的被诉行为并非单纯向用户提供Adblock Plus插件技术由用户按其需求安装于浏览器并自行选择、编辑过滤规则的行为，而是将插件作为一种工具使用在自己的浏览器中进行经营的行为。同时，由于Adblock Plus插件的过滤规则是可选择、可编辑的，使用该插件的主体可以根据其自主意思选择拦截屏蔽的特定对象。而且，唯思公司在浏览器中使用该插件，拦截屏蔽芒果TV网站的视频广告，

其实际使用的目的亦并非单纯为消费者谋福利，实质上是增加浏览器自身的用户资源和谋求更多的交易机会。故唯思公司的行为不符合技术中立原则。

最高人民法院在（2013）民三终字第5号（奇虎公司与腾讯公司不正当竞争纠纷案）判决书中认定，互联网行业鼓励自由竞争和创新，但这并不等于互联网领域是一个可以为所欲为的法外空间。竞争自由和创新自由必须以不侵犯他人合法权益为边界。否则，任何人均可以技术进步为借口，对他人的技术产品或者服务进行任意干涉，就将导致借技术进步、创新之名，而行"丛林法则"之实。该案中，Adblock Plus插件在2006年就已经存在，不属于当下互联网领域的新技术，唯思公司在720浏览器中使用Adblock Plus插件并非基于技术创新必要性的考量。而且，屏蔽视频广告的结果会导致视频网站经营者的广告费和会员费等收入减少，甚至可能无法填补免费播放视频的运营成本而难以为继，但唯思公司在造成上述后果的同时却未能为用户继续观看免费视频的需求提供其他等效的替代解决方案，只见破坏而不见创新的行为不应获得肯定和鼓励。拦截屏蔽的阻止手段主要为改变广告来源的网址，该方法并无太多的技术成分以及技术创新，而且防止拦截的方法相对于拦截屏蔽技术而言明显处于劣势地位。将被诉行为认定为不正当竞争行为予以规制，只是对唯思公司将Adblock Plus插件作为一种工具使用在自己的浏览器中进行经营的行为作出否定评价，而非对于Adblock Plus插件这类技术本身作出否定评价（使用这类工具屏蔽恶意广告是应当支持的），也不会影响屏蔽技术的进一步创新发展。综上，在关于技术创新与竞争秩序维护的利益衡量中，被诉行为对于技术创新不具有积极效果，该案不存在为了激励技术创新的目的，需要在适用法律时对于违反公认商业道德的行为保持一定的容忍，从而为720浏览器屏蔽视频广告的行为预留创新和发展空间的问题。

其二，被诉行为对于消费者长远利益的影响。

消费者是市场中的利益主体之一，在审查市场竞争是否属于公平竞争时，消费者利益不应缺位；同时由于市场中的经营者与消费者呈现信息不对称的状态，消费者在市场中处于弱势地位。因此，对于有利于消费者利益特别是消费者长远利益且未明显扭曲市场竞争秩序的行为，司法应当审慎地保持克制。

该案中，快乐阳光公司的芒果TV网站已经为消费者是否观看视频的片头广告、暂停广告提供不同选择与合理安排，并且通过视频页面的"会员免广告功能按钮"等方式予以提示。快乐阳光公司的这种处理兼顾其填补播放免费视频所需的运营成本（包括支付视频的版权费用等），同时满足"消费者可以选择免费观看视频的需求"的利益，也给予消费者充足的选择空间。视频网站与消费者之间的合意既可以保护消费者整体的利益，也不会影响消费者个体的自主选择权。

对于被诉行为。消费者无法轻松负担视频网站将广告费收入转嫁的成本，而且消费者付费观看视频在国内并不是主流的模式。所以在唯思公司没有为用户继续观看免费视频的需求提供其他等效的替代解决方案，且用户使用浏览器观看视频的情形仍然存在，浏览器屏蔽视频广告能够影响视频网站存续时，法律应根据时代的发展现状来决定最优先保护的价值，让快乐阳光公司经营的芒果 TV 等视频网站保留消费者选择的多样性、为消费者继续免费观看视频提供可能，才更符合消费者的长远利益。而被诉行为从长期而言则有可能令网络用户无法实现继续观看免费视频的需求，也没有提供其他等效的替代解决方案，对消费者的长远利益将产生负面的、消极的影响。

综上，唯思公司的行为构成不正当竞争。

【裁判要旨】

行为是否构成不正当竞争应当从该行为是否违反诚实信用原则和公认的商业道德，该种竞争行为对于社会经济秩序产生积极还是消极的效果以及是否扰乱社会经济秩序这两个方面进行认定。

【案号】

（2018）粤 73 民终 1022 号

【相关案例】

近几年围绕浏览器、手机移动应用、互联网电视软件端等屏蔽视频广告的诉讼不断出现。相关案例包括快乐阳光公司诉搜狗高速浏览器过滤广告不正当竞争案［（2017）京 73 民终 1264 号］。法院认为，浏览器经营者通过提供屏蔽广告功能以损害视频网站的利益方式，虽然提升了用户体验、提高浏览器使用量，但并未通过此种行为创造出可以替代"免费视频＋广告"的创新产品或商业模式，置视频网站的利益于不顾。从长远来看亦不利于终端消费者和社会总福利，因而缺乏正当性，构成不正当竞争。在优酷公司诉电视猫软件《火星情报局》第二季案［（2018）沪 73 民终 167 号］中，《火星情报局》第二季是优酷公司和酷娱公司制作出品的综艺节目，用户成为会员后才能在优酷网或者优酷视频软件上完整观看该节目。但是优酷公司发现，用户在千杉公司提供的电视猫软件上，无须观看片前广告也无须成为优酷网会员即可直接观看《火星情报局》第二季。千杉公司该行为会将原属于优酷网的用户吸引到自己的客户端。千杉公司此种使用优酷网的涉案综艺节目的方式，损害了优酷公司依托其正当商业模式获取商业利益的合法权益，千杉公司却因此获益，该行为违背诚实信用原则，构成不正当竞争。

在芒果 TV 网诉暴风网"极轻模式"去除广告案〔(2015) 京知民终字第02210 号〕中，"暴风看电影"网站推出一种"极轻模式"，具有深度链接其他网站的功能。在极轻模式下，用户不必进入芒果 TV 网，可以直接在暴风网上观看来源于芒果网的视频。而且，该模式下，网页上不显示视频前的广告以及芒果网上除视频以外的网页广告等其他内容。法院指出，自由竞争能够确保市场资源优化配置，同时市场经济也要求竞争公平、正当和有序。在市场竞争中，经营者通常可以根据市场的需要和消费者需求自由选择商业模式，这是市场经济的必然要求。互联网经营方式大多依托于双边平台，一般在经营平台一端通过提供网页内容或者软件等多种网络服务，吸引网民的注意力，而在经营平台的另一端利用网民注意力向其他主体提供包括广告等增值服务从而获得收益。这种免费平台与广告或增值服务相结合的商业模式是该案争议发生时，互联网行业惯常的经营方式也符合我国互联网市场发展的阶段性特征。在网络技术与服务方式不断发展和创新的环境下，提供不同的视频播放方式确实有利于满足不同网络用户对网络服务的不同需求，提高网络用户的上网体验。因此，如果将使用他人网络播放视频的所有行为均认定为不正当竞争行为，则不利于互联网的发展以及互联网经营者的共同利益。正因如此，对于视频进行搜索、链接等方式的使用并不被法律所完全禁止。在互联网创新发展的过程中，互联网经营者诚实信用经营而获得的合法权益应当得到保护和尊重，应当避免出现上述不正当经营行为和合法权益被不当利用或干扰的情形。因为互联网经营者的合理回报是其经营发展的核心动力。只有互联网经营者合法获得的竞争优势不被不当利用或破坏，才能使经营者有动力通过经营活动丰富互联网资源，改善互联网服务，推动互联网发展，才能使网络用户获得更好的互联网体验，实现网络用户与互联网经营者之间的良性互动。因此，即使考虑到为网络新技术保留一定发展空间的现实需要，亦应当以不损害其他互联网经营者的合法权益为限。在该案中，"极轻模式"使网络用户无须进入芒果网，在暴风网页面即可观看完整视频，使快乐阳光公司依据涉案视频本应获取的收益难以实现，并丧失本可吸引网络用户而可能获得的上述所有交易机会，因此，该行为构成不正当竞争。

四、快进广告是否造成利益损失

【基本案情】

爱奇艺公司是视频网站爱奇艺的所有者和经营者。乐视网公司是乐视网、乐视视频的所有者和运营者，乐视致新公司是涉案乐视超级电视的制造者。

爱奇艺公司发现，不使用乐视超级电视，爱奇艺网站中《太阳的后裔》等视频正常播放时有贴片广告且无法快进，而使用乐视超级电视自带的浏览器和乐视视频进入爱奇艺网站，播放相应视频时，可以随机拖动视频播放页面，即可快进广告在内的视频内容。爱奇艺公司认为，乐视网公司通过乐视致新公司制作并共同运营的乐视超级电视，主动向用户提供爱奇艺公司独家享有信息网络传播权的作品快进广告的播放服务，构成不正当竞争，故诉至法院。

【争议焦点】

（1）乐视超级电视内置浏览器、乐视视频软件在播放爱奇艺网相应视频时出现广告可以被快进的情况是否构成不正当竞争；

（2）如果涉案行为构成不正当竞争，乐视超级电视的制造商乐视致新公司是否与乐视网公司一起承担连带责任。

【裁判推理】

（1）涉案行为的性质界定

爱奇艺公司所经营的爱奇艺网站向用户提供"免费视频＋广告"播放服务，该经营模式不违反法律、法规的强制性规定，具有合法性。爱奇艺公司对其正当经营模式所产生的合法权益应受法律保护。为了保证"免费视频＋广告"模式的正常运行，爱奇艺网站对广告播放时段和免费视频播放时段的用户快进操作设置了不同的指令和地址规则，确保广告无法快进，正片则可以快进。

尽管相较于将视频广告直接过滤或屏蔽，广告快进未完全排除视频广告被呈现的机会，但仍然是改变爱奇艺网站对视频广告所作的专门设置的行为，客观上有可能减少贴片广告的呈现机会，破坏爱奇艺公司的经营模式，给爱奇艺公司的利益造成损失，构成不正当竞争。

（2）责任的承担主体

乐视网公司作为乐视超级电视内置浏览器、乐视视频软件的开发者和经营者，应对该案所涉及的不正当竞争行为承担相应的法律责任。爱奇艺公司未举证证明乐视致新公司存在明知上述软件侵权而仍然进行合作等行为，法院难以认定乐视致新公司存在不正当竞争的共同恶意，法院对爱奇艺公司要求乐视致新公司承担连带责任的诉讼请求不予支持。

【裁判要旨】

如果没有证据证明硬件生产商明知其内置软件侵权而仍然进行合作等行为，则难以认定其存在不正当竞争的共同恶意，不与软件运营者一起承担连带责任。

【案号】

（2017）京 73 民终 283 号

五、分时出租 VIP 账号是否正当

【基本案情】

原告爱奇艺公司为爱奇艺网及手机终端爱奇艺 App 的运营主体，根据 VIP 会员服务协议，该网站及手机终端的 VIP 会员用户仅拥有 VIP 账号的有限使用权，不得将账号转让、出借、出租、售卖或分享予他人使用。

2017 年 5 月 10 日，被告龙魂公司与龙境公司在其运营的安卓手机应用"马上玩"（以下简称"涉案 App"）中通过流化技术将爱奇艺 VIP 账号分时出租，使其用户无须向爱奇艺公司付费即可获得 VIP 视频服务；并且，两被告通过技术手段对爱奇艺 App 部分功能进行限制，使涉案 App 中的爱奇艺 App 部分功能无法使用。

原告认为，两被告非法分时出租爱奇艺 VIP 账号的行为，损害了爱奇艺公

司的付费会员制度，造成爱奇艺 App 下载量的降低；同时，两被告对爱奇艺 App 部分功能的限制，使公众误认为爱奇艺 App 存在缺陷，导致其对爱奇艺 App 的用户体验下降。原告认为，该两项行为构成不正当竞争，故诉至法院。

【争议焦点】

被诉行为是否构成不正当竞争。

【裁判推理】

根据 2019 年修正的《反不正当竞争法》第 12 条的规定，经营者利用网络从事生产经营活动，应当遵守本法的各项规定。经营者不得利用技术手段，通过影响用户选择或者其他方式，实施妨碍、破坏其他经营者合法提供的网络产品或者服务正常运行的行为。在此规范框架下，法院认为，在判断被诉行为是否违反该条规定从而构成不正当竞争时，需要从以下三个层面进行分析。

第一，爱奇艺公司在该案中是否享有受《反不正当竞争法》调整的权益。

该案所涉争议系在两被告经营的涉案 App 中直接观看爱奇艺 VIP 视频是否侵害爱奇艺公司权益，故在分析爱奇艺公司是否在该案中享有受《反不正当竞争法》调整的权益时，应当对爱奇艺 App 的经营模式进行分析。爱奇艺 App 对不同类型用户采取差异化经营策略，对游客或非会员注册用户采取"免费非 VIP 视频 + 广告"的模式；对 VIP 付费会员用户采用"付费 VIP 会员"模式。前者情形下的用户虽未直接付费，但爱奇艺公司可借用户流量变现价值，或通过广告投放收取广告费，后者情形下的付费会员用户则可为爱奇艺公司直接带来会员收入。正是此种差异化经营模式，使得爱奇艺公司可使用这些收入来扩充影视版权库，开发制作优质独家内容，支付带宽、推广等支出，从而维持爱奇艺 App 的正常经营。爱奇艺公司通过"付费 VIP 会员"模式所获得的收益，是其正当经营行为的结果，其通过此种经营策略获得的是合法的经营利益。

此外，在 2015 年爱奇艺公司推出差异化策略至 2017 年，其会员收入持续增长并逐渐成为平台主要收入之构成。结合当前正值我国网络视频会员付费意识和习惯的养成阶段这一现实，对诸如爱奇艺公司等网络视频平台会员制度为其带来的权益的认可，将有助于推动我国网络视频付费时代进一步有序发展和规范。

由此，爱奇艺公司基于爱奇艺 App"付费 VIP 会员"经营模式所获的权益应受到《反不正当竞争法》的保护。

第二，爱奇艺公司与两被告是否存在竞争关系。

一方面，《反不正当竞争法》的立法初衷系规制经营者实施的不正当竞争行为，随着互联网技术的不断深化，流量等资源在不同行业或产业间实现交互、融合已经成为常态，对这些市场资源的争夺也逐步从同业竞争者扩展到非同业竞争者之间。在此情形下，不当夺取交易机会或破坏其他经营者竞争优势等影响市场经济正常运行的行为亦不再仅限于同业竞争者中，也可发生在无直接竞争关系的经营者之间。

另一方面，即便仍将竞争关系作为被诉行为违反《反不正当竞争法》调整的要件之一，结合如下因素，亦可认定爱奇艺公司与两被告存在竞争关系。

爱奇艺 App 系网络视频平台，涉案 App 中亦提供网络视频服务，在提供网络视频服务上，爱奇艺公司与两被告存在直接的竞争关系。原告与两被告作为互联网企业，其产品或服务所能获得的市场关注以及后续获利的操作空间，很大程度上取决于产品本身是否能吸引用户，吸引更多用户即意味着获得更大流量。因此，用户流量显然是爱奇艺公司和两被告直接争夺的市场资源之一，在此层面上，两者亦存在竞争关系。

第三，两被告被诉行为是否正当。

首先，关于第一项被诉行为，爱奇艺公司在用户协议对其 VIP 账号使用权限作了如下限制：一是使用主体应为支付会员费、购买 VIP 会员服务的 VIP 会员本人；二是使用平台仅限于爱奇艺 App；三是 VIP 会员使用账号的目的应仅限于个人接受视频服务，将会员账号以出租、借用、转让或售卖等以商业为目的的使用形式均在禁止范围之内；四是爱奇艺公司允许 VIP 账号在同一时间或不同时间的若干设备中使用，系其考虑到当前环境下用户可能有不同端口的多个设备这一客观现状，该规则之目的是提升用户服务体验，而非鼓励用户以未违反规则之名而行不当之举。

据此，两被告虽为涉案 App 中的爱奇艺 VIP 账号支付相应对价，亦获得该些账号的使用权，但此种使用权并非毫无限制，其应在用户协议、VIP 会员服务协议约定的使用权限范围内行使。两被告在涉案 App 中通过云流化技术将爱奇艺 VIP 账号分时出租的行为不具有正当性，原因在于：

两被告 24 小时登录其所购买的爱奇艺 VIP 账号，并通过云流化技术分时出租这些账号，以供其不同用户在无须付费购买爱奇艺 VIP 会员服务的情形下，可通过涉案 App 在不同时段观看爱奇艺 VIP 视频，违反前述协议中关于爱奇艺 VIP 账号使用主体和使用平台之约定。

两被告通过分时出租爱奇艺 VIP 账号获利，表面上虽非对账号本身的转让、出租或售卖，但本质上系与前述商业使用方式无异之行为，违反前述协议中关于 VIP 账号使用目的和形式的约定。

关于第二项被诉行为，根据相关证据，两被告对涉案 App 中爱奇艺 App 界面中的"缓存""分享""我的""泡泡"和包括投屏、弹幕设置、倍速播放、自动跳过片头片尾等视频播放设置功能进行限制，当其用户点击该些选项时均显示无法使用。此种功能限制将会使涉案 App 用户误认为爱奇艺公司无法提供 VIP 视频的缓存或分享，无法在观看视频的过程中通过操作不同设置获得不同的观影效果，无法与其他用户进行互动，甚至无法对其用户个人账号进行相关设置，而这显然会影响潜在用户对爱奇艺 App 的用户体验。故两被告针对云端产品中的爱奇艺 App 界面进行限制的行为亦具有不当性。

综上所述，两被告行为均违反《反不正当竞争法》第 12 条之规定，构成不正当竞争。

【裁判要旨】

经营者不得利用技术手段，通过影响用户选择或者其他方式，实施妨碍、破坏其他经营者合法提供的网络产品或者服务正常运行的行为。

【案号】

（2019）京 73 民终 3263 号

六、法理分析

本节选取 5 个文娱综艺行业中破坏网站经营模式引发的不正当竞争纠纷案例，分别是视频软件快进播放、通过技术软件跳过广告、通过浏览器插件过滤广告、通过技术软件免费观看付费视频以及分时出租视频网站会员账号等不同表现形式。虽然此类纠纷的表现形式各异，但行为的本质具有同一性，都是利用技术手段，通过影响用户选择或者其他方式，妨碍、破坏其他经营者合法提供的视频软件或者视频播放服务正常运行的行为。本节案例中，人民法院均认定通过过滤、拦截、快进广告以及提供免费或者低价观看付费视频等方式破坏视频网站原有经营模式的行为属于不正当竞争行为，这既是人民法院准确适用《反不正当竞争法》第2条与第12条的结果，也是人民法院在进行充分、全面的法益衡量之后所得出的结论。

通过观察和分析本节案例可以发现，司法实践对于视频网站经营模式是否应当受到保护，持有不同观点。在法律没有明文规定的情况下，对视频网站经营模式赋予绝对权利进行保护需要谨慎，若对视频网站的经营模式进行保护，可能不利于相关文娱市场的竞争与经营模式的创新。毋庸置疑的是，视频网站通过其经营模式获得的利益是应当受到保护的。

首先，从经营者权益的角度来看。"免费视频＋广告"是视频网站的经营模式，即便不对该商业模式赋予绝对权，网站在该经营模式下获得的利益也应当受到保护。该商业模式正当，广告的投放方式、内容也正当，广告并非恶意广告。用户在视频网站点击观看免费视频时，应当视为用户同意以观看广告为代价观看免费视频，即视为用户和视频网站之间订立这样一种合同。若允许其他竞争者过滤、拦截、快进视频网站的广告，无疑是对此种利益的破坏。其他竞争者通过对视频网站广告的屏蔽所收获的用户群也是原本属于视频网站的用户群，这难免有"搭便车"之嫌，显然不符合《反不正当竞争法》立法之初保护其他经营者权益的目的。

其次，从消费者权益的角度来看。不能单纯因为消费者不需要看广告、不喜欢看广告，就认可广告过滤行为。长远来看，若认可过滤视频网站广告行为，那么视频网站在投放广告方面的收益必然减少，视频网站购买视频版权的成本就会转嫁给消费者。视频网站若想不改变其"免费视频＋广告"的经营模式，虽然域外有网站缴纳"保护费"，将自己列入对方过滤的白名单的情形，但这也同样会使这一部分成本转嫁至消费者身上。这不仅会增加消费者的负担，也会加大视频网站的运营压力。在其他竞争者未提出可替代"免费视频＋广告"经营模式的方案时，认可其以技术手段破坏视频网站经营模式的行为都不利于消费者权益的保护。

最后，从促进公平竞争的角度来看。是否在免费视频之前设置广告是视频网站的竞争机制，若视频内容相同，免广告的视频网站必然得到巨大的流量。但是目前没有出现这种情形，说明免费视频前的广告仍然是各大视频网站的利益所在，也是制衡各大视频网站、维持行业竞争秩序的手段。若认可通过广告过滤、拦截、快进破坏视频网站经营模式的行为，则不利于文娱综艺行业竞争秩序的稳定。

在明确以技术手段破坏视频网站经营模式的行为不应被允许之后，需要判断双方是否存在竞争关系。竞争关系包括直接竞争关系与间接竞争关系，如果双方均为视频播放服务提供者，便存在直接竞争关系。如果双方的主营业务不同，两者之间不存在直接的竞争关系，此时对竞争关系的考察应当立足于被控侵权行为本身的属性，即是否属于一种为追求个人利益而可能损害他人利益的市场竞争行为。例如，如果通过开发软件来屏蔽视频服务提供者的视频中的广告，以吸引用户下载使用，并获取现实或潜在的商业利益，存在损人利己的可能性，便可以构成竞争行为，属于间接竞争关系。

至于竞争行为的正当性，则需要结合案件事实进行进一步的分析。通过本节案例中人民法院的审理思路来看，适用互联网专条主要需要判断涉案行为是否符合以下条件：其一，涉案行为系利用技术手段干扰他人网络产品或服务正常运行的行为；其二，视频网站经营模式所获利益因涉案行为受到损害；其三，涉案行为基于互联网商业伦理具有不正当性。

对于《反不正当竞争法》没有规定但在实际中出现的问题，人民法院会依据《反不正当竞争法》的一般条款进行裁判，通过对诚实信用原则、法律和商业道德的遵守情况的分析，综合其他经营者、消费者的合法权益以及市场竞争秩序进行权衡。在实务中，需要特别注意破坏网站经营模式引发的不正当竞争纠纷。法律具有滞后性，无法随着技术的发展而随时修改，当新的技术、新的经营方式出现时，需要依据《反不正当竞争法》的立法目的和一般条款谨慎考量，以免产生不必要的纠纷。

本 章 结 语

本章共包括 4 类与文娱行业相关的不正当竞争纠纷案例，通过梳理和分析这些案例中人民法院裁判推理的过程，不仅能够让我们对文娱综艺行业中各类不正当竞争纠纷的解决路径有清晰的认识，而且可以让我们对文娱综艺行业中的竞争主体、竞争行为以及竞争关系中的利益平衡问题产生深刻的共鸣。从本章介绍的四类典型案例来看，文娱综艺行业中的不正当竞争纠纷具有一定的复杂性与多样性，部分问题在理论界尚存争议，但司法实践对各类纠纷的态度是基本明确的，裁判路径也是比较成熟和稳定的，具有重要的指引意义。

虚假宣传行为是指经营者在商品上、广告上或者以其他方法，对商品或服务的性能、功能、质量、销售情况、用户评价、曾获荣誉等情况进行虚假或者引人误解的商业宣传，欺骗、误导消费者。根据本章案例中人民法院的裁判思路，在判断某一宣传行为是否属于虚假宣传行为时，需要判断该行为是否同时满足行为要件和结果要件，即"虚假或者引人误解的商业宣传"和"欺骗、误导消费者"两个构成要件。首先，行为要件要求虚假宣传的内容虚假或者引人误解。内容虚假即内容不真实，与实际情况不符。内容引人误解，即内容中使用含混不清、多重语义的表述，让人引发错误联想。其次，结果要件要求虚假宣传行为的本质在于引人误解，宣传行为足以导致相关公众的误认，造成引人误解的实际后果或者可能性。当文娱节目的名称与他人作品或者商标的名称相同或者近似时，如果要判断此类行为是否属于虚假或者引人误解的商业宣传行为，应当优先考虑此种行为是否属于通过广告或者其他方法，对节目的质量、制作者、内容、来源等进行虚假陈述以及是否会引发相关公众的误解。

商业诋毁行为是指经营者自己或利用他人，通过编造、传播虚假信息或者误导性信息等不正当手段，对竞争对手的商业信誉、商品声誉进行恶意的诋毁、贬低，以削弱其市场竞争能力，并为自己牟取不正当利益的行为。根据本章案例中人民法院的裁判思路，可知商业诋毁的认定主要审查是否符合以下要件：第一，行为主体为从事商品生产、经营或者提供服务的经营者，且与被诋毁主体存在竞争关系，包括直接竞争关系和利益相关的间接竞争关系。第二，客观上实施编造、传播虚假信息或者误导性信息的行为。第三，主观上存在故意，以削弱竞争对手竞争能力，为自己牟取竞争优势地位及不当利益为目的。作为文娱综艺行业的专业服务提供者，在面对文娱综艺行业相关信息时，应尽到符合文娱综艺行业标准的审慎义务，不应未经核实即传播有损其他经营者商誉的信息。第四，行为可能造成或已经造成商业信誉、商品声誉损害的结果。

混淆行为是指经营者擅自使用他人具有一定影响的标识或名称，使其商品或者服务与他人的商品或者服务相混同，导致或者足以导致消费者误认的不正当竞争行为。根据本章案例中人民法院的裁判思路，认定混淆行为主要包括以下要件：其一，实施混淆行为的主体是经营者，即包括从事商品生产、经营或者提供服务的自然人、法人和非法人组织。文娱综艺行业的相关市场主体，大多符合主体要件。其二，被混淆的对象是具有一定影响的标识，应当考虑该商品的销售时间、销售区域、销售额和销售对象，任何宣传的持续时间、程度和地域范围，作为知名商品受保护的情况等因素，进行综合判断。其三，从事混淆行为的方式是"擅自使用"，即未经权利人同意的使用。其四，混淆结果是引人误认为是他人商品或者与他人存在特定联系。是否混淆，最终要从结果上进行判断。其中，"引人误认"一般以相关公众以与商品价值相适应的一般注意力对商品形成的整体印象来判断。

破坏网站经营模式是指经营者利用技术手段，通过影响用户选择或者其他方式，实施妨碍、破坏其他经营者合法提供的网络产品或者服务正常运行的行为。文娱行业中，破坏网站经营模式引发的不正当竞争纠纷主要是通过浏览器或者软件的方式，屏蔽或者快进视频广告、免费观看付费视频以及分时出租视频网站会员账号等。首先，"免费视频＋广告"是视频网站的经营模式，应当明确网站在该经营模式下获得的利益应当受到保护。其次，需要判断双方是否存在竞争关系，包括直接竞争关系与间接竞争关系，对于竞争关系的考察应当立足于被诉行为本身，是否属于为追求个人利益而可能损害他人利益的市场竞争行为。在具体判定中，应将互联网市场秩序、互联网经营者利益和网络用户利益进行综合考量，对被诉技术或产品是否具有实质性非侵权用途、被告是否具有实施不正当竞争行为的主观故意等因素予以全面考量。

需要注意的是，《反不正当竞争法》第2条的适用，在特别条款能够应对以上具体不正当竞争行为类型时，不适用一般条款来裁判，避免向一般条款"逃逸"的现象。尤其应当明确一般条款与"互联网专条"之间的适用问题，实现法律确定性和开放性之间的平衡，为文娱综艺行业等经营活动提供清晰的行为指引，也可以为以后的司法实践提供参考。当然，一般条款更应成为文娱综艺行业经营者在市场竞争中遵守的基本准则，时刻告诫自己遵循自愿、平等、公平、诚信的原则开展相关文娱经营活动，遵守法律和商业道德。

总而言之，在文娱综艺行业发展过程中，竞争是激发文娱综艺行业革新的动力，创新对于促进文娱综艺行业的繁荣也十分重要。《反不正当竞争法》作为行为规制法，起着对知识产权法所保护的法益的补充保护功能。从维护文娱综艺行业的公平竞争秩序、保护文娱综艺行业经营者和消费者利益的多重维度来综合认定不正当竞争行为，以促进文娱综艺行业市场的发展既有秩序又不失活力。

第四章　文娱综艺行业涉及的商标法律问题

引　言

　　随着经济的快速增长、文化产业的蓬勃发展，文娱节目成为大众精神文化生活的重要组成部分。文娱节目数量不断增长，文娱综艺行业已形成成熟的节目制作产业链。与此同时，该领域的商标侵权纠纷频频出现。本章将对相关案件裁判、推理进行梳理，从而归纳文娱综艺行业商标法律问题，以期为文娱节目的制作人避免侵权赔偿、为商标权人维权等提供参考。

　　本章分为三节。第一节归纳娱乐节目使用商标类元素引发的商标权侵权纠纷，主要介绍文娱综艺行业商标侵权现象，以及法院对将他人商标类元素作为节目名称、栏目标题或公众号名称等宣传行为的侵权认定思路。第二节介绍虽然使用他人商标元素但可以排斥商标侵权的案件，可分为两大类：第一类是商标的正当使用，即行为人使用商标只是为了介绍说明自己的产品或者服务，观众不仅没有发生混淆或者误认，反而可以更清楚地了解到相关产品或者服务的用途，不构成商标侵权；第二类是商标侵权的抗辩，即行为人使用商标的形式符合商业惯例，不影响观众感知其所观看的内容明确指向行为人，则该使用行为未发挥区分商品或服务来源的作用，也不构成商标侵权。第三节介绍典型的商标行政纠纷案件，主要明确如何判断"商标注册损害他人现有的在先权利"以及"以其他不正当手段取得注册"条款在何种情形下适用等问题。

第一节　娱乐节目名称的商标保护及侵权风险

娱乐节目属于娱乐性的节目形式，通常在卫星电视播出。近年来，娱乐节目受众激增，市场价值扩大，促使该类节目的数量不断增加，节目形式不断翻新，表现出多种类、多样式的形态。总体而言，可以将其分为电视综艺晚会、电视文艺节目、电视综艺栏目以及电视选秀节目等。

娱乐节目领域所涉及的商标侵权纠纷可以分为两大类，第一类是传统的商标侵权行为，即将他人的商标作为侵权人所生产商品或者所提供服务的标识。第二类是娱乐节目所特有的商标侵权行为。由于娱乐节目不仅涉及电视台或其制作公司所提供的娱乐性的服务，还涉及节目播出前的宣传行为、节目播出过程中的广告投放行为以及节目播出后的热度及流量维持推广等行为。其中会涉及将他人商标作为节目名称、栏目名称，以用于广告宣传的视频页、开屏页，或者用于流量和热度推广的微信公众号、微博等平台的宣传。这类行为处在合理使用他人商标和商标侵权的边界，涉及保护商标权人的商标权和维持文娱节目行业的市场竞争秩序的博弈和平衡。

法院在裁判文娱节目使用商标类元素是否侵犯他人的商标权案件中，通常会依照《商标法》规定的商标侵权条款，并结合文娱节目的特殊性质进行综合判定。文娱综艺行业领域的商标侵权案件主要涉及《商标法》规定的两种商标侵权行为：一是未经商标注册人的许可，在同一种商品上使用与其注册商标相同的商标的；二是未经商标注册人的许可，在同一种商品上使用与其注册商标近似的商标，或者在类似商品上使用与其注册商标相同或者近似的商标，容易导致混淆的。此外，国家知识产权局于 2020 年 6 月 15 日发布实施的《商标侵权判断标准》对商标侵权行为的具体判断标准作出进一步规定，也为法院审理此类商标侵权案件提供更为明确和详细的指导。判断是否构成商标侵权，需要考虑商标的使用、同一种或类似商品、相同或近似商标、混淆四个要件。

根据《商标侵权判断标准》，是否构成商标侵权，首先要判断涉案行为是否构成商标法意义上的使用。"商标的使用"指将商标用于商品、商品包装、容器、服务场所以及交易文书上，或者将商标用于广告宣传、展览以及其他商业活动中，用以识别商品或者服务来源的行为。判断是否为商标性质的使用应当综合考虑使用人的主观意图、使用方式、宣传方式、行业惯例、消费者认知等因素。如上文所述，虽然娱乐节目数量激增，但仍脱离不了选秀、情感、挑战等几种基本的表达形式，节目主题大同小异。在涉案商标本身臆造性不强的情况下，如果节目制作单位使用的节目名称和该商标相同或者类似，使用目的是更好地体现节目内容及风格特点，意在表达文字本身所固有的含义，那么不构成"商标的使用"。

"同一种商品"指涉嫌侵权人实际生产销售的商品名称与他人注册商标核定使用的商品名称相同的商品，或者两者商品名称不同但在功能、用途、主要原料、生产部门、消费对象、销售渠道等方面相同或者基本相同，相关公众一般认为是同种商品；"类似商品"指在功能、用途、主要原料、生产部门、消费对象、销售渠道等方面具有一定共性的商品。"同一种服务"指涉嫌侵权人实际提供的服务名称与他人注册商标核定使用的服务名称相同的服务。"类似服务"是指服务在目的、内容、方式、对象等方面相同或相近。判断相同或相似应当在权利人注册商标核定使用的商品或者服务与涉嫌侵权的商品或者服务之间进行比对，参照现行《类似商品和服务区分表》进行认定，对于《类似商品和服务区分表》未涵盖的商品，应当基于相关公众的一般认识，综合考虑相关因素认定。

"与注册商标相同的商标"指涉嫌侵权的商标与他人注册商标完全相同，以及虽有不同但视觉效果或者声音商标的听觉感知基本无差别、相关公众难以分辨的商标。"与注册商标近似的商标"指涉嫌侵权的商标与他人注册商标相比较，文字商标的字形、读音、含义近似，或者图形商标的构图、着色、外形近似，或者文字图形组合商标的整体排列组合方式和外形近似，或者立体商标的三维标志的形状和外形近似，或者颜色组合商标的颜色或者组合近似，或者声音商标的听觉感知或者整体音乐形象近似等。

在构成商标法意义上的使用前提下，当涉嫌侵权的行为人在同一种商品或者服务上使用相同的商标，当然会引起消费者混淆，《商标法》直接将这种情形认定为商标侵权。如果在同一种商品或者同一种服务上使用近似商标，或者在类似商品或者类似服务上使用相同、近似商标的情形下，还应当对是否容易导致消费者混淆进行判断。《商标法》规定的容易导致混淆的情形，包括足以使相关公众认为涉案商品或者服务是由注册商标权利人生产或者提供，以及足以使相关公众认为涉案商品或者服务的提供者与注册商标权利人存在投资、许可、加盟或者合作等关系。

"混淆"的判断应当综合考量商标的近似情况，商品或者服务的类似情况，注册商标的显著性和知名度，商品或者服务的特点及商标使用的方式，相关公众的注意和认知程度以及其他相关因素。下文将通过案例具体说明判断商标是否侵权时如何适用上述要素。

一、商标性使用行为的判断

【基本案情】

湖南广播电视台电视剧频道在 2015 年策划并制作了以"小戏骨"命名的电视剧，2016 年通过湖南卫视面向全国播出造成强烈反响。

2016 年 12 月 1 日，湖南芒果小戏骨文化传媒有限公司（以下简称"湖南小戏骨公司"）成立，其由湖南广播电视台电视剧频道独资组建，经营范围为文化活动的组织与策划，文艺创作服务，群众参与的文艺类演出、比赛等公益性文化活动的策划，商业活动的策划，广播电视节目制作等。

湖南广播电视台电视剧频道于 2017 年 2 月 21 日取得第 18889857 号商标注册证（商标申请日期 2016 年 1 月 14 日），注册有效期自 2017 年 2 月 21 日至 2027 年 2 月 20 日，核定使用商品/服务项目（国际分类：41）：教育，在计算机网络上提供在线游戏，幼儿园，组织表演（演出），书籍出版，广播和电视节目制作，出借书籍的图书馆，游乐园服务，俱乐部服务（娱乐或教育），健身俱乐部（健身和体能训练）（截止）。同年 12 月 28 日，湖南广播电视台电视剧频道又取得第 21894163 号商标注册证（商标申请日期 2016 年 11 月 14 日），注册有效期自 2017 年 12 月 28 日至 2027 年 12 月 27 日，核定使用商品/服务项目同上。2019 年 7 月 27 日，上述两个商标均由湖南小戏骨公司受让取得。

金华小戏骨影视传媒有限公司（以下简称"金华小戏骨公司"）成立于

2016 年 12 月 14 日，经营范围为影视策划，影视剧本创作、策划，演出经纪，文化艺术交流活动策划，舞台造型策划等。金华小戏骨公司参加或举办各种模特赛事、走秀，向影视剧组推送小演员、出品影视剧等。2020 年，湖南小戏骨公司以金华小戏骨公司侵害商标权、不正当竞争为由，将其告上法庭。

【争议焦点】

（1）金华小戏骨公司是否侵犯了涉案两个商标的专用权；

（2）如构成侵权，金华小戏骨公司应承担的责任。

【裁判推理】

关于商标侵权。根据《商标法》第 56 条规定："注册商标的专用权，以核准注册的商标和核定使用的商品为限。"第 57 条规定："有下列行为之一的，均属侵犯注册商标专用权：（一）未经商标注册人的许可，在同一种商品上使用与其注册商标相同的商标的；（二）未经商标注册人的许可，在同一种商品上使用与其注册商标近似的商标，或者在类似的商品上使用与其注册商标相同或者近似的商标，容易导致混淆的……；（七）给他人的注册商标专用权造成其他损害的。"《最高人民法院关于审理商标民事纠纷案件适用法律若干问题的解释》第 1 条规定："下列行为属于商标法规定的给他人注册商标专用权造成其他损害的行为：（一）将与他人注册商标相同或者相近似的文字作为企业的字号在相同或者类似商品上突出使用，容易使相关公众产生误认的……"。

结合该案，原告系涉案注册商标专用权人，其享有的注册商标专用权受法律保护。被告提出的涉案商标不具有排他性、其权利也具有不确定性、请求权存在缺陷的抗辩主张，于法无据。

被告在经营服务过程中，在其经营场所、活动现场的场景布置、各种宣传文案、海报，以及微信、抖音的头像处等均使用了"小戏骨"文字标识，且字体大号、位置醒目，属于突出使用，宣传文案中直接以"小戏骨"指代被告，被告所使用的"小戏骨"三字在文字排列、读音上与涉案文字商标相同，只是在字体编排上稍有区别；同时，被告对外展示的宣传图片上使用的标识，整体视觉上与涉案图文商标相近似，被告的上述使用方式已具备区分服务来源的功能，应该属于商标法意义上的使用，与原告持有的涉案两个商标的标识已构成近似；同时，原告从事制作、拍摄小戏骨系列影视剧与小演员的选拔、培训事务，被告除在主营少儿模特培训之外，也从事影视剧的拍摄、开设少儿影视班课程等经营服务，两者的业务对象同为少儿，故与原告持有的案涉两个商标核定使用商品/服务项目中的"教育、组织表演、广播和电视节目制作"等服务上已属于类似。

被告擅自使用与涉案商标标识相近似、类似的标识的行为，侵犯了原告的注册商标专用权，依法应承担停止侵权并赔偿损失的民事责任。关于赔偿数额，原告未向法院提供其因被侵权所受到的实际损失或被告因侵权所获利益的相关证据而请求法定赔偿，同时无证据证明其有权就涉案商标受让前存在的被告对商标原权利人所享有的商标专用权实施的侵权行为具有请求权，法院综合考虑涉案注册商标的知名度、侵权行为发生的范围、持续时间、被告的经营规模、原告为制止侵权所支出的合理费用等因素，酌情确定赔偿数额。

【裁判要旨】

使用方式已具备区分服务来源的功能，应该属于商标法意义上的使用。未经商标注册人的许可，在类似的商品或服务上使用与其注册商标相同或者近似的商标，容易导致混淆的，侵犯注册商标专用权。

【案号】

（2020）浙 0702 民初 877 号

二、相同或类似服务的判断

【基本案情】

《奇葩说》是爱奇艺公司制作的一档热播综艺节目。2016 年 4 月 7 日，其关联公司奇艺公司在第 41 类服务成功注册第 16260183 号"奇葩说"商标。2016 年 4 月 9 日，奇艺公司将该商标授权给爱奇艺公司。2016 年 9 月 13 日，雪领公司在其视频节目、网站栏目、微信公众号等使用"营销奇葩说"字样作为其栏目名称。爱奇艺公司认为，雪领公司的行为侵害其商标专用权，据此向法院提起诉讼，请求法院判令雪领公司立即停止侵权行为，并赔偿其经济损失。

【争议焦点】

（1）雪领公司的被诉侵权行为是否构成商标性使用；

（2）雪领公司所涉及的服务与"奇葩说"商标核定使用的服务是否构成

相同或类似服务。

【裁判推理】

（1）雪领公司被诉侵权行为是否构成商标性使用

关于雪领公司使用"营销奇葩说"字样作为官网及微信公众号的栏目名称等行为是否构成商标性使用的问题，雪领公司辩称"营销奇葩说"是栏目名称和文章名称，仅起到区分作品的作用，不具有识别服务来源的作用，并非商标性使用。法院认为，在商业活动中，使用商标标识标明商品或服务的来源，使相关公众能够区分提供商品或服务的不同市场主体的均构成商标性使用。除 2013 年《商标法》第 48 条所列举的商标使用方式外，在电子媒体、网络媒体等平面或立体媒介上使用商标标识，使相关公众能够辨识出商标、商标所标示的商品或服务提供者的，都是对商标的使用。该案中，雪领公司对"营销奇葩说"字样的使用指向《营销奇葩说》视听节目或文章等，与雪领公司所提供的服务具有紧密联系，客观上都起指示服务来源的作用，相关公众容易将其作为商标识别，属于商标法意义上的使用。

（2）雪领公司所涉及的服务与"奇葩说"商标核定使用的服务是否构成相同或类似服务

雪领公司主张爱奇艺公司的《奇葩说》节目属于视频节目，不属于服务，爱奇艺公司未在涉案"奇葩说"商标核定使用的服务上使用"奇葩说"商标，故不构成侵权。对此，法院认为，判断是否构成商标侵权，应当将被诉侵权行为所涉服务与涉案商标核定使用的服务进行比较，而非与权利人使用涉案商标的行为进行比较。该案中，爱奇艺公司主张雪领公司的被诉侵权行为所涉服务与涉案"奇葩说"商标核定使用的"培训、提供在线录像（非下载）"服务构成相同服务，与"电视文娱节目"服务构成类似服务。法院认为，第一，雪领公司通过《营销奇葩说》向相关公众提供与营销有关的知识、经验与技能，属于培训服务的一种形式；第二，《营销奇葩说》视频节目属于对节目的录制，雪领公司将其置于网络环境中供相关公众在线观看，属于"提供在线录像（非下载）"服务；第三，《营销奇葩说》视频节目为了吸引受众、提升可看性，通过后期制作，其最终呈现出的节目效果具有较强的娱乐性，即便主要通过网络传播，其与"电视文娱节目"在服务的目的、内容、方式、对象等方面类似。

综上，雪领公司的被诉侵权行为与"培训、提供在线录像（非下载）"服务构成相同服务，与"电视文娱节目"服务构成类似服务。雪领公司的被控侵权行为侵害了爱奇艺公司的商标专用权。

【裁判要旨】

判断是否构成商标侵权，应当将被诉侵权行为所涉服务与涉案商标核定使用的服务进行比较，而非与权利人使用涉案商标的行为进行比较。判断两服务是否属于同一种或类似服务，应当将被诉侵权行为所涉及的具体服务内容与涉案商标核定使用的服务进行比对，并且应当以相关公众对服务的一般认识综合判断。

【案号】

（2019）京 73 民终 965 号

三、标识显著性对侵权判定的影响

【基本案情】

学缘公司多年来一直致力于开发"儿行千里"手机 App 应用，2017 年 6 月 13 日，学缘公司向国家商标局申请注册"儿行千里"商标，申请注册类别为 35 类、38 类和 41 类。2018 年 8 月 1 日，学缘公司获得"儿行千里"商标在 35 类、38 类和 41 类的商标专有权。湖南卫视于 2017 年 8 月 27 日起至 2017 年 10 月 29 日播放一档名为《儿行千里》的综艺节目，而且至今用户仍可在快乐阳光公司经营的芒果 TV 网站和手机 App 上点播《儿行千里》综艺节目。学缘公司认为，湖南电视台、快乐阳光公司的行为严重侵犯其商标专有权，依法应予以制止，因此学缘公司将其诉至法院，要求其赔偿经济损失。

【争议焦点】

湖南电视台、快乐阳光公司制作、发布、播放《儿行千里》节目的行为是否侵犯学缘公司的注册商标权，是否应向学缘公司承担相应的侵权责任。

【裁判推理】

注册商标的专用权，以核准注册的商标和核定使用的商品/服务为限，未经商标注册人的许可，在同一种商品/服务上使用与其注册商标相同或近似的商标，容易导致混淆的，属于侵犯注册商标专用权的行为。因此，在判断湖南电视台是否构成对学缘公司注册商标的侵权时，必须对被诉标识与注册商标是否相同或近似、两者服务是否相同或类似，以及是否容易引起相关公众的混淆误认作出判断。

第一，关于被诉标识与涉案商标是否相同或近似的问题。

该案中，经比对，学缘公司的3个注册商标"儿行千里"仅为横向排列的4个常见楷书汉字，表现形式上并无独创性和显著性标识；而被诉《儿行千里》节目的文字标识则由右及左、左右两边各两个汉字呈高低错落竖立排列，并有颜色填充。两者在文字形态、排列、颜色上均有差异。被诉标识与学缘公司的3个注册商标的显著部分与核心部分均为"儿行千里"，文字相同，词汇、词意相同，在自然组成要素上相近似。但客观要素的相近似并不等同于商标法意义上的近似。《商标法》所要保护的，并非仅以注册行为所固化的商标标识本身，而是商标所具有的识别和区分商品或服务来源的功能。如果被诉行为并非使用在相同或类似商品/服务上，或者并未损害涉案注册商标的识别和区分功能，亦未导致市场混淆后果的，不应认定构成商标侵权。

第二，关于两者服务类别是否相同或类似的问题。

在服务类别是否类似以及是否容易引起相关公众的混淆方面。学缘公司的"儿行千里"App软件是一款社交软件，服务的内容和方式主要是提供资讯、社交联系等平台。而《儿行千里》节目是一档通过"家庭的家风故事，展现不同家庭背景下普通百姓的生活与理想、奋斗与追求、付出与感动，弘扬当今时代的中国好家风"的道德文化节目。因此，学缘公司对其注册商标"儿行千里"与湖南电视台对被诉节目《儿行千里》标识的使用，是在不同服务领域的应用，两者无论是在服务内容、方式还是对象上均区别明显。

学缘公司注册商标中的"儿行千里"字样系经文学作品演绎后广为人知的词汇，其并无艺术加工，不具有独创性，显著性较低，亦未经过学缘公司长期、大量使用而获得后天的显著性。相较之下，湖南电视台对《儿行千里》节目及标识的播出和宣传，使其具备一定的社会知名度，能使社会公众将该标识与被诉节目、湖南电视台相联系，不会误以为被诉节目与学缘公司的注册商标或其开发的"儿行千里"App软件具有某种特定联系，能够对该服务来源作出清晰区分，故两者不构成类似服务，不会使公众对其两者产生误认和混淆。

最后，在使用时间顺序上。据查明的事实，湖南电视台《儿行千里》节目录制、发布、播出于 2017 年 8 月至 2017 年 10 月，而学缘公司的 3 个案涉注册商标"儿行千里"均于 2018 年 6 月 21 日被国家商标局核准注册。由此可知，湖南电视台对《儿行千里》节目的标识使用在先，学缘公司的案涉注册商标被核准注册在后，湖南电视台主观和行为上均不存在侵害学缘公司案涉注册商标的恶意。

综上，湖南电视台并未侵害学缘公司的注册商标权，故快乐阳光公司依据湖南电视台的授权而通过芒果 TV 网站播放被诉节目的行为亦不构成对学缘公司案涉注册商标的侵权，均无须对学缘公司承担相应的侵权责任。

【裁判要旨】

客观要素的相近似并不等同于商标法意义上的近似。《商标法》所要保护的，并非仅以注册行为所固化的商标标识本身，而是商标所具有的识别和区分商品或服务来源的功能。如果被诉行为并非使用在相同或类似商品/服务上，并未损害涉案注册商标的识别和区分功能，亦未导致市场混淆后果的，不应认定构成商标侵权。

【案号】

（2018）琼 01 民初 772 号

四、消费者混淆可能性在商标侵权认定中的地位

【基本案情】

金某欢于 2009 年 2 月 16 日申请、2010 年 9 月 7 日获得"非诚勿扰"商标注册，核定服务项目为第 45 类，包括"交友服务、婚姻介绍所"等。金某欢认为江苏电视台的电视节目名称《非诚勿扰》与自己的商标名称相同，服务类别也相同，构成对自己的商标专用权侵权，遂向法院提起诉讼要求江苏电视台立即停止侵权。该案一审判决金某欢败诉，二审改判金某欢胜诉。江苏电视台不服改判又提起再审申请，再审法院认定不构成侵权，维持一审判决。

【争议焦点】

（1）江苏电视台对被诉标识的使用是否属于商标性使用；

（2）江苏电视台是否侵害金某欢涉案注册商标权。

【裁判推理】

（1）江苏电视台对被诉标识的使用是否属于商标性使用

法院认为，判断江苏电视台对"非诚勿扰"标识的使用是否属于商标性使用，关键在于相关标识的使用是否为了指示相关商品或服务的来源，起到使相关公众区分不同商品或服务的提供者的作用。该案中，"非诚勿扰"标识被江苏电视台反复多次、大量在电视、官网、招商广告、现场宣传等商业活动中单独使用或突出使用，使用方式上具有持续性与连贯性，其中标识更在整体呈现方式上具有一定独特性，具备区分商品或服务的功能。而且，江苏电视台在不少广告中将"非诚勿扰"标识与其他品牌标识并列进行宣传，且曾就该标识的使用谋求商标授权，直接反映江苏电视台主观上亦存在将被诉标识作为识别来源的商标使用、作为品牌而进行维护的意愿。因此，江苏电视台对"非诚勿扰"标识的使用属于商标性使用。

（2）江苏电视台是否侵害金某欢涉案注册商标权

其一，被诉标识与涉案商标是否相同或近似。

"非诚勿扰"标识与金某欢注册商标在客观要素上相近似，但客观要素的相近似并不等同于商标法意义上的近似。《商标法》所要保护的，并非仅以注册行为所固化的商标标识本身，而是商标所具有的识别和区分商品或服务来源的功能。如果被诉行为并非使用在相同或类似商品/服务上，或者并未损害涉案注册商标的识别和区分功能，亦未导致市场混淆后果的，不应认定构成商标侵权。

其二，关于两者服务类别是否相同或类似的问题。

对于被诉节目是否与第45类中的"交友服务、婚姻介绍"服务相同或类似，不能仅看其题材或表现形式来简单判定，应当结合相关服务的目的、内容、方式、对象等方面和相关公众的一般认识，进行综合考量。两者无论是在服务目的、内容、方式还是对象上均区别明显，以相关公众的一般认知，能够清晰区分电视文娱节目的内容与现实中的婚介服务活动，不会误以为两者具有某种特定联系，两者不构成相同服务或类似服务。即便认为被诉《非诚勿扰》节目与"交友服务、婚姻介绍"服务类似，但因金某欢注册商标中的"非诚勿扰"文字系商贸活动中的常见词汇，用于婚姻介绍服务领域显著性较低，其亦未经过金某欢长期、大量使用而获得后天的显著性，被诉行为不会导致相关公众对服务来源产生混淆误认，也不构成商标侵权。

综上，法院认为虽然被诉"非诚勿扰"标识与金某欢注册商标在客观要素上相近似，但两者用于不同的服务类别，也不会使相关公众产生混淆误认，被诉行为不构成对金某欢注册商标的侵权。

【裁判要旨】

对于涉案服务类别是否构成相同或类似，不能仅根据题材或表现形式来简单判定，也必须紧扣商标法宗旨，考虑涉案注册商标的显著性与知名度，在确定其保护范围与保护强度的基础上考虑相关公众混淆、误认的可能性，从而判断是否构成商标侵权。

【案号】

（2016）粤民再447号

五、法理分析

娱乐节目属于服务行业，标明服务来源的方式多种多样，与生活中常见的将商标使用在产品包装、广告上的方式相比，其商标使用方式更加灵活。实践中，传统意义上的卫星电视台设立自己的门户网站，将同他人商标在客观要素上相近似的标识作为节目名称、栏目标题、文章名称、微信头像、网页宣传文案等，时常引起纠纷。对于此类案件，法院的判决思路为：首先，在电子媒体、网络媒体等平面或立体媒介上使用商标标识，使相关公众能够辨识出商标、商标所标示服务提供者的，都是商标的使用。其次，涉嫌侵权行为人提供的服务与商标权人的商标所核定使用的服务是否构成相同或者类似、商标是否相同或者近似的判断。若并非使用在相同或类似的商品或服务上，或者不能认定为商标构成相同或者近似，则并未损害涉案商标的识别功能，亦未导致市场混淆，不构成商标侵权。需要注意，在判断文娱节目领域的服务是否相似时，不能简单、孤立地将某种表现形式或题材内容从整体节目中割裂开来，应当综合考察节目的整体和主要特征，从相关公众的一般认识出发，充分考察被诉行为是否会导致观众混淆误认。此外，当涉案商标的核准注册类别与侵权服务属于不同类别时，需要考察涉案商标是否为驰名商标，当涉案商标已实际处于驰名状态时，可以获得与其知名度相对应的跨类保护。

关于娱乐节目领域的商标侵权案件，目前司法实践已经形成较为统一的共识。文娱综艺行业本身负有公众文化服务职责，不可避免地要对现实生活有关题材进行创作升华，但现实生活题材只是电视节目的组成要素，不能简单、孤立地将某种表现形式或某一题材内容从整体节目中割裂开来，应当综合考察节目的整体和主要特征，从相关公众的一般认识出发充分考察被诉行为是否导致混淆误认，恰如其分地作出侵权与否的判断，在维护保障商标权人正当权益与合理维护广播电视行业的繁荣和发展之间取得最佳平衡。

由于文娱节目表现形式有限，其节目或者栏目名称等标识易与他人商标构成实质性相似而引发纠纷。在选取节目主题和名称时，制作方应当尽量使用臆造性词汇并检索是否和他人在先注册的商标有构成相似的情况。即便制作方继受取得商标权，也需要复核所获得的商标权利是否存在瑕疵，是否正处于商标无效或者其他异议的纠纷中。此外，制作方应当注意的是，即便未将他人商标元素用显而易见的方式标注在节目标题或者名称等显著位置，而是在相关推广视频、宣传网页或者开屏广告等位置使用，虽表面上同传统的商标使用行为不同，实质上仍旧起到标明服务来源的作用，有导致相关公众对该服务的来源产生混淆的可能性。总而言之，娱乐节目服务周期较长，商标侵权的风险贯穿于节目制作、播出和推广整个阶段，不论是节目前期所涉及的物料和文案、中期播出视频画面的标识露出和广告植入还是后期的流量推广，制作方都应当尽量避免使用他人已经注册的商标元素，从而避免侵犯商标权面临的赔偿风险。

第二节　娱乐节目商标的正当使用和商标侵权抗辩

商标的基本功能是区分商品或服务来源，即识别功能，而侵犯商标权的本质和前提就是破坏商标的识别功能，造成相关公众的混淆或误认。商标的正当使用是指在特定条件下行为人虽然使用注册商标权人的商标，但却不被认定为商标侵权行为，主要是指两类情况——指示性使用与描述性使用。指示性使用是商家为了指示商品和服务内容而对他人商标必要的使用，描述性使用指一些注册商标含有本商品的通用名称，表示商品的质量、功能等公共领域词汇的商标，由于使用获得显著性，商标具有"第二含义"，但是商标权人无权阻止他人为了描述商品或服务特点而对其商标"第一含义"上的使用。由于判断商标的第一含义是否进入公有领域具有较强的主观性，所以实践中常见的商标使用纠纷是描述性使用。商标权只是在于阻止他人将自己的商品当作权利人的商品在出售，如果商标使用时只是为了告知公众真相而不是为了欺骗公众，也不会造成消费者混淆，则是商标正当使用的行为，商标权人控制的商标侵权情形应当止步于商标的正当使用。

商标侵权抗辩事由是指涉嫌侵权的行为形式上符合商标侵权的构成条件，但是由于特定事由的存在，基于特定利益考量等事由，阻碍商标侵权的成立。例如，行为人在商标权人申请商标之前就已经获得涉案商标元素的著作权，行为人使用涉案商标元素比重较小且同时在显著位置标明自有商标等。经过综合考量，如果涉案商标的使用行为既无法起到标明服务来源的作用，也不会引起消费者对两者关联关系产生混淆和困惑，则可以阻碍商标侵权的成立。下文将通过4个案例具体说明文娱综艺行业如何使用商标才能被认定为正当使用，什么样的事由可以抗辩商标侵权。

一、对文字固有含义的使用不构成商标性使用

【基本案情】

赵某辉享有"如果爱"商标的专用权，该商标核定使用于第41类服务项目上，其使用的范围包括演出、文娱活动、电影制作、组织表演（演出）、节目制作、摄影和电视文娱节目等。2014年，湖北卫视推出一档名为《如果爱》的电视真人秀栏目。赵某辉认为，湖北广播电视台在电视节目名称中使用"如果爱"文字侵害其上述商标专用权，因此向法院提起诉讼。

【争议焦点】

湖北广播电视台将"如果爱"文字作为电视节目名称的行为是否侵害赵某辉享有的"如果爱"注册商标专用权。

【裁判推理】

商标使用的主要功能在于识别商品或服务来源。对于文字注册商标而言，商标权人并不能绝对限制他人使用与其注册商标相同或近似的文字。如果行为人使用的系文字本身固有的含义，未发挥区分商品或服务来源的作用，则行为

人的使用属于正当使用，此种行为被法律所允许，商标权人无权禁止。

该案中，湖北广播电视台的涉案行为是否构成正当使用，需要从行为人的使用意图、使用方式、使用效果三个因素进行考量。

第一，在判断行为人的使用意图时，需要考量其真实目的是否是使用词汇的固有含义来描述商品或服务具有的某些特点、是否存在攀附商标商誉的主观故意等因素。该案中，湖北广播电视台以"如果爱"作为电视节目名称，就是使用词汇本身的固有含义来概括节目的内容与主题，并无攀附涉案商标商誉的故意。虽然涉案商标核定使用的类别包括电视文娱节目，但因该项服务属法定许可的服务范畴，赵某辉受限于资质要求，无法开展这项服务，更遑论实际使用涉案商标。赵某辉的涉案商标未在电视娱乐节目等服务类别上使用，不具有市场知名度。湖北广播电视台作为一家省级大型电视台，具有覆盖面广、受众多、影响大的特点，无须采取攀附在行业内不具知名度及影响力的商标商誉的方式来获得知名度。

第二，判断具体使用方式是否属于正当使用，应该从其使用方式是否规范、是否符合商业惯例、是否符合语言使用习惯等方面分析。该案中，"如果爱"文字本身并非臆造词汇，其具有较为稳定、固有的含义，也为日常生活中人们普遍使用。因此，即使商标权人将其注册成为商标，其也有显著性弱的天然缺陷。而湖北广播电视台制作的《如果爱》真人秀节目，主要讲述的是明星在特定设置的各种任务中，通过多次与异性明星的接触、配合，逐渐产生感情并最终成为情侣的过程。"如果爱"的字面含义可理解为"假设产生爱恋"。用"如果爱"作为节目名称，符合汉语表达言简意赅的使用习惯。

第三，商标的主要功能在于区别商品或服务的来源，如果行为人使用被控标识或文字的行为，并未产生区分商品或服务来源的作用，则不属于商标使用。该案中，湖北广播电视台使用涉案"如果爱"文字的行为，未发挥商标的标识性功能，首先，湖北广播电视台在该案中使用涉案文字的行为并未影响涉案注册商标功能的实现。湖北卫视的标识在整个涉案电视节目播放过程中，始终出现在荧幕或页面的左上角。以一般电视观众对电视节目的了解和电视台设置电视节目的惯例，观众应当很容易区分电视节目名称及电视节目出处，即电视观众可以清楚地知道"如果爱"只是电视节目的名称，而湖北广播电视台是电视节目的制作方。其次，相关公众不会造成混淆，对于普通电视观众而言，通过节目的特定场景、音乐、主持人、节目名称甚至广告等特征，可以清楚地判断"如果爱"是湖北卫视制作的一档电视节目的名称，不会认为该节目与赵某辉的注册商标具有某种关联。

综上，湖北广播电视台将"如果爱"文字作为电视节目名称，仅是使用文字本身固有含义，其目的是更好地体现节目内容及风格特点，主观上并无攀附涉案商标商誉的故意；客观上，湖北广播电视台的使用行为规范、合理，符合电视行业的商业惯例及语言表达习惯，"如果爱"文字未发挥标识涉案电视节目来源或出处的功能，亦不会导致相关公众的混淆，湖北广播电视台的涉案行为属于正当使用，不构成侵害赵某辉"如果爱"商标专用权。

【裁判要旨】

商标使用的主要功能在于识别商品或服务来源。对于文字注册商标而言，商标权人并不能绝对限制他人使用与其注册商标相同或近似的文字。如果行为人使用的标识系文字本身固有的含义，亦未发挥区分商品或服务来源的作用，则行为人的使用属于正当使用，此种行为被法律所允许，商标权人无权禁止。

【案号】

（2016）鄂民终 109 号

二、商标性使用与叙述性使用的界限

【基本案情】

中邻公司于 2017 年开始策划大型音乐综艺栏目《一城一歌》。节目策划之初，中邻公司即在 35 类、38 类、41 类服务上申请"一城一歌"商标。在创办制作《一城一歌》栏目近 1 年后，爱上电视公司于 2019 年 3 月 27 日召开新闻发布会，启动大型音乐活动《一首歌一座城》。中邻公司认为，爱上电视公司的"一首歌一座城"标识与"一城一歌"商标构成近似商标，爱上电视公司的使用行为构成商标侵权行为；同时，爱上电视公司使用"一首歌一座城"易引人误认为两者存在特定联系，从而获得不正当竞争利益。因此，中邻公司以侵害商标权及不正当竞争为由，向法院提起诉讼，要求爱上电视公司停止侵权、赔偿其损失。

【争议焦点】

爱上电视公司使用"一首歌一座城"作为其举办的音乐活动的节目名称是否构成商标性使用,其行为是否侵犯中邻公司的商标权。

【裁判推理】

"在商业中使用"和"发挥商品或服务识别功能的作用"是商标法意义上的使用的两个基本构成要件。"一城一歌"商标并非臆造词汇,其固有含义即为一首歌代表一座城市,一个城市选出一首歌。爱上电视公司使用"一首歌一座城"的行为有以下两种形式:第一种形式,爱上电视公司在举办音乐节目的过程中,其活动名称为《歌唱祖国·一首歌一座城》,整个活动的标题、宣传文稿的显著位置均显示有《歌唱祖国·一首歌一座城》,其中,爱上电视公司以突出"歌唱祖国"字样的方式进行使用,"一首歌一座城"字体明显小于"歌唱祖国"。法院认为,该使用行为并非商标性使用,并不能发挥商标的服务识别功能,而是描述活动主题与内容的叙述性功能,不会造成相关公众的混淆误认。第二种形式,爱上电视公司在宣传、介绍《歌唱祖国·一首歌一座城》活动的过程中,使用"一'城'一'歌'"等词汇,对上述活动的目的、形式作出介绍,并且,将"一'城'一'歌'"作为该活动主题进行宣传。但是该种使用形式仅出现在新闻报道及宣传的正文内容中,系对涉案活动的内容主题进行描述,以一种简洁易懂的方式向相关公众传递涉案活动的主题,并非起到区分服务来源的作用。综上,爱上电视公司使用"一首歌一座城"作为其举办的音乐活动的节目名称,系对商标的叙述性正当使用行为,不属于商标性使用。

【裁判要旨】

"在商业中使用"和"发挥商品或服务识别功能的作用"是商标法意义上的使用的两个基本构成要件。如果一个商标是臆造的词汇,那么商标本身只有一个作用,即区分商品或服务来源的作用。但如果一个商标并非臆造的词汇或图形,则该商标拥有两种含义,一是构成商标的文字或图形本身的固有含义,二是标示商品或服务来源的含义。商标的叙述性使用不会引起相关公众的混淆或误认,则注册商标权人无权禁止他人的正当使用。

【案号】

(2019)京 73 民终 3290 号

三、是否导致相关公众混淆的判断

【基本案情】

南京同舟知识产权事务所有限公司（简称"同舟公司"）是"非常了得"（第41类无线电文娱节目等）注册商标专用权人。申请日为2011年6月22日，注册公告日期为2012年7月21日。长江龙公司是《非常了得》节目的著作权人，已经取得"非常了得"（第38类文字+商标）注册商标，申请日为2011年12月7日，注册公告日为2013年2月14日。江苏电视台在获得长江龙公司的合法许可后，在江苏卫视播放了《非常了得》节目。同舟公司认为，2012年7月起，江苏电视台所属江苏卫视于每周三22：00播出的《非常了得》娱乐竞赛节目侵犯同舟公司的"非常了得"注册商标专用权。

【争议焦点】

《非常了得》电视节目使用的"非常了得"标识是否足以导致相关公众产生混淆或误认，是否侵害同舟公司的商标权。

【裁判推理】

法院认为，长江龙公司制作的《非常了得》电视节目使用的"非常了得"标识中的文字部分虽与涉案商标文字相同，但并不足以导致相关公众对该服务的来源产生混淆或误认。首先，长江龙公司提出证据证明其电视节目的制作和出品早于同舟公司申请注册商标日，所以主观上，长江龙公司不存在攀附涉案商标的故意。其次，同舟公司取得注册商标之后仅使用注册商标举行过一次才艺展示有奖活动，该活动与被控侵权的电视节目在内容上、形式上、受众范围上都有重要差异。所以客观上，长江龙公司的行为不会导致公众产生混淆和误认。综上，法院最终认定长江龙公司使用"非常了得"文字的行为不构成商标侵权。

【裁判要旨】

在商标侵权案件中，如果被诉侵权商标与涉案商标文字部分相同，判断被控侵权人使用该标识的行为是否侵犯商标权，应从主观和客观两方面加以分析。若被控侵权人有证据证明其没有侵权的故意，虽然被控侵权标识中的文字部分与涉案商标文字相同，但客观上并不足以导致相关公众对该商品或者服务来源产生混淆或误认，则不能构成商标权侵权。

【案号】

（2015）苏审三知民申字第 1 号

四、商标元素使用的比重过低不能标识服务来源

【基本案情】

"梦想方舟"商标由三盟公司于 2011 年 2 月依法申请注册取得，核定服务类别包括"教育、培训、组织教育或娱乐竞赛、书籍出版、节目制作、文娱活动"。三盟公司将上述商标转让给原告江苏梦想方舟儿童体验教育科技有限公司，并许可原告在商标局公告核准转让前独占使用该商标。现原告将"梦想方舟"作为文化创意产业致力于发展儿童体验教育事业，目前已在无锡投资开办"梦想方舟儿童职业生活体验城"，并配套开发"梦想方舟"系列衍生产品等。

被告浙江广播电视集团下属浙江卫视频道自 2011 年 11 月 30 日起在《中国梦想秀》栏目中策划启动以"梦想方舟"命名的豪华游轮选秀活动，其在宣传过程中，在网页、视频中均大规模使用"梦想方舟"字样，仅百度网页搜索浙江卫视"梦想方舟"相关报道即有上百万条，并将原告"梦想方舟"原有网页内容全部下沉。

原告认为，被告的行为侵犯其注册商标专用权，且侵权后果仍在不断扩大。故原告诉至法院，请求判令被告立即停止侵犯原告的注册商标专用权、赔礼道歉并赔偿原告经济损失。

【争议焦点】

（1）被告对"梦想方舟"字样的使用是否构成商标法意义上的使用；

（2）被告使用标识的行为是否引起相关公众的混淆和误认。

【裁判推理】

（1）被告对"梦想方舟"字样的使用是否构成商标法意义上的使用

法院认为，根据原告提供的侵权公证书显示，被告在浙江卫视官方网站上宣传《中国梦想秀》节目及相关活动，在涉及"梦想方舟"的宣传页面中，显著位置均标明"中国梦想秀"标识。其中，在 30 秒宣传视频里，"梦想方

舟"字样是以"2012 梦想方舟船票"配合"2012 梦想方舟中国蓝号登船卡"出现，画面停留 2 秒左右。被告并未将"梦想方舟"文字与"中国梦想秀"或浙江卫视的"中国蓝"标识割裂开来独立使用，且使用比重不大，被告仅将"梦想方舟"作为《中国梦想秀》节目第二季中的相关活动名称使用，不能起到标识节目的作用。

因此，被告并未将"梦想方舟"字样作为节目商标使用并推广，其对外进行宣传推广均以《中国梦想秀》为标识。被告对"梦想方舟"字样的使用不构成商标性质的使用。

（2）被告使用标识的行为是否引起相关公众的混淆和误认

该案中，被告认为其对节目的宣传推广以及社会公众对节目的识别标志是《中国梦想秀》而非"梦想方舟"，且网上搜索而得的信息中原告的"梦想方舟"信息均与原告的产品、服务信息相关联，故不会使相关公众产生混淆。对此，法院从以下几方面进行分析。

从被告的主观性来看，原告认可被告系自 2011 年 11 月 30 日起在《中国梦想秀》第二季中使用"梦想方舟"字样，考虑到《中国梦想秀》节目第一季自 2011 年 4 月 2 日至 2011 年 7 月 2 日播出，彼时已积累一定知名度；涉案商标自 2011 年 4 月 30 日开始在江苏省无锡市范围内被实际使用，至被告使用"梦想方舟"字样时的时间不长，知名度较有限；被告关于"梦想方舟"字样是结合 2012 年跨年、玛雅预言中的诺亚方舟与《中国梦想秀》的"梦想"二字而提出的陈述，有合理性。因此，被告并非是为与原告争夺市场才故意使用"梦想方舟"字样，不存在搭他人便车利用原告持有的涉案商标的主观恶意。

从观众的成熟度来看，《中国梦想秀》是浙江卫视于 2011 年 4 月推出的一档电视综艺节目，由浙江卫视旗下主持人主持，由其他浙江卫视的演职人员参演。浙江卫视的收视范围覆盖全国，该节目第一季时已吸收较为成熟的观众群。开播第二季时，虽然提出"梦想方舟"这一概念及相关活动，但节目名称仍旧延续第一季，故不影响观众了解、感知、明确指向的是《中国梦想秀》节目，不会使观众在选择服务时造成误认或混淆。

从被告的使用方式来看，"梦想方舟"字样在 30 秒的宣传片中只出现 2 秒钟，且出现时与其他文字连用，并不突出，宣传片及网站上明显、直观地表明该宣传对应的服务出自《中国梦想秀》节目，并且标出节目的制作方浙江卫视。被告使用"梦想方舟"文字时，并没有使用原告的企业名称，亦不符合惯常的企业冠名方式，不会使人们误以为被告使用的"梦想方舟"与原告主张的涉案商标所标示的服务来自同一市场主体。

从原告、被告的市场区分来看，根据原告对其现有营业地、主要营业项目、服务对象、服务形式等方面的陈述，其服务市场主要针对 3 ~ 12 岁的儿童及其家长，且具有一定的地域性。被告作为一家广播电视集团，收视范围覆盖全国，其服务对象主要为电视观众，服务形式主要为电视节目的定期播映，配合有相关的现场活动。双方的服务市场存在较大区别，相关公众在原告公司经营的服务场所体验或上课，看到"梦想方舟"服务商标时，不会产生与浙江卫视有关联关系的联想，不会导致原告丧失对涉案商标的控制权。

综上所述，法院认为被告虽然使用与原告持有的涉案商标相似的文字标记，但其使用方式并不构成商标性使用，亦不会导致消费者对服务的来源发生混淆，其对"梦想方舟"文字的使用行为，不构成对原告享有涉案商标权利的侵犯。因此，判决驳回江苏梦想方舟儿童体验教育科技有限公司的诉讼请求。

【裁判要旨】

商标的基本功能是区分商品或服务来源的识别功能，破坏商标的识别功能，造成相关公众的混淆、误认，构成侵权。

【案号】

（2012）杭西知初字第 206 号

五、法理分析

本节 4 个案例展现了商标正当性使用的经典情形和商标侵权抗辩的典型事由。文字注册商标权人并不能绝对限制他人使用与其注册商标相同或近似的文字，"在商业中使用"和"发挥商品或服务识别功能的作用"是商标法意义上的使用的两个基本构成要件，商标侵权行为首先应构成商标法意义上的使用。商标指示性使用是商标的正当使用，不属于商标法意义上的使用。在文娱综艺领域，如果行为人只使用他人注册商标文字本身固有的含义作为节目标题或者栏目名称等，法院判断该行为是否构成商标法意义上的使用时，通常会考虑以下四点因素：一是行为人使用目的是否确为概括节目主旨；二是使用方式是否符合文娱综艺行业惯例和语言使用习惯；三是将涉案商标作为节目标题或者栏目名称是否会引起一般观众的混淆和误认，四是涉案商标是否为臆造性词汇。最后，法院会结合这些因素综合判断涉案行为是否构成商标的正当使用，从而排斥商标侵权的成立。

即使节目标识的文字部分与涉案商标文字相同，还应当从行为人主观意图和涉案行为的客观效果判断是否属于商标侵权。例如，若行为人提出证据证明其节目的制作和出品早于权利人申请注册商标日，行为人节目的知名程度远高于权利人的商标所标识的服务等，则可以认定为其主观上不存在攀附涉案商标的故意。若从行为人使用方式和使用效果考察，如果其使用商标的频率和时长占节目整体比重极低，消费者几乎不会感知到，或者行为人的使用形式符合行业规范，使用涉案标识时均在显著位置标识自有商标、Logo 或节目标题，不影响观众了解、感知、明确指向的是行为人的节目，则该使用行为未发挥区分商品或服务来源的作用。综合主客观因素，可以认定为其不足以导致相关公众对该服务的来源产生混淆或误认，从而抗辩商标侵权的成立。

对于实务工作者而言，制作人在节目立项过程中，不论是继受取得他人的著作权或者商标权许可作为节目主题还是原始创作，都应当尽量使用臆造性的词汇。在陷入商标权侵权纠纷的情形下，如果涉案商标非臆造性商标，制作人可以提出其属于"商标描述性使用"或者"商标指示性使用"来证明其使用的正当性。如果涉案商标为臆造性商标，若制作人通过继受获得相关知识产权，还可以作为"在先权利人"抗辩商标侵权的成立。对于司法实践而言，法院在裁判相关案件时，应当从被控侵权人的主观意图、涉案节目观众的成熟度、被控侵权人的使用方式和双方市场区分等方面考量涉案商标使用行为是否正当，是否会引起观众的混淆和误认。若被控侵权人有证据证明其没有侵权的故意，虽然被控侵权标识中的文字部分与涉案商标文字相同，但客观上并不足以导致相关公众对该商品或者服务来源产生混淆或误认，则不能构成商标权侵权。

第三节　文娱综艺行业的商标行政纠纷

知识产权是一种专有权利，通过法律规定直接赋予权利人相应的控制权。著作权在作者完成作品之时便可自动获得，而专利权和商标权是通过注册或使用来获得法律的保护。商标的主要作用是标识商品或者服务的来源，申请注册的商标通过形式审查，若不存在不予注册的理由即会予以通过初审并公告。同时，我国法律也赋予相关主体向商标评审委员会提起异议复审，并以商标评审委员会为被告向法院提起行政诉讼的方式来救济本具有不予注册的理由却成功注册商标的情形。因此，与商标权有关的行政案件数量较多。在文娱综艺行业领域的商标权行政纠纷中，申请商标注册是否损害他人现有的在先权利、是否构成以不正当手段抢先注册他人在先使用并有一定影响的商标、是否构成以其他不正当手段取得注册的情形为此类案件中多见的争议焦点。

2019年《商标法》第32条规定："申请商标注册不得损害他人现有的在先权利，也不得以不正当手段抢先注册他人已经使用并有一定影响的商标。"《商标法》第44条第1款规定："已经注册的商标，违反本法第四条、第十条、第十一条、第十二条、第十九条第四款规定的，或者是以欺骗手段或者其他不正当手段取得注册的，由商标局宣告该注册商标无效；其他单位或者个人可以请求商标评审委员会宣告该注册商标无效。"上述两个条文列明了4种商标不予注册的情形。第一种是商标申请人不得损害他人在其提出商标注册申请之前已经取得的权利，此种情形的关键点在于，此处权利的范围是否限于法律所明确规定的权利，例如著作权、姓名权等，还是也包括法律所保护的权益，例如已经具有商业价值的名称、姓名权益、商品化权等；第二种是商标申请人不得以不正当手段抢先注册他人已经使用并有一定影响的商标，认定该种情况时需要注意"他人已经使用"中"使用"的标准是什么，"有一定影响"需要考虑哪些因素；第三种是不以使用为目的的恶意商标注册申请会被驳回，该情形下应考察对申请注册人的恶意的判定因素；第四种是不得以欺骗手段或者其他不正当手段申请注册商标，该条款中的欺骗和不正当手段包括哪些情形。针对上述问题，本节将针对性地选取 4 个案例来探究商标权涉及的行政纠纷问题。

一、申请商标注册不得损害他人现有的在先权利

【基本案情】

《奔跑吧！兄弟》为浙江蓝巨星国际传媒有限公司（以下简称"蓝巨星公司"）制作的一款真人秀类综艺节目。自 2014 年 10 月 10 日在浙江卫视播出以来，经电视及网络媒体的宣传报道，较短时间内已为相关公众所知晓，随着节目的不断播出，已具有较高的知名度。

陈某昔于 2014 年 10 月 16 日申请注册第 15525732 号"奔跑吧兄弟"商标（以下简称"诉争商标"），核定使用在 33 类，即果酒（含酒精）、鸡尾酒、葡萄酒等商品上，专用权期限为 2015 年 12 月 7 日至 2025 年 12 月 6 日。

蓝巨星公司认为诉争商标的注册损害其对"奔跑吧兄弟"第一季节目名称所享有的在先权益，故向商标评审委员会申请宣告该商标无效。2017 年 11 月 28 日，商标评审委员会以诉争商标构成 2013 年《商标法》第 32 条所指定情形为由对诉争商标予以无效宣告。陈某昔不服，向北京知识产权法院提起行政诉讼。北京知识产权法院经审理后认为，商标评审委员会相关认定正确，应予支持。陈某昔遂向北京市高级人民法院提起上诉，上诉法院维持一审判决。

【争议焦点】

诉争商标的注册是否违反该案所适用的 2013 年《商标法》第 32 条关于"申请商标注册不得损害他人现有的在先权利"的规定。

【裁判推理】

2013 年《商标法》第 32 条规定："申请商标注册不得损害他人现有的在先权利，也不得以不正当手段抢先注册他人已经使用并有一定影响的商标。"该条规定的"申请商标注册不得损害他人现有的在先权利"是指商标申请人不得损害他人在其提出商标注册申请之前他人已经取得的权利或权益。其中，"在先权利"包括当事人在诉争商标申请日之前享有的民事权利或者其他应予保护的合法权益。

首先，该案电视节目名称《奔跑吧！兄弟》经反复多次、大量在电视、

官网、招商广告、现场宣传等商业活动中单独使用或者突出使用，其在使用方式上呈现持续性和连贯性特点，其整体呈现方式上具有一定的独特性，具有区分商品或服务的功能，属于商标性使用，应当受到法律保护。其次，自《奔跑吧！兄弟》节目开播，经电视及网络媒体的广泛播放和宣传，在较短时间内为相关公众所知晓，具有较高的知名度和影响力，可以推定陈某昔在诉争商标申请日前已经知晓该节目的存在，且陈某昔亦未阐明其将与该综艺节目名称相同的文字注册为诉争商标的合理依据。若诉争商标经注册并使用，容易导致相关公众对商品的来源产生混淆和误认，或者认为其与该电视节目具有特定联系，可能造成蓝巨星公司的合法权益受到损害。故诉争商标的注册损害蓝巨星公司对《奔跑吧！兄弟》节目名称享有的在先权益，构成 2013 年《商标法》第 32 条关于"申请商标注册不得损害他人现有的在先权利"所规定的情形。

【裁判要旨】

电视节目名称经反复多次、大量单独使用或者突出使用，具有区分商品或服务的功能，属于商标性使用，应当受到法律保护。他人未经许可将电视节目名称注册为商标，构成"损害他人现有的在先权利"的情形。

【案号】

（2019）京行终 4983 号

二、艺人的在先姓名权益保护

【基本案情】

李某娜于 2014 年申请注册"金龟子"商标，核定使用于 41 类"教育、培训"等服务。刘某燕（艺名"金龟子"）为中央电视台主持人和配音演员，认为诉争商标的注册和使用损害自己享有的在先姓名权，故申请宣告商标无效，商标评审委员会随之作出商标无效宣告裁定。李某娜不服该商标权无效宣告，认为"金龟子"只是刘某燕在节目中所扮演的角色名称非其艺名，即使"金龟子"可以作为刘某燕的艺名予以保护，其姓名权的保护范围也不能跨类到诉争商标使用的"教育、培训"等服务上，故提起行政诉讼请求法院判决撤销被诉裁定。

【争议焦点】

诉争商标的申请注册是否违反《商标法》关于"申请商标注册不得损害他人现有的在先权利"的规定。

【裁判梳理】

2013 年《商标法》第 32 条规定，"申请商标注册不得损害他人现有的在先权利"，姓名权作为一项法定权利，应当认定为《商标法》所述的"在先权利"。2019 年《反不正当竞争法》第 6 条规定："经营者不得实施下列混淆行为，引人误认为是他人商品或者与他人存在特定联系：……（二）擅自使用他人有一定影响的……姓名（包括笔名、艺名、译名等）……"2017 年施行的《最高人民法院关于审理商标授权确权行政案件若干问题的规定》第 20 条规定："当事人主张诉争商标损害其姓名权，如果相关公众认为该商标标志指代了该自然人，容易认为标记有该商标的商品系经过该自然人许可或者与该自然人存在特定联系的，人民法院应当认定该商标损害了该自然人的姓名权。当事人以其笔名、艺名、译名等特定名称主张姓名权，该特定名称具有一定的知名度，与该自然人建立了稳定的对应关系，相关公众以其指代该自然人的，人民法院予以支持。"

由此可知，"在先权利"不仅涵盖"姓名"所承载的自然人的人格权，也涉及反不正当竞争法层面上通过规制盗用、冒用他人姓名造成相关公众对商品或服务来源发生混淆的不正当竞争行为进而保护的"姓名权益"。

在商标确权行政案件中，在先姓名权益的保护应当从以下三个方面综合考量：一是相关公众是否能够将所涉的姓名、艺名、绰号等主体识别标志与特定自然人建立起对应关系；二是相关公众是否容易认为标有诉争商标的商品或服务系经过该自然人许可或者与该自然人存在特定联系；三是诉争商标申请人是否具有明知他人姓名而盗用、冒用的主观恶意。

该案中，其一，在案证据可以证明相关公众已将"金龟子"与刘某燕建立起对应关系。关于李某娜提出的"金龟子"只是刘某燕在节目中所扮演的角色名称非其艺名的抗辩主张，"金龟子"既属于刘某燕在节目中扮演的卡通角色名称，也属于其艺名，两者并不是非此即彼的关系，判断该特定名称能否作为在先姓名权保护客体的关键，是相关公众能否将该名称与在先权利人建立起稳定的对应关系。其二，判断混淆与否，系指具有发生混淆或者误认的可能性，而非要求必须实际发生混淆或者误认。结合刘某燕主持的少儿节目及其艺名"金龟子"的知名度，诉争商标核定使用的"教育、培训"等服务的相关公众在看到"金龟子"商标时，容易认为系经过刘某燕许可或者与刘某燕存在特定联系。其三，根据在案证据中显示刘某燕主持的少儿节目及其艺名"金龟子"具有较高知名度，特别是考量诉争商标核定使用的服务对象、内容与"金龟子"艺名赖以知名的领域具有较高的重合度，可以推定李某娜在申请注册诉争商标时，明知"金龟子"系刘某燕的艺名这一事实，具有较为明显的主观恶意。

综上，诉争商标的申请注册损害刘某燕在先的"金龟子"艺名的合法权益，违反《商标法》关于"申请商标注册不得损害他人现有的在先权利"的规定。

【裁判要旨】

商标在先权利中姓名权益的保护，应当综合考量：主体识别标志是否与特定自然人建立起对应关系，相关公众是否容易误认相关商品或服务与该自然人存在特定联系，商标申请人是否明知他人姓名而盗用、冒用。

【案号】

（2019）京行终 7285 号

三、不得抢注有一定影响的未注册商标

【基本案情】

诉争商标"美丽俏佳人"由东方风行公司于 2008 年 8 月 29 日向商标局提出注册申请，指定使用在 41 类"学校（教育）、培训、组织教育或娱乐竞赛等"服务项目上，后经商标局初步审定于 2012 年 11 月 6 日予以公告。旅游卫视公司认为东方风行公司擅自将电视栏目名称"美丽俏佳人"作为商标申请注册，违反诚实信用原则。理由为旅游卫视公司与东方风行公司通过合同约定，由东方风行公司对《美丽俏佳人》电视节目进行制作，自 2006 年起该节目在旅游卫视公司持续播出，由旅游卫视公司与东方风行公司共同享有该电视栏目的著作权，双方虽未对"美丽俏佳人"的商标权作事先约定，但东方风行公司在未经旅游卫视公司同意的情况下，擅自将电视栏目名称"美丽俏佳

人"作为商标申请注册，因此，旅游卫视公司在法定异议期内对诉争商标提出异议。

商标评审委员会裁定诉争商标在"组织教育或娱乐竞赛"等18项服务项目上不予核准注册，在其余服务上予以核准注册。东方风行公司对被诉裁定不服，于法定期限内向法院提起行政诉讼，一审法院撤销该裁定，之后旅游卫视公司不服一审判决提起上诉，二审法院撤销一审判决，维持被诉裁定。

【争议焦点】

东方风行公司的行为是否构成"以不正当手段抢先注册他人在先使用并有一定影响的商标"的情形。

【裁判推理】

该案中，被诉裁定作出时间为2015年7月7日，处于2013年《商标法》施行期间。因此，该案适用2013年《商标法》进行审查。根据2013年《商标法》第32条的规定，申请商标注册不得以不正当手段抢先注册他人已经使用并有一定影响的商标。该条款需判断主张保护的商标是否为在先使用的商标，同时需判断该商标是否具有一定影响。

诉争商标于2008年8月29日申请注册。在诉争商标申请注册日之前，"美丽俏佳人"标志作为《美丽俏佳人》节目的名称，通过旅游卫视公司的平台进行传播和使用，已经使得相关公众将其识别为电视文娱节目，从而具有区分商品或服务来源的作用，构成商标法意义上的未注册商标。而旅游卫视公司的此种使用行为，同时使得《美丽俏佳人》电视节目已在相关公众中具有较高的知名度。因此，旅游卫视公司的"美丽俏佳人"标志作为在电视文娱活动等服务项目上的商标，在诉争商标申请日之前已经被相关公众熟知，构成在先使用并有一定影响的商标。

综上所述，"美丽俏佳人"作为电视文娱活动等服务项目上的标志，经旅游卫视公司的使用和宣传已经被相关公众熟知，构成"在先使用并有一定影响的商标"的情形下，东方风行公司明知该标志的存在，并将其申请注册为该案的诉争商标，其行为已构成2013年《商标法》第32条规定的"以不正当抢先注册他人在先使用并有一定影响的商标"的情形。因此，二审法院判决，撤销一审行政判决并驳回东方风行公司的诉讼请求。

【裁判要旨】

是否构成"以不正当手段抢先注册他人已经使用并有一定影响的商标"的情形，需判断主张保护的商标是否为在先使用的商标，同时需判断该商标是否具有一定影响，一般情况下，在先使用人举证证明其在先商标有一定的持续使用时间、区域、销售量或者广告宣传的，可以认定为有一定影响。

【案号】

（2018）京行终 4403 号

四、"以其他不正当手段取得注册"的情形

【基本案情】

"蓝巨星好声音"商标由蓝巨星公司于 2012 年 10 月 11 日向商标局提出注册申请，2014 年 3 月 14 日经核准注册核定使用在 41 类"组织表演（演出）、娱乐、电视文娱节目等"服务项目上。"The Voice of 及图"商标由塔尔帕公司于 2012 年向商标局申请领土延伸保护，2012 年 4 月 26 日经核准注册，核定使用在 41 类"娱乐、体育和文化活动、广播节目和电视节目概念的设计等"服务项目上。塔尔帕公司于 2016 年 3 月 8 日针对诉争商标向商标评审委员会提出无效宣告请求，商标评审委员会作出商标无效的裁定。蓝巨星公司因不服该裁定，向法院提起行政诉讼，请求法院依法撤销被诉裁定并重新作出裁定。

【争议焦点】

诉争商标申请注册是否构成 2013 年《商标法》第 44 条第 1 款"以其他不正当手段取得注册"的情形。

【裁判推理】

一般认为，2013 年《商标法》第 44 条第 1 款调整的是商标无效事由中的绝对事由，其中"以其他不正当手段取得注册"规制的是除第 10 条、第 11 条、第 12 条及欺骗手段之外，其他扰乱商标注册秩序、损害公共利益、不正当占用公共资源等商标注册行为。如果商标注册行为仅仅损害特定民事权益，一般不属于该条款调整范围。

首先，"中国好声音""好声音"标识之所以能形成较高的识别度和市场声誉，得益于浙江卫视《中国好声音》电视节目取得的巨大成功。而电视节

目的成功与节目创意、制作水平、播出平台、宣传推广、主持人和嘉宾等诸多因素有关。被诉裁定之所以认定诉争商标申请注册构成 2013 年《商标法》第 44 条第 1 款"以其他不正当手段取得注册"之情形，理由在于，原告作为浙江卫视的密切关联方，知道"The Voice of"节目模式许可情况及第三人在先权利的存在，所以其具有牟取非法利益的目的，违反诚实信用原则，有害公序良俗。由该论述可以看出，被诉裁定认定诉争商标申请注册构成"以其他不正当手段取得注册"之情形，主要是从原告行为损害第三人的利益角度出发，进而认为该行为违反诚实信用原则，有害公序良俗。事实上，不少损害特定民事权益的商标注册行为均可能违反诚实信用原则。并非所有违反诚实信用原则的行为都需要援引"以其他不正当手段取得注册"条款予以规制。一般情况下，只有用相对条款无法救济或救济不足而确有救济或充分救济之必要时，才适用该条款。

虽然原告申请注册诉争商标的行为存在一定主观过错，但其行为主要损害的是第三人的利益，对商标注册秩序和公共利益的影响有限。同时，考虑到第三人已经通过与原告和解的方式表达谅解，应当认为诉争商标注册使用可能对第三人造成的损害已经得到弥补。因此，诉争商标申请注册未构成 2013 年《商标法》第 44 条第 1 款"以其他不正当手段取得注册"之情形。

【裁判要旨】

并非所有违反诚实信用原则的行为都需要援引"以其他不正当手段取得注册"条款予以规制。一般情况下，只有用相对条款无法救济或救济不足而确有救济或充分救济之必要时，才适用该条款。虽然某些商标注册会损害第三人的利益，但是对商标注册秩序和公共利益的影响有限，则不能认为其是"以其他不正当手段取得注册"，也不能以此认定商标无效。

【案号】

（2017）京 73 行初 459 号

五、法理分析

申请商标注册不得侵犯他人的在先权利，其中"在先权利"包括姓名权、企业名称权、著作权、肖像权、外观设计专利权、商品化权等。其中，既有法律明文规定的权利，也包括未规定但受法律保护的利益。例如，艺名、角色名称等无法被涵盖在人格权中的姓名权范围内，但是"在先权利"不仅涵盖"姓名"所承载的自然人人格权，也涉及反不正当竞争法层面上通过规制盗用、冒用他人姓名造成相关公众对商品或服务来源发生混淆的不正当竞争行为进而保护的"姓名权益"。如果该艺名、角色名称与特定自然人建立起对应关系，则同样属于应当保护的"在先权利"。关于"以不正当手段抢先注册他人已经使用并有一定影响的商标"的情形，需判断主张保护的商标是否为在先使用的商标，同时需判断该商标是否具有一定影响。在文娱节目领域，一般情况下在先使用人举证证明其在先商标有一定的持续使用时间、区域、销售量或者广告宣传的，可以认定为有一定影响。

此外，并非所有违反诚实信用原则的行为都能够援引"以其他不正当手段取得注册"条款予以规制。一般情况下，只有用相对条款无法救济或救济不足而确有救济或充分救济之必要时，才适用该条款。虽然某些商标注册会损害第三人的利益，但是对商标注册秩序和公共利益的影响有限，则不能认为其是"以其他不正当手段取得注册"，不能据此认定商标无效。

综上，相关节目制作方在申请商标注册时应秉持诚信，不仅需要注意其申请注册的商标是否与他人在先注册商标构成相同或者近似，也应当排查是否与他人其他在先权利，例如节目名称、艺名或者其他在先使用并具有一定影响的未注册商标相同。同时，如果自身的节目名称、艺名等未申请商标注册而被他人抢注，不仅可以提起侵权之诉，也可以寻求商标的行政救济来维护自己的合法权益。

本 章 结 语

本章共包括三类与文娱综艺行业相关的商标纠纷案例，通过梳理和分析这些案例中人民法院裁判推理的过程，不仅能够让我们对文娱综艺行业中涉商标纠纷的解决路径有清晰的认识，而且可以让我们对该行业中的商标侵权纠纷、商标行政纠纷有更多的思考。

从本章的三类典型案例来看，与文娱综艺行业相关的商标侵权纠纷不仅有商标侵权现象，而且存在正当使用、非商标性使用等不侵权现象。此外，商标法律问题中始终绕不开的行政纠纷具有一定的复杂性，其难点主要集中在如何判断商标注册损害他人已有的在先权利，或者以其他不正当手段取得注册等条款适用等方面。

关于娱乐节目使用商标类元素引发的商标权侵权纠纷，法院在裁判此类案件时，通常会结合文娱节目的特殊性质，并依照《商标法》的商标侵权条款进行综合判定，从商标法意义的使用、同一或类似商品、相同或近似商标、混淆四个要件进行考量。需要注意的是，在认定商标法意义上的使用时，即使节目组使用的节目名称和他人商标构成相同或者类似，若涉案商标本身臆造性不强，且节目组仅使用文字本身固有含义，则此时不构成商标法意义上的使用。而在构成商标法意义上的使用前提下，需要进一步区分两种情况：一是涉嫌侵权的行为人在同一种商品或者服务上使用相同的商标，此时当然会引起消费者混淆，应直接认定为商标侵权；二是在同一种商品或者同一种服务上使用近似商标，或者在类似商品或者类似服务上使用相同、近似商标的情形下，此时应当对是否容易导致消费者混淆进行判断。因此，制作方在选取节目主题和名称时，应当尽量使用臆造性词汇并检索是否和他人在先注册的商标构成相似，以避免落入侵权范畴。

关于使用他人商标元素但不构成商标侵权的案件，可分为两大类：第一类是商标的正当使用，即行为人使用商标只是为了介绍说明自己的产品或者服务，观众不仅没有发生混淆或者误认，反而可以更清楚地了解到相关产品或者服务的用途，自然不构成商标侵权。商标的正当使用主要包括指示性使用与描述性使用两类情况，而实践中常见的商标使用纠纷是后者。描述性使用是指一些注册商标含有本商品的通用名称，表示商品的质量、功能等公共领域词汇的商标，由于使用获得显著性使商标具有"第二含义"，但是商标权人无权阻止他人为了描述商品或服务特点而对其商标"第一含义"上的使用。如果商标使用只是为了告知公众真相而不是欺骗，消费者也没有混淆，则是商标正当使用的行为。第二类是商标侵权的抗辩，指涉嫌侵权的行为形式上符合商标侵权的构成条件，但是由于特定事由的存在，基于特定利益考量等事由，阻碍商标侵权的成立。若行为人使用商标的形式符合商业惯例，不影响观众感知其所观看的内容明确指向行为人，则该使用行为未发挥区分商品或服务来源的作用，也不构成商标侵权。

对于他人注册的商标，我国法律规定了相关权利主体享有向商标评审委员会提起异议复审或无效宣告的权利，并且，可以以商标评审委员会为被告，向法院提起行政诉讼，解决本具有不予注册的理由却成功注册商标的情形。

总而言之，文娱综艺行业本身负有公众文化服务职责，性质较为特殊，相关领域侵权与否的判断关乎重大，需要在维护保障商标权人正当权益与合理维护文娱综艺行业的繁荣发展之间进行衡量。

第五章　文娱综艺行业的
知识产权合同法律问题

引　言

　　文娱节目的出品一般需要经过前期的模式引进、中期的制作拍摄与嘉宾聘用、后期的许可授权等主要阶段，与此相对应，文娱综艺行业的知识产权合同一般分为节目模式知识产权采购合同、节目创作合同、节目承制合同、嘉宾聘用合同及节目授权许可合同等。一方面，知识产权合同的订立、履行、解除及违约责任承担需遵循《民法典》的基本原则，各方需在平等、自愿、诚信、公平的原则约束下，全面履行合同义务；另一方面，由于知识产权客体的无形性，以及文娱综艺行业知识产权合同涉及多方主体及其商业风险的特殊性，其合同在履行、违约责任认定、违约金确定、合同解除权等方面有着特殊的考量因素。违反合同义务是违约责任认定和承担的前提，而是否违反合同义务应根据个案情形，从是否属于双方协商一致订立合同的义务、履行义务的进度和状况等进行判断。此外，文娱综艺行业的知识产权合同履行还要考虑授权人是否完整有效地出具权属证明、涉及付款时还要考虑授权人是否出具发票、被授权人延迟付款是否系行使先履行抗辩权、违约金比例是否符合一般商业惯例等因素。

　　许可制度设立的目的在于使权利人在不转让权利的情况下，实现对智力成果的收益，同时提高对智力成果的利用率。但知识产权的许可常因对授权类型、授权期限以及其他授权事项的理解方式不同产生纠纷，如合同中所称"独家授权"，未必是指排他使用许可，而应结合合同中对授权的具体约定判断。当授权事项（如期限）可能有多种理解方式时，应结合上下文、交易惯例及相关证据等进行综合判断。因文娱节目涉案金额较大，合同是否因解除而终止不仅涉及合同解除条款的执行，还涉及被授权方后续播放授权节目行为是否侵权的认定。一般而言，如果许可合同中明确约定合同解除条款，则以当事人订立的具体条款为准则判断合同解除条件是否成就，此种情形下争议较小；如果合同未明确规定合同解除条款，则需要综合合同上下文及订立合同的根本目的，进而谨慎认定是否赋予守约方解除合同的权利。

本章通过两节内容对知识产权合同纠纷的相关问题进行阐述，以期对订立知识产权合同时应审查和细化的内容提供参考和指引，避免发生潜在的风险。其中，第一节介绍合同履行可能产生的纠纷，包括违约责任认定和违约金的确定规则，以及合同条款约定不明时如何解释等问题；第二节是针对著作权和商标权许可使用合同引发的合同解除纠纷，探究许可合同的解除条件及如何行使解除权的问题。

第一节　知识产权合同的履行及合同条款的解释

知识产权属于专有权利，与其他民事权利不同之处在于知识产权通过法律赋权来排斥他人特定的使用行为，同时，知识产权权利人也可以通过真实的意思表示签订合同以处置其拥有的权利。知识产权合同是知识产权制度的一项重要内容，而在文娱综艺行业，由于特定节目相关的知识产权权利往往维系着多方利益，加之相关知识产权合同种类多种多样，相关纠纷更加复杂和多发。

一方面，如果文娱节目相关权利系权利人原始取得，则在节目制作前期其出品人和制作方（著作权法意义上的制片者）会签订采购协议来购买节目制作所涉及的知识产权，包括节目的标题名称、情节设计、节目模式等，其中涉及著作权、商标权等多项知识产权权利归属和许可问题。随后，节目制作的中期制作方和承制方需要签订节目创作合同或节目承制合同，由承制方在制作方指定的方案下制作和拍摄节目内容，其中往往涉及知识产权合同如何履行的问题。另一方面，如果文娱节目是继受取得，则双方往往签订相关节目的信息网络传播权采购协议，协议的权利范围是合同主要标的，这便涉及权利范围约定不明时合同条款的解释问题。

在知识产权合同中，合同双方需要在《著作权法》等知识产权法律框架下约定相关权利的归属，如果涉及知识产权法没有规定的权利，则落入《民法典》的规制范围，此时应以当事人的意思自治原则处理相关纠纷。因制作方、承制方、独家权利人、非独家被授权人等多方主体签订合同时代表着各方的利益，合同条款约定不清晰或者授权范围不明确导致的纠纷主要包括以下情形：制作方和承制方签署的合作意向备忘录具有何种法律效力，对备忘录的违反是否需要承担违约责任；当节目制作合同无法继续履行时相关责任应如何承担；履行知识产权权利采购合同时要求权利人提交著作权材料的归属证明材料，何种材料能有效证明授权人为知识产权人；如果授权合同的权利范围描述不清晰或上下文条款之间有异议，如何继续履行合同。本小节选取 4 个案例来探究知识产权合同签订及履行过程中的上述问题。

一、综艺节目合作创作合同的违反

【基本案情】

2016 年年底，优视新容公司邀请元纯公司参与制作文娱节目《美少年学社》，元纯公司同意并开始参与节目策划等工作。2017 年 3 月 19 日，元纯公司与优视新容公司签署《合作备忘录》，随后，根据《合作备忘录》的约定，元纯公司与金某团队、龚某娜团队签订服务协议并支付相关费用。截至 2017 年 5 月 27 日，涉案节目共录制 5 期。

2017 年 5 月 31 日，优视新容公司法定代表人崔某以邮件明确表示无法将资金落实到位，导致项目停止。元纯公司认为优视新容公司的违约行为导致《合作备忘录》合同目的无法实现，故将其诉至法院，请求法院判决解除双方签订的《合作备忘录》、优视新容公司赔偿其全部损失。

【争议焦点】

（1）优视新容公司是否构成违约，元纯公司能否请求解除合同；

（2）如可解除合同，如何确定优视新容公司的赔偿数额。

【裁判梳理】

（1）关于优视新容公司是否构成违约，元纯公司能否请求解除合同

《合作备忘录》合法有效，对双方当事人具有法律拘束力。针对其履行，优视新容公司对涉案节目投资仅为1600多万元，距离约定的9000万元尚有较大差距；其法定代表人崔某明确表示无法落实后续投资款，系《合作备忘录》无法继续履行的直接原因，故优视新容公司构成违约。而元纯公司依约签订相关合同支付费用，并未违反《合作备忘录》约定。故法院支持元纯公司解除合同的请求。

对于优视新容公司称项目暂停属于商业风险的抗辩，《合作备忘录》对共担风险的约定应当理解为在双方正常履行合同的情况下对节目播出后是否能够产生收益风险的一种约定，而非因违约方违约导致的风险亦由双方分担，故不予支持。且优视新容公司明确表示后续能否启动暂未可知，在项目启动后因优视新容公司资金未到位所导致的节目无法继续拍摄并非《合作备忘录》所约定的项目延期情形，元纯公司有权解除合同。

（2）关于赔偿数额

优视新容公司违约导致涉案节目无法完成拍摄，元纯公司基于合同正常履行对全部节目享有权利、获得收益的目的无法实现，法院支持元纯公司将已经支出的费用作为损失的赔偿请求，包括向金某团队、龚某娜团队支付的570万元，演员保险费11760元，2017年3月29日至2017年5月31日双方合同履行期间的支出26015.5元。

【裁判要旨】

综艺节目合作创作合同中对共担风险的约定应当理解为在双方正常履行合同的情况下对节目播出后是否能够产生收益风险的一种约定。因一方违约而导致的风险，不属于由双方分担的风险。

【案号】

（2019）京73民终3819号

二、节目制作合同无法继续履行的责任承担

【基本案情】

2015 年 7 月 1 日，合一信息技术（北京）有限公司（以下简称"合一公司"）与北京恩典视像文化发展有限公司（以下简称"恩典公司"）签订《〈东风风神极致路线之致敬·出发〉节目委托制作执行合同》，该合同约定合一公司将涉案节目委托恩典公司进行策划、拍摄、包装设计、制作。由此产生的著作权、邻接权及其他相关知识产权权益，均归属合一公司。后恩典公司又与山石公司签订合同，约定由山石公司制作涉案节目，视频著作权和包装所有权限归恩典公司所有。山石公司又与艾德星光公司签订合同，约定由艾德星光公司制作涉案节目。据艾德星光公司聘请导演的证言，实际拍摄工作是由张某侠完成。张某侠负责的相关拍摄工作始于 2015 年 6 月中旬，至同年 7 月底结束。在拍摄过程中，艾德星光公司支付给张某侠拍摄费用 337500 元。2015 年 7 月 21 日，山石公司人员取走张某侠所拍摄的全部素材，进行补拍以及后期制作。

张某侠发现在合一公司拥有的优酷网（www.youku.com）综艺旅游频道播出名为《极致路线·致敬出发 2015》的综艺作品。播出作品中的主要镜头为原告张某侠组织拍摄的，该作品使用的主要内容为张某侠组织拍摄的类似电影的方法摄制的作品，其著作权属于张某侠。张某侠未授权被告播放或者使用其作品。原告与被告沟通其侵权事宜，被告不予配合。被告侵犯了原告的发表权、署名权等人身权利及财产权利。此外，张某侠认为，其接受艾德星光公司及山石公司的委托拍摄节目主要镜头，与艾德星光公司及山石公司口头约定拍摄费用是 70 万元，但艾德星光公司只支付 30 万元，并且解除与其的委托合同，故要求被告艾德星光公司、山石公司支付其余款项。

【争议焦点】

（1）涉案视频剧集的著作权是否归属于原告；

（2）该案争议焦点为张某侠要求艾德星光公司支付项目费用及相应利息的主张能否成立。

【裁判推理】

（1）涉案视频剧集的著作权归属于被告合一公司

依据 2010 年《著作权法》的相关规定，电影作品和以类似摄制电影的方法创作的作品的著作权由制片者享有，但编剧、导演、摄影、作词、作曲等作者享有署名权，并有权按照与制片者签订的合同获得报酬。该案中，根据合一公司与恩典公司、山石公司、艾德星光公司的当庭陈述内容，并佐以相互之间签订的合同、协议可知，涉案项目的初始发起方及出资方为合一公司，合一公司根据相关合同、协议约定，应享有涉案视频剧集《极致路线·致敬出发2015》的制片者身份，故合一公司依法获得涉案视频剧集《极致路线·致敬出发2015》的信息网络传播权，有权在其所属优酷网进行播放。

（2）山石公司取走张某侠的拍摄素材的行为，不属于解除合同以及合理的自力救济行为

在合同的实际履行过程中，艾德星光公司认可山石公司代表其公司提出具体要求，张某侠亦未对此提出异议，可以认定山石公司在履行合同过程中提出的具体要求可以视为艾德星光公司对张某侠提出的要求。在山石公司取走素材后，没有明确提出欲与张某侠解除合同关系，并且还在继续沟通后期制作问题，故法院认为山石公司的行为不属于解除合同的意思表示。

（3）张某侠要求艾德星光公司再支付费用及相应利息的主张不成立

该案中，在涉案节目制作初期即明确需于 2015 年 7 月 23 日提交无调色版本，次日提交完整版成片。并且没有确切证据证明在后续过程中曾经有过更改提交时间的变动，因此法院认为，张某侠未能在 2015 年 7 月 23 日提交无调色版本，并且根据双方约定合同中对剪辑、动画的要求，张某侠存在违约行为且对合同无法继续履行存在过错，并且张某侠已经收到 30 万元的价款，不能要求艾德星光公司再支付费用及相应利息。

【裁判要旨】

影视作品的著作权归属于制片人。制片人的身份根据相关合同的约定来确定。

【案号】

（2016）京 0108 民初 4205 号

（2019）京 73 民终 2509 号

三、采购海外节目知识产权的权利证明

【基本案情】

2015 年 4 月 20 日，乐正公司与游族公司签订《电视节目模式许可协议》（以下简称"涉案合同"），约定乐正公司许可游族公司使用"clever"（中文名《奇妙科学秀》）的电视节目模式制作和播放中国版涉案节目。但乐正公司并未按合同约定向游族公司提供其享有涉案节目相关权利的权利证明文件，也未按合同约定开具发票，故游族公司未付款。乐正公司催告付款未果，提起诉讼，要求游族公司支付节目模式授权许可费人民币、新媒体播放版权使用费和违约金。

【争议焦点】

（1）乐正公司提供的证据是否足以证明其取得涉案节目模式在中国境内许可制作和播放的独家权利；

（2）游族公司是否应承担违约的民事责任。

【裁判梳理】

（1）乐正公司提供的证据是否足以证明其取得涉案节目模式在中国境内许可制作和播放的独家权利

涉案合同系包含著作权、商业标识、技术等多项许可以及提供技术咨询等服务的合同，属于知识产权合同。乐正公司提供的德国 Constantin 娱乐公司、德国 Red Arrow 公司出具的涉案节目模式授权确认信以及其与德国 Red Arrow 公司之间的许可合同，不符合法律规定的境外形成之证据的形式要件，无法确认其真实性。即使内容真实，德国 Constantin 娱乐公司的确认信中仅授予德国 Red Arrow 公司"全世界范围内该模式的发行权"，而并未授予其转授权的权利，因此，乐正公司现有证据并不能证明其合法拥有涉案电视模式的所有知识产权，不能证明其有权授予游族公司制作、播放涉案节目模式。

（2）游族公司是否应承担违约的民事责任

乐正公司是否享有涉案节目模式的知识产权是涉案合同能否履行的基础，涉案合同亦约定在合同签署之后的 10 日内，乐正公司须向游族公司出示其拥有涉案节目模式知识产权的相关证明，故在此之前游族公司有权拒绝支付合同

价款，不承担违约责任。

综上，游族公司不承担违约责任。

【裁判要旨】

知识产权许可合同的许可人是否享有知识产权，是该合同能否履行的关键。如果许可人未依约履行向被许可人出示其享有相关知识产权证明文件的义务，构成违约。

【案号】

（2018）沪民申 3186 号

四、合同附件在合同正文约定不明时的作用

【基本案情】

2006 年 6 月 15 日，湖南电视台出具授权书，将其所属湖南卫视频道综艺节目的信息网络传播权独家授予快乐阳光公司，授权期限自 2006 年 6 月 30 日起至 2016 年 6 月 30 日止。

2013 年 6 月 30 日，快乐阳光公司与风行公司签订信息网络传播权使用许可协议，将其享有信息网络传播权的湖南卫视电视节目内容以非独家方式授予风行公司使用。授权内容是指 2013 年湖南卫视播出的自有版权节目。授权期限 1 年：自 2013 年 5 月 1 日至 2014 年 4 月 30 日止。授权费用 500 万元，分 3 次支付。

2013 年 10 月 24 日，快乐阳光公司与乐视公司签订协议，约定将其享有信息网络传播权的湖南卫视 2014 年综艺节目《我是歌手》以独家方式授予乐视公司使用。授权标的：2014 年第一季度（具体播出时间以湖南卫视最终播出为准）湖南卫视每周五晚 22：00 播出的《我是歌手》节目；授权期限：2 年的使用期限，即自 2014 年 1 月 1 日至 2015 年 12 月 31 日止。

2014 年 1 月，乐视公司发现风行公司在其所有并经营的风行网上传播《我是歌手》第一季，故诉至法院，请求法院判令风行公司立即停止侵权并赔偿经济损失。

【争议焦点】

风行公司是否有权传播《我是歌手》2014 年 1 月第一季，该传播行为是

否在其从快乐阳光公司获得的授权期限内。

【裁判推理】

该案争议焦点在于风行公司是否获得快乐阳光公司 2014 年 1 月 1 日至 4 月 30 日制作播出的涉案《我是歌手》的授权，即如何解释该协议中授权内容的期限问题。

根据双方签订的信息网络传播权使用许可协议，正文中关于快乐阳光公司授权内容中载明，"授权内容是指 2013 年湖南卫视播出的自有版权节目"，在"授权范围和授权期限"中又载明，"授权期限一年：自 2013 年 5 月 1 日至 2014 年 4 月 30 日"。

法院认为，信息网络传播权使用许可协议正文中"授权内容是指 2013 年湖南卫视播出的自有版权节目"的表述属于概括性表述，其与"授权期限一年：自 2013 年 5 月 1 日至 2014 年 4 月 30 日"的表述同时存在，可能产生多种理解方式，在此情况下，应结合上下文、附件等进行综合理解判断。

信息网络传播权使用许可协议在"许可使用费及支付"和"甲方权利义务"中均载明"按附件格式出具授权书""授权书原件格式见附件一"。可见，附件一作为该协议的重要组成部分，对于理解合同内容应起到重要的补充作用。附件一中明确载明，"现授予风行公司……对湖南卫视在本授权期限内制作播出的自有版权节目进行互联网点播……授权期限：自 2013 年 5 月 1 日至 2014 年 4 月 30 日止"。由此可见，附件一对于授权内容期限的表述清楚无歧义，与信息网络传播权使用许可协议中授权内容的表述相左，与授权期限的表述一致。

因此，在信息网络传播权使用许可协议正文中关于授权内容期限的表述存在不清楚且自相矛盾的情况下，表述清楚无歧义的附件一对于如何解释信息网络传播权使用许可协议应起到重要作用。二审法院综合考虑信息网络传播权使用许可协议的正文表述方式及附件一的相关内容认为，授权内容自 2013 年 5 月 1 日至 2014 年 4 月 30 日应更符合信息网络传播权使用许可协议的上下文含义。

此外，根据快乐阳光公司与风行公司签订的 2012 年版权许可协议，其明确载明授权内容为自 2012 年 5 月 1 日至 2013 年 4 月 30 日止。其与 2013 年签署的信息网络传播权使用许可协议附件一所述的授权内容"自 2013 年 5 月 1

日至 2014 年 4 月 30 日止"的时间节点完全衔接，根据一般商业交易习惯，该案争议的信息网络传播权使用许可协议授权内容时间为自 2013 年 5 月 1 日至 2014 年 4 月 30 日止，亦更为符合合同双方的真实意思表示。

此外，为证明跨年度的授权期限为双方的交易惯例，风行公司还提交了其与快乐阳光公司于 2012 年 5 月 2 日签署的信息网络传播权使用许可协议。据该协议载明：快乐阳光公司以非独家形式授权风行公司使用快乐阳光公司享有信息网络传播权的湖南卫视自 2012 年 5 月 1 日至 2013 年 4 月 30 日制作播出的自有版权电视节目。授权期限一年：自 2012 年 5 月 1 日至 2013 年 4 月 30 日止。而且，在该案庭审过程中，快乐阳光公司当庭认可风行公司已分三次将双方签订的 2013 年信息网络传播权使用许可协议约定的全部合同价款 500 万元付清。

由此可见，结合该案信息网络传播权使用许可协议正文及附件的上下文理解、交易惯例及相关证据，法院认定授权内容的期限为 2013 年 5 月 1 日至 2014 年 4 月 30 日。

【裁判要旨】

当对授权许可协议的节目授权期限可能产生多种理解方式的情况下，应结合上下文、附件、双方既往交易惯例等信息综合理解判断。

【案号】

(2015) 高民（知）申字第 01393 号

五、法理分析

文娱综艺行业领域关于知识产权合同纠纷贯穿在合同的前期磋商阶段、合作意向书和备忘录的达成阶段、合同双方履行权利义务阶段及合同有效期结束而终止阶段。在此类纠纷案件中，合同标的通常是智力成果，合同内容存在较多的不稳定因素，合同义务的延迟履行、不完全履行或者变更履行的情况经常发生。此外，由于知识产权采购或许可合同中涉及一些权利并不是《著作权法》所规定的，若其权利范围约定不明也会导致合同纠纷。

在认定关于合同履行及违约责任承担时，经常涉及对合同中的涉案节目的知识产权归属的判断。文娱节目一般为视听作品，涉及出品人、承制者、拍摄者等多方主体，若无相反约定时，项目的发起方、投资方为出品人，即著作权法意义上的制片者，也就是该节目的著作权人。合同履行相关责任的认定应当从履行义务的先后顺序、履行的时间节点，以及履行进度等判断是否违反合同相关条款约定。针对合同一方未履行合同义务的情况，合同另一方可以行使先履行抗辩权，例如，在文娱节目的拍摄过程中，如果拍摄方未依照合同约定的时间和质量要求完成视频内容，投资方可以据此减少支付相关费用。再如，在文娱节目权利流转时，授权人享有涉案节目的知识产权是涉案合同能否履行的基础，一般情况下授权人需提供所有上游著作权方出具的授权书并加盖公章，同时需要保证著作权链中所有上游著作权方获得的授权均具有转授权权利许可，否则被授权方所获得的授权将存在著作权权利瑕疵，有被上游著作权方提出著作权权利主张的风险。如果授权人未履行出示其拥有涉案节目知识产权相关证明的义务，则被授权人有权拒绝支付合同价款，不需要承担违约责任。

此外，授权人同被授权人在签订许可使用合同时，应当仔细审查合同内容，避免因合同条款模糊使得双方当事人对条款产生不同理解。由于知识产权许可合同的双方往往存在长期的合作关系，通常采用既往合作版本签约。需要注意的是，如果商业合作条件或者是相关法律法规发生变化，应当及时调整相应的条款以避免双方对合同条款的理解产生分歧。一般情况下，文娱综艺行业的知识产权授权许可协议会附有授权书作为附件，要注意核对许可协议和授权书的授权内容、授权范围、授权时间是否一致。如果对上述内容可能产生多种理解，在具体案件中应当结合协议上下文、附件授权书内容、双方交易惯例及提交的相关证据等综合理解判断。

第二节　知识产权许可合同单方解除权的行使

知识产权的客体是智力成果，在不转让权利的前提下，知识产权权利人对智力成果的收益权不能像物权一样通过出租等方式实现。而许可制度可为知识产权权利人控制其他主体使用其智力成果提供路径，也可为知识产权权利人使其智力成果转化成财产收益提供可行性方式。

文娱综艺节目的知识产权许可合同主要集中在著作权和商标权领域。根据我国《著作权法》和《商标法》的相关规定，使用他人作品或注册商标应当同权利人订立许可使用合同，除《著作权法》规定的合理使用、法定许可和《商标法》规定的商标合理使用外，使用他人作品和注册商标均需与权利人达成合意，订立许可使用合同，比如，《著作权法》规定许可使用合同应当包括许可使用的地域范围、期间、付酬标准和办法、违约责任等。

文娱综艺节目制作中，因前期的节目创作合作、拍摄合作、嘉宾聘用合作等会涉及高昂的合同费用，相关许可合同的价款动辄上千万元。权利人为尽快回款，许可合同中通常会对逾期付款规定相应的违约金，比如被授权人逾期付款时授权人是否可以解除许可合同，产生的巨额违约金费用是否应当支持等。当合同标的额较高，而逾期付款的违约金又是以合同标的为基准计算利息时，如何认定违约金的计算方法较为合理？当合同明确约定付款时间段，如被授权方延迟付款，后续合同解除及播出涉案节目的责任如何认定？如何认定合同所约定的解除条件是否成就？本小节选取 3 个案例来探究上述问题。

一、网络平台未依约支付节目授权费用

【基本案情】

《奔跑吧！兄弟》是浙江卫视播出的电视节目，浙江卫视经浙江广播电视集团授权，与乐视公司就部分节目的信息网络传播权授权使用内容达成《2016～2017 年浙江卫视部分电视节目信息网络传播权合作协议》（以下简称《合作协议》）及《补充协议》，授权乐视公司在其运营的网站播放该节目，授权费用为 289166666.67 元。协议约定乐视公司应先后分 3 笔支付授权费用，且最后一笔应于《奔跑吧！兄弟》节目全部上线后支付完毕。截至 2017 年 7 月 9 日，乐视公司已将合同授权节目全部上线，但 3 笔费用经多次催讨仍不支付，故浙江广播电视集团以违约为由将其诉至法院，要求被告承担违约责任并支付逾期违约金。

【争议焦点】

违约金数额的认定。

【裁判梳理】

《合作协议》中约定，浙江广播电视集团先开具发票，乐视公司收到发票后再行付款。该约定不违反法律禁止性规定，亦符合交易惯例，故在浙江广播电视集团未履行开具发票义务的前提下，乐视公司可以拒绝履行付款义务并不承担违约责任。但在 2017 年 10 月 19 日庭审中，浙江广播电视集团向乐视公司告知其不开具发票是在行使不安抗辩权，其主张因为乐视公司经营状况恶化且曾在浙江广播电视集团开具发票的情况下不及时付款，自己中止履行先行开具发票的义务。乐视公司应当在收到浙江广播电视集团行使不安抗辩权通知后，在合理期限内就其恢复履行能力提供证据，或者提供适当的担保，否则应当承担违约责任。而乐视公司未向法院提交恢复履行能力的证据或提供担保，故其承担违约责任的起始日期，应当为收到行使不安抗辩权通知后的合理期限届满后，法院结合相关规定认定合理期限应为 15 天，故违约金的起始日期为 2017 年 11 月 3 日。

《合作协议》约定的违约金计算方法，年利率为 3.65%，不属于利率过高的情形。约定的违约金不得超过造成损失的 30%，否则属于《民法典》规定的"过分高于造成的损失"。该案中被告行为给原告造成的损失数额，即剩余节目授权使用费的数额，原告主张违约金计算本金为 289166666.67 元，属于自由处分民事权利的行为，予以认定。

综上，乐视公司应当支付授权许可使用费 300833333.34 元，违约金应当以 289166666.67 元为计算基础，自 2017 年 11 月 3 日起，每逾期一日，支付 289166666.67 元的 0.1‰，最高不应当超过其应当支付的节目授权使用费的 30%。

【裁判要旨】

违约金数额的认定，主要在于违约金的起始日期、利率和本金的认定。违约金的起始日期应根据合同中约定的有效的义务履行先后关系判断，如果双方约定先开发票后付款，故一方未开发票时另一方不必付款；一方行使不安抗辩权而中止履行开发票义务应通知另一方，另一方自收到通知后合理期限内，没有提交恢复履行能力的证据或提供担保的，违约金自收到行使不安抗辩权通知后的合理期限届满后起算。约定的利率不可过高，且违约金不得超过造成损失的 30%。

【案号】

（2019）京 73 民终 611 号

二、合同许可期限的提前终止

【基本案情】

2013 年 6 月 30 日，快乐阳光公司与风行公司签订许可协议，将其享有信息网络传播权的湖南卫视电视节目内容以非独家方式授予风行公司使用。授权内容是指 2013 年湖南卫视播出的自有版权节目。授权期限：自 2013 年 5 月 1 日至 2014 年 4 月 30 日止。授权费用 500 万元，分 3 次支付。

2013 年 12 月 3 日，快乐阳光公司以电子邮件的形式向风行公司发出《解除合同及删除节目视频的通知函》，该函中载明风行公司第一次、第二次付款均出现迟延情形，且第二次付款已迟延超过 30 日，依据协议约定，快乐阳光公司通知风行公司自 2013 年 12 月 31 日起解除 2013 年的许可协议。

2014 年 1 月 9 日，风行公司以快乐阳光公司单方恶意解约损害其合同权利及相应的利益为由，将快乐阳光公司诉至北京市海淀区人民法院，请求判令快乐阳光公司继续履行 2013 年许可协议并赔偿经济损失。

2014 年 1 月 10 日，快乐阳光公司将风行公司诉至湖南省长沙市中级人民法院，要求确认快乐阳光公司与风行公司签订的 2013 年许可协议已经解除。

【争议焦点】

涉案许可协议解除条件是否成就。

【裁判推理】

双方协议约定，如果风行公司迟延付款超过 30 日，快乐阳光公司有权解除协议。该案双方争议的关键在于第二笔 200 万元的款项是否迟延支付超过 30 日。

根据双方协商，第二笔款在 2013 年 7 月 31 日前，风行公司收到快乐阳光公司提供的第二笔款正式发票后 10 个工作日内，乙方通过银行转账的方式向甲方支付 200 万元。但是，风行公司直到 2013 年 10 月 28 日才履行该义务。风行公司认为，合同约定该 200 万元款项付款的条件是：2013 年 7 月 31 日之前和风行公司收到快乐阳光公司开具发票之后 10 个工作日内两个条件必须同时具备。风行公司认为，快乐阳光公司没有按时开具发票，致使风行公司付款晚于 7 月 31 日。风行公司不构成付款延迟。

因此，该案关键点是快乐阳光公司开具发票的时间。从现有证据分析，第一，风行公司已收到被上诉人开具的两张发票，其中包括 200 万元的发票；第二，快乐阳光公司开具两张发票的时间是同一天，即 2013 年 7 月 2 日；第三，50 万元和 200 万元的发票号码为相联号即 20944478 和 20944479；第四，快乐阳光公司经查询，风行公司于 2013 年 7 月 3 日收到快递。基于上述事实和证据可以确定风行公司于 2013 年 7 月 3 日收到 200 万元的发票。据此，风行公司依约最迟应于 2013 年 7 月 31 日前履行支付 200 万元著作权许可使用费的义务，风行公司直到 2013 年 10 月 28 日才履行该义务，200 万元的款项迟延支付超过 30 日。故涉案许可协议解除条件已成就。

【关联案例】

在与上述案例关联的奇艺公司诉风行公司侵犯《百变大咖秀》信息网络传播权案中，法院认为，鉴于风行公司与著作权人签订的许可协议已因风行公司迟延付款而解除，风行公司自无权播放 2014 年度湖南卫视制作播放的自有版权节目。奇艺公司作为 2014 年度《百变大咖秀》的独家信息网络传播权人，风行公司未经奇艺公司许可，通过其经营的风行网提供《百变大咖秀》的在线播放服务，侵犯了奇艺公司享有的信息网络传播权。

在风行公司以快乐阳光公司单方恶意解约损害其合同权利及相应的利益案中，经过一审、二审，北京知识产权法院于 2016 年 4 月 19 日作出（2016）京73 民终 65 号民事判决：根据（2015）湘高法民三终字第 84 号，快乐阳光公司并非恶意解约，故驳回风行公司的诉讼请求。

【案号】

（2015）湘高法民三终字第 84 号

三、合同根本目的是否无法实现

【基本案情】

《中国好声音》是一档音乐电视节目。强音公司对"中国好声音"标识享有专属性质的使用权及转授权的权利。2013 年 12 月 25 日，强音公司和魅动公司签订合作协议并约定：在 3 年的授权期内，魅动公司可以在特定授权的产品上使用"中国好声音" 3 个品牌标识。如果双方合作出现不愉快，魅动公司可以随时提出解除合同的申请，遂于 2014 年 12 月和 2015 年 2 月发出解除合同的律师函。魅动公司停止支付品牌标识使用费。强音公司认为，魅动公司无权单方解除合同，起诉要求魅动公司支付品牌标识使用费人民币 200 万元及逾期付款违约金。

【争议焦点】

魅动公司是否有权单方解除合同。

【裁判推理】

涉案合同第 6.2 条约定，任何一方违反合同约定，经另一方合理催告后 30 日内仍未纠正的，另一方有权解除合同；第 3.2.3 条约定，当合同所授权的标识受到第三方侵权时，梦响公司有义务尽量采取一切措施及时进行制止，否则魅动公司可自行采取措施制止，所发生的费用由双方平摊。魅动公司在该案中主张依据涉案合同第 3.2.3 条和第 6.2 条解除合同。

该案的关键为，品牌方是否有效维权对于商标许可合同履行的影响。首先，协议的约定不明，应按照合同的有关条款、交易习惯确定，并遵循有利于实现合同目的和诚实信用的原则。强音公司认为，其已竭尽所能以快捷有效的方法制止第三方侵权。同时，魅动公司也负有止损的义务。魅动公司则认为，强音公司的投诉时间迟缓，没有任何效果。法院认为，强音公司采取维权措施时间较为及时，符合经济和效益原则，亦符合互联网时代处理第三方侵权的惯常做法，且与魅动公司向其发出的通知相适应。以制止第三方侵权的有效性作为衡量梦响强音公司履行义务的标准，则显得过于苛求。强音公司采取的维权措施已尽到商事主体的一般注意义务，符合商业标识授权领域内普遍遵守的交易习惯。

其次，强音公司未导致合同的根本目的无法实现。事实上，侵权方仅有一家公司，且在诉讼争议的 2 年期间内，这家公司并未在与魅动公司相同的产品上面使用涉案标识，并未影响魅动公司依据合同所享有的在授权产品上的商业标识使用权。相反，魅动公司在提出合同解除后，仍继续在涉案产品、产品宣传中使用涉案标识的事实，也直接印证了第三方侵权并未导致涉案合同的根本目的无法实现。综上，魅动公司无法定或约定事由，提出解除合同的行为本身违反合作协议第 6.1 条的约定，构成根本性违约。

【裁判要旨】

当合同条款没有约定或约定不明时，双方可以通过订立协议的方式进行补充，不能达成补充协议的，按照合同有关条款或者交易习惯确定。交易习惯是指在交易行为当地或者某一领域、某一行业通常采用并为交易对方订立合同时所知道或者应当知道的做法，或者指当事人双方经常使用的习惯做法。

【案号】

（2017）沪民申 2635 号

四、法理分析

由于文娱节目知识产权许可合同往往标的额巨大，实践中需谨慎认定相关合同纠纷所涉及的违约金问题。当合同中约定违约金比例时，关键在于违约金的本金、起始日期及利率的认定。起始日期一般根据合同中约定的义务履行先后关系判断，例如，文娱节目的信息网络传播权许可合同中，双方一般会约定授权方先提供著作权权属证明文件，而后被授权方付款；当授权方提供权属证明材料不合格或者未开发票时，被授权方可以拒绝付款。违约金比例折算后一般不会超过合同金额的 30%，否则被授权方可以申请调整。如果被授权方延迟付款使得许可合同的解除条件成就，授权方行使解除权解除合同，被授权方应当将涉案节目立即下线处理，否则还应就延迟下线造成的实际损失承担赔偿责任。此外，如果许可合同的客体是商标时，许可人往往还应当监督被许可人使用其注册商标的商品质量，但是许可人的监督义务不应当以制止第三人侵权的有效性为标准，其行为符合商事主体的一般注意义务即可。许可合同解除条件是否成就，其判断标准应当结合许可合同是否有相关条款明确规定。一般而言，当合同中未明确约定解除条款时，一方仅以对方违反合同一般义务为由主张解除合同，且该违反行为未导致合同根本目的无法实现，从《民法典》鼓励交易原则出发，一般不予认定一方单方解除合同的效力。

本 章 结 语

　　本章共包括两类与文娱综艺行业知识产权合同纠纷相关的案例，通过梳理和分析这些案例中人民法院裁判推理的过程，不仅可以明确订立知识产权合同时应审查和细化的内容有哪些，而且可以对合同履行和合同解除提供参考和指引，避免发生潜在的风险。文娱综艺行业的知识产权合同类型多样，一般可分为节目模式知识产权采购合同、节目创作合同、节目承制合同、嘉宾聘用合同及节目授权许可合同等，其涉及的法律问题也更加复杂。从本章中的几类典型案例来看，知识产权合同的订立、履行、解除及违约等除需遵循《民法典》的基本原则外，也要考量多方主体及商业风险等方面的特殊因素，比如权属证明的出具、授权许可的方式等。

　　文娱综艺行业的知识产权合同纠纷贯穿在合同的前期磋商阶段、合作意向书和备忘录的达成阶段、合同双方履行权利义务阶段，以及合同有效期结束（合同终止）阶段，因此，合同义务延迟履行、不完全履行，或者变更履行等情况时常发生。一般而言，如果文娱节目相关权利系权利人原始取得时，节目制作过程中通常会涉及著作权、商标权等多项知识产权权利归属和许可问题，以及知识产权合同如何履行的问题；而如果文娱节目是继受取得，则主要会涉及权利范围约定不明时合同条款的解释问题。总结本章案例推理发现，合同履行的责任认定一般应从履行义务的先后顺序、履行义务的时间节点，以及履行进度等情节着手，综合判定涉案行为是否违反合同相关条款约定。其中较为常见的是，若合同一方未履行合同义务的情况，则合同另一方可以行使先履行抗辩权，拒绝履行合同，且无须承担相关责任。

　　因文娱节目知识产权许可合同标的额较大，需谨慎认定相关合同纠纷所涉及的违约金问题，尤其是违约金比例、本金、起始日期及利率等方面的认定。从相关司法案例可知，文娱行业的知识产权合同解除纠纷一般可分为两种：第一种情形是，如果许可合同中明确约定合同解除条款，则以当事人订立的具体条款为准则判断合同解除条件是否成就，此种情形下争议较小；第二种情形是，如果合同未明确规定合同解除条款，则需要综合合同上下文及订立合同的根本目的，进而谨慎认定是否赋予守约方解除合同的权利。

总而言之，知识产权合同是知识产权制度的一项重要内容，而文娱综艺行业的知识产权合同纠纷由于牵涉多方利益而显得尤为复杂。制作一档文娱节目时，首先要厘清相关节目的知识产权权利归属问题，以及履行合同的先后顺序、时间节点、履行进度等，仔细审查合同内容，尽量避免合同履行中产生争议，或因条款模糊使合同各方对条款有不同理解。其次，文娱综艺节目中许可合同涉及的价款数额动辄千万元以上，在合同中应对逾期付款等情况作出明确约定，如违约金等，以免后续因责任认定不清而产生纠纷。

后　记

知识产权是人们对其智力劳动成果所享有的专有权利。近年来，我国高度重视知识产权的保护。习近平总书记指出，知识产权保护工作关系国家治理体系和治理能力现代化，关系高质量发展，关系人民生活幸福，关系国家对外开放大局，关系国家安全。加强知识产权保护，是完善产权保护制度最重要的内容，也是提高中国经济竞争力最大的激励。随着《著作权法》《商标法》《反不正当竞争法》的修改，我国业已形成了一套完整的现代的知识产权法律制度体系。

中国文娱综艺产业经过蓬勃发展，不断涌现出各种创新的商业模式，内容方面也朝着多样化、创新化的节目生态迈进。从政策层面，国家鼓励制作播出具有中华文化特色的自主原创节目。文娱综艺行业的知识产权保护有着重要的现实意义：一方面，文化娱乐行业所涉及的内容有着较高的文化艺术价值，知识产权是内容产业的核心资产。加强对自身原创内容的版权保护是其发展的内在需求。另一方面，综艺节目中经常涉及对他人音乐、美术、视听等作品形态的利用，节目制作者树立知识产权保护观念，有利于文娱综艺行业的有序发展。文娱综艺节目丰富着人们的精神文化生活，是社会主义文化繁荣兴盛的重要组成部分。加大文娱行业知识产权的保护力度势在必行。

文娱行业涉及的知识产权纠纷主要集中于著作权纠纷、商标纠纷以及反不正当竞争纠纷。本书涵盖综艺节目、电视节目、联欢晚会、文艺演出及体育赛事等领域，每一节的引言和小结就本章所涉及的法律规定和理论知识进行介绍。针对各领域存在的知识产权纠纷，每章选取行业内近年来经法院裁判的、较具典型性及代表性的案例，汇集理论和实务方面的重点问题。通过对裁判文书判决过程的概括与提炼，解读和剖析传统文娱行业及互联网新兴文娱行业中存在的侵权风险和法律保护等问题，并在每个案例后以裁判要旨的形式概括出该案例的裁判规律，对于同类型案例的处理具有较高的参考价值。

　　希望本书能够为法律工作者及文娱综艺产业从业者提供参考，也为建构文化综艺行业的健康市场制度贡献力量，进而提高文娱领域的知识产权保护水平，加快推动文娱综艺行业法治建设的进程。因时间和水平有限，如有疏漏之处，敬请读者批评指正。

　　本书编写过程中，得到了王雪婷、董川、苏畅、刘帅、曹芳、樊美辰、黎佰万等诸多同学的协助。在此，向以上同学表达诚挚的感谢。